古典文獻研究輯刊

三八編

潘美月・杜潔祥 主編

第46冊

《文選集釋》點校（第三冊）

〔清〕朱珔 撰

李翔翥 點校

國家圖書館出版品預行編目資料

《文選集釋》點校（第三冊）／李翔翥　點校 -- 初版 -- 新北市：
花木蘭文化事業有限公司，2024〔民113〕
目 20+220 面；19×26 公分
（古典文獻研究輯刊 三八編；第 46 冊）
ISBN 978-626-344-749-3（精裝）
1.CST：（清）朱珔 2.CST：文選集釋 3.CST：研究考訂
011.08   112022609

ISBN-978-626-344-749-3

9 786263 447493

古典文獻研究輯刊
三八編　第四六冊   ISBN：978-626-344-749-3

《文選集釋》點校（第三冊）

作　　者　李翔翥（點校）
主　　編　潘美月、杜潔祥
總 編 輯　杜潔祥
副總編輯　楊嘉樂
編輯主任　許郁翎
編　　輯　潘玟靜、蔡正宣　美術編輯　陳逸婷
出　　版　花木蘭文化事業有限公司
發 行 人　高小娟
聯絡地址　235 新北市中和區中安街七二號十三樓
　　　　　電話：02-2923-1455 ／傳真：02-2923-1452
網　　址　http://www.huamulan.tw 信箱 service@huamulans.com
印　　刷　普羅文化出版廣告事業
初　　版　2024 年 3 月
定　　價　三八編 60 冊（精裝）新台幣 156,000 元

《文選集釋》點校（第三冊）

李翔翥　點校

目次

《文選集釋》卷十三

江賦下　郭景純

1. 鰼

注引《山海經》曰：「鰼魚，其狀如魚而鳥翼，出入有光，其音如鴛鴦。」郭璞曰：「音滑。」

案：所引見《東山經》「子桐之山」。《太平御覽》引作「鰼魚」，誤也。此外尚有《西山經》「樂游之山，桃水注于稷澤，其中多鰼魚，狀如蛇而四足。」《廣韻》及《御覽》引「鰼」，亦作「鰡」。又《北山經》「求如之山，滑水西流，注于諸毗之水。其中多滑魚，狀如鱓，赤背，音如梧，食之已疣。」「滑」，疑即「鰼」也。而郝氏謂「藏經本郭注有『作鰼魚』三字。《玉篇》《廣韻》並云：『鰡，魚名。』」蓋「鰼」與「鰡」形相似，此二者其形狀各異，殆別一種矣。

2. 鰊

注音練，引舊說曰：「鰊似繩。」

案：《廣韻‧三十二霰》「鰊」字云：「魚名，似鱺。」《集韻》與此注並誤作「繩」。又《廣韻》《集韻‧一東》俱有「鰊」字，云：「魚名，似鯉。」「鰊」與「鰊」字形易混。今字典兩引此賦，未知孰是。

3. 鮽

注引《山海經》曰:「鮽,其狀如鱴。居于逹此三字,今注誤作居逹切,蒼文赤尾。」

案:所引見《中次七經》「半石之山」。「鮽」字,彼作「螣」。郭注云:「音滕。逹,乃水中穴道交通者。」《廣韻》《集韻》俱於「十七登」、「四十七寢」兩收「螣」字。而《廣韻·寢部》云:「似鱴,赤文。」「鱴」,殆「鱴」之誤。《集韻》不誤也。《本草綱目》謂:「螣之形狀、居止、功用竝與鱴同。《日華子》以鱴為水豚者,豈此螣與?」《玉篇》云:「螣魚,似鮄,蒼文赤尾。」

4. 鮆

注引《山海經注》曰:「鮆,狹薄而長頭,大者長尺餘,一名刀魚。」

案:所引見《南山經》「浮玉之山」。《說文》:「鮆,刀魚也。歓而不食,九江有之。」《爾雅》:「鮤,鱴刀。」郭注:「今之鮆魚,亦呼為鮂魚。」而《周禮》鄭注「鼈人貍物」云:「謂鱴刀含漿之屬」,則是與蚌蛤相類,非鮆魚也,二說各異。《漢書音義》曰:「楚人言薺魚。」邵氏《爾雅正義》以為「今之江鱭」是已。

5. 魚牛

注引《山海經》曰:「魚牛,其狀如牛,陵居,蛇尾,有翼。」

案:所引見《南山經》「柢山有翼」,下又云:「其羽在魼下魼,即胠,其音如留牛,其名曰鯥,冬死而夏生,食之無腫疾。」

賦後文「鯪鰩踦蹋於垠隒」,注亦引此《經》以證。「鯥」字而不云即前之「魚牛」。郝氏謂「《東山經》『鱅鱅之魚』,即《上林賦》之『禺禺』。徐廣注《史記》謂之『魚牛』,非此也。」

余謂賦既別出「鯥」於後,不應複舉,則此「魚牛」或同徐廣之說矣。

6. 虎蛟

注引《山海經》曰:「虎蛟,其狀魚身而蛇尾,有翼,其音如鴛鴦。」

案:所引見《南山經》「禱過之山」。郭注:「蛟似蛇,四足,龍屬。」郝氏謂即《博物志》之「蛟鯔」。《初學記》引沈瑩《臨海水土異物志》云:「虎鯔,長五尺,黃黑班,耳目齒牙有似虎形,唯無毛,或變化成虎,虎蛟之名

以此。」又任昉《述異記》:「虎魚,老者為蛟」,疑別一物也。

余謂「鱃魚」,已見《吳都賦》,與此形狀不類,且郭云「龍屬」,直是蛟耳,非魚也。郝說失之。

7. 鉤蛇

注引郭璞《山海經注》曰:「今永昌郡有鉤蛇,長數丈,尾跂。在水中鉤取斷岸人及牛馬噉之。」

案:所引見《中次九經》「崍山,其中多怪蛇。」注下云:「又呼馬絆蛇。」郝氏謂《水經·若水》注:「山有鉤蛇,長七八丈,尾末有歧。蛇在山澗水中,以尾鉤取斷岸人及牛馬噉之。」又李石《續博物志》云:「先提水有鉤蛇云云」,與《水經注》所說同。注中「跂」字,當作「歧」。

8. 蜦

注引《說文》曰:「蜦,蛇屬也。黑色,潛於神泉之中,能興雲致雨。」

案:「蜦」字从虫,侖聲,讀若莫艸,重文為「蚳」。《淮南書》云:「犧牛粹毛,宜於廟牲,其以致雨,不若黑蚳。」高注:「黑蚳,神蛇。潛於神淵,能興雲雨。」正與《說文》同。蓋即賦下文所謂「神蚳蝹蜦以沈游」者,而《集韻·十八諄》既收「蜦」字,引《說文》語。《二十二稕》又云:「蜦,蟲名,蝦蟆也。」《本草綱目》引《文字集略》云:「蜦,蝦蟆也。大如屨,食蛇,即田父也。」然則此「蜦」,當指田父,非與下複。

9. 鱄

注引《山海經》:「鱄魚如鮒而彘尾。」

案:今《南山經》作「鱄」,不作「鱄」。《說文》「鱄」字云:「魚也。」《儀禮·士喪禮》「魚鱄鮒九」,「鱄」既與「鮒」類,則所常用。段氏謂鱄與鱄非一物,蓋以其字一从虫,一从魚也。而李注以「鱄」為「鱄」。《集韻》「鱄」音團,同「鱄」。古从虫之字,有从魚者,「鰕」、「蠏」是也。《廣東新語》謂:「鱄,即昌黎《南食》詩中之蒲魚。」

10. 鱟

注引《廣志》曰:「鱟魚,似便面,雌常負雄而行,失雄則不能獨活,出交阯南海中。」

案:《廣東新語》云:「鱟,大者尺餘,如覆箕。其甲瑩滑而青綠,眼在背,口藏在腹,其頭蛞蝓而足蟹,其血碧,其子如粒珠,出而為鱟者,僅二,餘多為蟹、為蝦及諸魚族。鱟乃魚蝦之母也。鱟者,候也。善候風,背有骨,如扇,作兩截,常張以為帆,乘風而行,雌雄相接,雖遇驚濤不解,名曰鱟帆。漁者每望帆取之,持其雄,則雌者不去,故曰鱟媚。」據此,是「鱟」乃介族,非魚也。其曰「鱟媚」者,非賦之「鱟蝐」。「蝐」又各一物,故注別釋之。

附案:《吳都賦》「乘鱟」,劉注云:形如惠文冠,十二足,悉在腹下,以其雙行曰乘,所說略同。

11. 鼂鼊

注引《臨海志》曰:「鼂鼊與鼊鼊相似,形大如蘧,生乳海邊白沙中,肉極好。」

案:《廣韻》:「鼂鼊,似龜,堪啖,多膏。」《正字通》引《異魚圖贊》云:「鼂鼊,海鯨,名曰匽鼂,一枚剖之,有三斛膏。」《說文》:「鼂,匽鼂也。」讀若朝。楊雄說「匽鼂,蟲名」,然則「匽鼂」,即「鼂鼊」矣。

12. 璅蛣腹蟹

注引《南越志》曰:「璅蛣,長寸餘,大者長二三寸,腹中有蟹子,如榆莢,合體共生,為蛣取食。」

案:《廣東新語》云:「璅琷,狀似珠蜯,殼青黑色,生白沙中,不汙泥淖,互物之最潔者也。有兩肉柱能長短,又有數白蟹子在腹中,常從其口出,為之取食。蓋二物相須,璅琷寄命於蟹,蟹託身於璅琷。葛洪謂『小蟹不歸而琷敗。』故一名共命贏,亦曰月蛣,海錯之最珍者。又有海鏡,二殼相合甚圓,有紅蟹子為取食,一名石鏡。其腹中小蟹曰蚌孚,任昉謂之『筯』。」然則「蛣」,一作「琷」。「海鏡」,即璅蛣之屬,不一種也。且魚亦有之。鯊,一名潮鯉,腹中有兩洞,以貯水養子,子必二,皆從胎生。朝出口,暮則入臍,特魚為一類,璅蛣、蟹則各類,而合體尤異耳。

13. 水母目蝦

注亦引《南越志》曰:「海岸間頗有水母,東海謂之蛇,正白,濛濛如沫,生物有智識,無耳目,故不知避人。常有蝦依隨之,蝦見人則驚,此物亦隨之而沒。」

案：《廣東新語》云：「水母生海中，以鹹水之渣滓為母，故名水母。鮮煮之，輒消釋出水。氣最腥，為蟲之所宅。蟲者，蝦也。水母以蝦為浮沉也。乾者曰海蜇，腹下有腳紛紜，名曰蜇花。」又云：「蝦母，名曰水母。塊然如破絮，黑色，有口無目，常有蝦隨之，食其泡沫。水母以蝦為目，每浮水上，或取之，欻然而散。」所言二者實一物，且以此注核之，則色有白、黑之別，亦非二種也。

14. 紫蚖如渠

注引《爾雅》曰：「大貝曰蚖。」又《尚書大傳》曰：「文王囚於羑里，散宜生之江、淮之浦，而得大貝，如車渠，以獻紂。」鄭注：「渠，罔也。」

案：今《爾雅》說「貝」云：「大者魧。」釋文引《字林》作「蚖」。郭注亦引《大傳》而云：「車渠謂車輞。」車輞為渠，見《考工記》。《爾雅》又有「蜠，大而險。」郝氏謂「蜠者，魧之別名。」《說文》亦云：「魧，大貝也。」

15. 洪蚶專車

注引《臨海志》曰：「蚶，徑四尺，背似瓦壟，有文。」

案：《爾雅》有「魁陸」，郭注引《本草》云：「魁，狀如海蛤，員而厚，外有理縱橫，即今之蚶也。」《玉篇》作「魁蛣」。《說文》：「魁蛤，一名復絫，老服翼所化也。」《名醫別錄》：「魁蛤，一名魁陸，一名活東，生東海，正圓，兩頭空，表有文。」陶注：「形似紡軒，小狹長，外有縱橫文理，云是老蝙蝠化。蝙蝠，即服翼也。」郭言魁陸即蚶者，釋文引《字書》云：「蚶，蛤也。出會稽，可食。」《嶺表異錄》云：「瓦屋子，南中舊呼為蚶子。以其殼上有棱，如瓦壟，故名焉。」

16. 石蚨應節而揚葩

注引《南越志》曰：「石蚨，形如龜腳，得春雨則生花，花似草華。」

案：「蚨」，一作「蜐」。《本草》「一名紫蘭」。李時珍曰：「石蜐生東南海中石上，蚌蛤之屬。形如龜腳，亦有爪狀，殼如蟹螯，其色紫，可食。」江淹《石蜐賦》云：「亦有足翼，得春雨則生花」，故郭賦云。然《荀子》言東海有紫蚨，魚鹽是也。

余謂既為蚌蛤之屬，而又生於石上，能著花，豈與今冬蟲夏草類耶。

17. 龍鯉一角

注引《山海經》曰:「龍鯉,陵居,其狀如鯉。或曰龍魚一角也。」

案:所引見《海外西經》,其或說乃郭注也。「如鯉」,今本誤作「如貍」。《經》於「諸夭之野」下云:「龍魚,陵居,在其北,狀如貍。一曰鰕,即有神聖,乘此以行九野。一曰鼈魚,在夭野北,其為魚也,如鯉。」郝氏謂:「夭野,《大荒西經》作『沃野』。《淮南·墬形訓》有『沃民』,又云:『西方曰金邱、曰沃野。』《思玄賦》『跨汪氏之龍魚』,注引此《經》云:『在汪野北。』又云:『汪氏國在西海外,此國是龍魚也。』疑『汪氏』當為『沃民』,『汪野』當為『沃野』,並字形之譌。又引《墬形訓》作『碙魚碙音蚌』,高誘注:『碙魚,如鯉魚也。有神聖者乘行九野,在無繼民之南。』」

余謂碙魚,疑亦龍魚之誤。此魚雖陵居,如鯉,而與《吳都賦》所云「陵鯉」,即鯪魚者異,故賦於下文別稱「鯪」也。若《海內北經》有「陵魚,人面,手足,魚身,在海中。」《北堂書鈔》引之而云「鯪鯉吞舟」,其形狀、居處迥非《吳都賦》之「陵鯉」,亦非此賦之「龍魚」,數者名易混,實則各一物耳。

18. 奇鶬九頭

注引劉駒駥《玄根賦》曰:「一足之夔,九頭之鶬。」

案:《大荒北經》云:「山曰北極天櫃,有神九首,人面鳥身,名曰九鳳。」郝氏疑賦所稱即此,未審然否。

余謂《韓詩外傳》「逆毛之鶬」,當為一物。彼言九尾,傳聞各異耳。而《酉陽雜俎》則云:「見裴瑜注《爾雅》言『鶬,麋鴰』是九頭鳥」,誤矣鶬鴰,見《西都賦》。」據《本草拾遺》「九頭鳥,一名鬼鳥」,《白澤圖》「蒼鸒有九首」,是也。《荊楚歲時記》以為「姑獲」者,非。

19. 頳螯肺躍而吐璣

注引《山海經》曰:「珠鼈之魚,其狀如肺而有目,六足,有珠。」

案:所引見《東山經》「葛山之首」注。又引《南越志》曰:「珠鼈吐珠」。據《初學記》所引云:「海中多朱鼈,狀如肺,有四眼六腳而吐珠。」而此「有目」,當作「四目」矣。《呂氏春秋·本味篇》云:「澧水之魚,名曰朱鼈。六足,有珠,魚之美也。」郝氏謂「朱與珠,鼈與螯,並古字通用。」彼高誘注以為「皮有珠」,觀此賦言「吐璣」,則高說非也。

余謂《淮南子》云：「蛤蟹珠龜與月盛衰」，《埤雅》云：「龜珠在足，蚌珠在腹」，皆指此。而《本草綱目》別有朱龜云：「生南海，大如錢，腹赤如血」，亦引《淮南》「朱龜浮波，必有大雨。」此賦言「赬龜」，「赬」為朱色。然《本草》不云「吐珠」，似二者非一物耳。

20. 文魮磬鳴以孕璆

注引《山海經》曰：「文魮之魚，其狀如覆銚，鳥首而翼，魚尾，音如磬之聲，是生珠玉。」

案：所引見《西山經》「鳥鼠同穴之山」。彼文云「多絮魮之魚」，「絮」，當依此處作「文」。「魮」，《說文》作「玭」，因其生珠，故从玉，下引宋宏曰：「淮水中出玭珠。」「玭珠」，珠之有聲者段氏謂當作玭蚌之有聲者，重文為「蠙」。蓋《禹貢》所謂「蠙，珠也」，即此「文魮」，「魮」乃「玭」之俗體。又《初學記》引《南越志》曰：「海中有文魮魚，鳥頭，尾鳴，似磬而生玉。」

21. 鯈鰫拂翼而掣耀

注引《山海經》曰：「鯈鰫，狀如黃蛇，魚翼，出入有光。」

案：所引見《東山經》「獨山」。「鯈鰫」二字，《說文》無之。「鯈」，見《玉篇》；「鰫」，見《廣韻》，竝引此《經》。《駢雅》云：「蜛蝫、鯈鰫、睒聽、翳人，皆毒蟲也。」

22. 駁馬騰波以嘘蹀

注引《山海經》曰：「駁馬，牛尾，白身，一角，其音如虎。」

案：所引見《北山經》「敦頭之山」。「駁」字，《說文》所無。惟見《玉篇》，正引此《經》。畢氏沅云：「張駿《山海經圖畫讚》曰：『敦山有獸，其名為教，麟形一角。』麟形者，以釋牛尾，即此也。駁，或古本作教，則勃之異文，故郭注音勃。」

余謂《集韻》或作「駜」，「駜」與「駁」，一聲之轉也。

23. 璊珧

注引《說文》曰：「璊，蜃屬。」

案：《說文》下又云：「禮：佩刀，士璊珕而珧珌。」據《爾雅》「蜃小者珧」，「珧」，即賦上文所言「玉珧」也。「珧」與「璊」皆蚌類。《集韻》「璊，

或作蝷。」

注又云：「珋，石之有光者。」

案：此亦《說文》語，彼下云「璧珋也。」段氏謂「璧珋，即璧流離。《漢書·地理志》『入海市，明珠璧流離』是也。」

余謂《西域傳》亦云：「罽賓國出璧流離。」孟康曰：「流離，青色如玉，亦作瑠璃。」「珋」與「流」、「瑠」音竝同，故通用。

24. 鳴石列於陽渚

注引《山海經》曰：「共水多鳴石。」郭璞曰：「晉永康元年，襄陽郡上鳴石，似玉，色青，撞之，聲聞七八里。」

案：「襄陽上鳴石」，事見《晉書·五行志》。注所引見《中次六經》「長石之山」。郭注下又云：「今零陵泉陵縣永正鄉有鳴石二所，其一狀如鼓，俗因名為石鼓，即此類。」畢氏沅云：「郭說非也，言可以為磬。」

余謂如畢說，則與下句「浮磬」無別。郭於《西山經》「涇水多磬石」，引《書》「泗濱浮磬」，而此別為說，似未可非。郝氏則云：「《初學記》引王韶之《始興記》『縣下流有石室，內有懸石，扣之，聲若磬，響十餘里。』亦此類也。」

25. 鷻

注引《山海經》曰：「鷻，青黃，其所集者其國亡。」

案：所引見《大荒西經》「玄丹之山，爰有青鴍、黃鷻、青鳥、黃鳥。」郝氏謂：「《海外西經》云：『鴍鳥、鶹鳥，其色青黃，所經國亡。』又云：『青鳥、黃鳥所集』，即此是也。」「鴍鶹」，蓋「鴍鷻」之異名。《玉篇》有「鷻」字云：「有此鳥集，即《大荒》國亡」，正本此《經》。

余謂《廣韻》「鷻，不祥鳥，白身，赤口也。」《集韻》云：「似鴈」，餘同。其所說形狀微異，實一物耳。

26. 狀

注引《山海經》曰：「狀，其狀如梟。」郭璞曰：「音鉗鈦之鈦，徒計切。」

案：所引見《中次五經》「首山」。今本云：「有谷曰机谷，多狀鳥，其狀如梟而三目，有耳，其音如錄食之已墊。」郝氏謂：「李注引此作『如梟』。《玉篇》作『似鳥』。如錄，蓋『鹿』字假音。《玉篇》作『如豕』。《方言》：

『墊，下也。』蓋下溼之疾。《玉篇》說此鳥作『食之亡熱』，非郭義也。」

余謂《說文》無「獃」字，惟「㹠」字下，《繫傳》引此文作「㹠」，注云：「㹠似鳧。」「獃」、「㹠」音形俱相近。若作「㹠」，似與下「月」、「聑」等字叶韻，尤順。桂氏《札樸》則曰：「『牽』、『汏』竝从大聲，音他達切。獃从大，亦與下文合韻。郭音不謬，字當為『獃』。」然《說文》「㹠」从犮聲，讀若撥，何必舍此而用其所無之字。且以《玉篇》「㹠，大鳥也。」《廣韻》：「䳵，鳥名，似鳧。」謂皆宋人重修之謬，然則二書豈盡不足據耶？

27. 櫪杞積薄於濤涘

注云：「櫪、杞，二木名。」

案：《本草拾遺》：「櫪木，一名檞，生江南深山大樹。樹有數種，取葉厚，大白花者入藥，餘灰入染家用。」李時珍曰：「此木最硬，梓人謂之櫪筋木是也，葉亦可釀酒。」「杞」，已見《西京賦》。

28. 柟楟森嶺而羅峯

注亦云：「柟、楟，二木名。柟，音隸。」

案：《玉篇》「柟」字云：「果似枇杷子。」《集韻》說同。《廣韻》：「柟，小楟也。」是二者一類，但大小異耳。「柟」與「楟」，亦聲之轉。據《玉篇》所說似即為荔枝樹。荔枝，本名離枝，以同音借《艸部》之荔為之，此則从木矣。惟荔枝祇生於閩、蜀、嶺南，恐非江介所有，是一是二，未知其審。

29. 櫻以蘭紅

注引《爾雅》曰：「紅，蘢舌。」

案：「舌」為「古」之誤。今《爾雅》：「紅，蘢古，其大者蘬。」「紅」，一作葒。「蘢」，一作龍。「古」，一作鼓，或作鼓。郭注：「俗呼紅草為蘢鼓，語轉耳。」《詩》「隰有游龍」，毛傳：「龍，紅草也。」陸《疏》云：「一名馬蓼，葉大而赤白色，生水澤中，高丈餘。」《玉篇》：「蘢，馬瀿也。」「瀿」與「蓼」同。《廣雅》云：「葒、蘢、薏，馬蓼也。」王氏《疏證》謂：「《名醫別錄》：『葒草，一名鴻蕌鴻與葒同，蕌與薏同，如馬蓼而大，生水傍。』陶注：『今生下濕地，極似馬蓼，甚長大。』據《別錄》，則馬蓼別為一種，非葒草也。然陶注《本草》馬蓼云：『馬蓼生下濕地，莖斑葉大，有黑點，亦有兩三種，其最大者，名蘢鼓，即是葒草。』然則葒草即馬蓼之大者。馬蓼，

其總名也。且陶注所謂最大名蘢鼓者，正《爾雅》所謂『其大者蘬』。則陶注所謂馬蓼者，即《爾雅》所謂『紅，蘢古』矣。《別錄》又有『夭蓼，一名石龍，生水中。』《本草拾遺》以為即水莦，一名游龍也。但《別錄》莦草無毒，夭蓼有毒，《拾遺》合之，非也。《蜀本草圖經》云：『木蓼，一名夭蓼』，蓋別是一物耳。」

30. 鯪鯩躛踞於垠隒

注引《埤蒼》曰：「躛，躒跳也，求悲切。」《聲類》曰：「偏舉一足曰踞蹄也，渠俱切。」

案：此為尤氏本也。「踞」，當作「跼」，他本「躛跼」，或作「踦跙」。《讀書志餘》云：「如李注，則本作躛跼，謂二魚跳躍於水厓也。《楚辭·天問》注：『鯪魚，有四足本篇前引之，亦見《吳都賦》。《南山經》：『柢山有魚，狀如牛，陵居，蛇尾，名曰鯩本注所引。』是鯪、鯩皆魚之有足者，故曰『躛跼於垠隒』。《史記·張儀傳》『虎賁之士，跿跼科頭。《集解》曰：『跿跼，跳躍也。』《索隱》引《韻集》云：『偏舉一足曰跼躒。』義與《聲類》同。又呂向注云：『踦跙，行貌。』則今李善本作『踦跙』者，後人據五臣本改之耳。」胡氏《考異》亦云：「五臣作『踦跙』，故『踦』下音『巨眉』，『跙』下音『具俱』。袁、茶本可證。善作『躛踞』，音義具在注中，尤本改正，是矣，但仍贅此音而又誤其字，則失之。」

余謂胡云誤字者，今本躛下「巨眉」，作「曰眉」。踞下「具俱」，作「具側」也。「躛跼」與「踦跙」，蓋音相近而致誤。《說文》有「跼」無「踞」。而《集韻》：「踞，權俱切」，與「跼」同。然「跼」，從句聲，故有「渠俱」之音。若「踞」從局，《廣韻》渠玉切，音局，安得為「權俱切」耶？

31. 獫獺睒瞲乎厱空

「獫」，已見《羽獵賦》。此注引《山海經》曰：「釐山，滽滽之水出焉，有獸，名曰獺，其狀如獳，其毛如彘鬣。」郭璞曰：「音蒼頡之頡，與獺同。」

案：所引見《中次西經》，今本作「名曰獙，其狀如獳犬而有鱗。」又《中次十一經》「葴山，視水出焉，其中多頡。」郭注：「如青狗。」畢氏沅云：「獙字，《說文》《玉篇》所無。當只作頡，或作獺。頡，蓋獙之假音。」郝氏云：「獺不與頡同音。李注引作『獺』，然『獺』，故無鱗。後郭注云『如青狗』，則真似『獺』矣。而『獺』復不名『頡』，亦所未詳。」

余疑釐山之「獂」，本作「頢」，而俗加犬旁，遂與「獺」混耳。郭不云與葳山同，則「獂」別一物，非「獺」也。葳山之「頢」，本為「獺」，故郭云「如青狗」，而轉作「頢」，殆傳寫者亂之。至「獂」字，善注引作「鱬」，云「如珠切」，而下無「犬」字，則畢氏謂《經》文作「獂」，是也。《說文》：「獂，怒犬貌，讀若栩。」

32. 夔牯翹踛於夕陽

注引《山海經》曰：「岷山多夔牛。」郭璞曰：「今蜀山中有大牛，重數千斤，名為夔牛。」

案：此所引見《中山經》。彼注下又云：「晉太興元年，此牛出上庸，郡人弩射殺之，得三十八擔肉。」即《爾雅》所謂「犤」，今《爾雅》作「犩牛」。釋文引《字林》云：「黑色而大，重三千斤。」郭注：「即犪牛也。」「犪」，當作「夔」。「犩」，當作「魏」。「魏」者，高大之稱。「夔」、「魏」，亦音相近。

注又云：「《爾雅》注：『今青州呼犢為牯。』牯，夔牛之子也。牯與狗同。」郝氏謂：「狗之言狗也。牛之子為名為狗，亦猶熊虎之子名為狗。狗通作駒，《漢書·朱家傳》『乘不過駒牛』，晉灼注：『駒牛，小牛也。』」

注又引《莊子》曰：「齕草飲水，翹尾而踛，此馬之真性也。」司馬彪曰：「踛，跳也。」

案：今《莊子》釋文作「陸」，引司馬同。然「陸」不得訓「跳」，恐為「踛」之譌。《玉篇》《廣韻》並云：「踛，翹踛也。」殆本此賦。桂氏《札樸》則曰：「《說文》：『踱，曲脛也。』讀若達。是『踛』即『踱』之變體，謂馬曲一脛也。」

余謂《說文》無「踛」字，似此說近之。《說文》又云：「䠱，曲脛馬也。」《廣雅》曰：「䠱、踱、牸也。」踱既與䠱同，訓亦曲脛馬矣。但王氏《疏證》云：「踱，從足，弅聲。弅，從廿，肉聲。肉聲，宜近『踱』，而『弅』亦讀若達者。段氏謂『達，古音同仇，故肉聲如之』，是也。且『踱』為渠追切，《廣韻》：『踛，力竹切』，亦聲之轉。『達』，乃《說文》『迖』之重文，從辵，從夲。而《辵部》字間有從足者，或因此遂為『踛』字與？」

33. 礱之以瀎瀐

注引《淮南子》曰：「莫鑒於流瀎，而鑒於澄水。」許慎曰：「楚人謂水暴溢為瀎。」

案：《淮南》語見《俶真訓》。今本作「人莫鑒於流沫而鑒於止水。」梁氏《瞥記》云：「此仍《莊子·德充符》語，《莊》作『流水』，釋文：『崔本作沬水』，蓋所見本異。」

余謂高注於此處云「沫雨潦上，沫起覆甌也。言其濁擾不見人形。」而篇內下文言「樹木者，灌以瀿水。」莊氏校本引孫氏星衍云：「各本注有『瀿波暴溢也』五字，藏本皆無之。」據此，則善所引當是高注之原文，未必為許注。《說文》無「瀿」字，似不應既釋於此，而不收其字。善引《淮南注》於高、許兩家，間有互譌也。《玉篇》：「瀿，水暴溢也，波也。」《說文》別有「瀄」字云：「大波也。」「瀿」、「瀄」，音形皆相近，疑許書即以「瀄」為「瀿」。《廣韻》：「瀿，水名」，亦引《玉篇》。

注又引《淮南子》曰：「潦水，旬月不雨，則涸而枯，澤受瀿而無源者也。」許慎曰：「瀷，湊漏之流也。」

案：所引見《覽冥訓》。高誘注：「瀷，雨潰疾流者。」又《本經訓》「尚游瀷洯」，注云：「瀷，讀燕人強春言敕之敕。」《說文》：「瀷水，出河南密縣，東入潁。」前別有「濕」字，訓解同。《地理志》於此水，字亦作「濕」。姚嚴《校議》謂：「濕、瀷，當是重文。」故《韻會·十三職》引「濕」，一作「瀷」，或曰後人所加。至其釋義，則《管子·宙合篇》「泉踰瀷而不盡」，房玄齡注：「瀷，湊漏之流也」，與善引正同。豈許君注《淮南》為此訓，不入《說文》，而玄齡本之與？《集韻》：「瀷音敕，水貌也。」李吉甫曰：「瀷水，俗名敕水。」是二字之同可知。

34. 雷池

注引《吳錄》曰：「雷池在皖。」

案：《寰宇記》舒州望江縣下引《水經注》云：「江水對雷水之北。」桐城縣下引云：「雷水，又名雷池水，又云大雷池水。西自宿松縣界流入，自發源縣界東南，積而為池，謂之雷池。又東流逕縣南，去縣百里。又東入于江，江行百里，為大雷口，又有小雷口。晉庾亮《報溫嶠書》云：『足下無過雷池一步』，乃此地。」即注所云：「青林水又西南歷尋陽，分為二：一水東南流過大雷者也。」《御覽》引《水經》曰：「雷水南逕大雷戍，西注大江，謂之大雷口。一派東南流入江，謂之小雷口也。」《困學紀聞》：「鮑明遠《登大雷岸與妹書》大雷在舒州望江縣，《水經注》所謂大雷口也。晉有大雷戍，

陳置大雷郡。」自注云：「積雨為池，謂之雷池。東入于江，謂之大雷口。」
《名勝志》「桐城縣」下引注《水經》曰：「樅陽，湖水遠團亭，與江水合而
東流，即此處也。」以上諸所引，皆今本《水經注》所無。蓋《江水篇》缺
佚下卷也。此為趙氏一清所採補。

35. 青草

注引《吳錄》曰：「巴陵縣有青草湖。」

案：祝氏穆《方輿勝覽》：「青草湖，一名巴邱湖，北連洞庭湖，南接瀟
湘，東納汨羅之水，自昔與洞庭竝稱，而巴邱實為通稱。」《方輿紀要》云：
「洞庭之南，有青草湖，在巴陵縣南，周迴二百六十五里。自冬至春，青草
彌望，水溢則與洞庭混而為一。洞庭之西，又有赤沙湖，在巴陵縣西，周迴
百七十里。當夏秋水泛，與洞庭為一，涸時惟見赤沙彌望。而洞庭周迴三百
六十里，南連青草，西吞赤沙，橫互七八百里，謂之三湖，或謂之重湖。重
湖者，南名青草，北名洞庭，有沙洲間之也。」據此知，青草湖實與洞庭相
屬，故洞庭有八百里之稱，特於其中析言之耳。

36. 朱滻丹漅

注引《水經注》曰：「朱湖在溧陽。」

案：此文亦今本所無。趙氏據《建康府志》引之。今去溧陽城三十里許，
有俗名朱溝蕩，水勢遼曠，與太湖通，疑朱湖即指此。

注又引《水經注》曰：「沔水又東得漅湖，水周三四百里。」

案：此文見《沔水》下篇，「漅湖」作「漅口」，云：「其水承大漅、馬骨
諸湖，夏水來同，浩若滄海，洪潭巨浪，縈連江、沔」，下即引此賦語。據上
文「巾水西注揚水，謂之巾口。揚水又北注于沔，謂之揚口，中夏口也。」皆
在竟陵縣，則漅湖當亦其境矣。

注又云：「丹湖在丹陽。」

案：《漢志》丹陽郡溧陽下，應劭曰：「溧水所出南湖也。」《方輿紀要》
云：「今溧水在今溧陽縣北四十里，即永陽江也。《祥符圖經》：『溧水承丹陽
湖，東入長蕩湖。』丹陽湖，即應劭之南湖也。段氏謂：『自東壩築，而丹
陽湖之水不復入於溧水，永陽江之源流亦滋晦矣。』《水利考》：『永陽江，
一名潁陽江，古名中江。』」蓋未築東壩以前，固城、丹陽、石臼諸湖匯長
蕩湖，入太湖，而入於海，此正古中江之道。今則壩西諸水俱西流入江，與

古絕異。據此知，丹湖即丹陽湖，與上朱湖，皆古中江所經，故賦以為江之旁也。

注又云：「濼湖在居巢。」

案：《漢志》居巢屬廬江郡。《水經‧沔水下篇》云：「沔水與江合流，又東過彭蠡澤，又東北出居巢縣南。」注云：「古巢國也，湯伐桀，桀奔南巢，即巢澤也。」「江水自濡須口又東，左會柵口，水導巢湖，東逕烏上城北。」後漢《明帝紀》「濼湖出黃金」。「濼」，當作「巢」，後人或加水旁耳。

37. 爰有包山洞庭，巴陵地道。潛逵傍通，幽岫窈窕

注引郭璞《山海經注》曰：「洞庭地穴在長沙巴陵。吳縣南太湖中有苞山，山下有洞庭穴道，潛行水底，云無所不通，號為地脈。」

案：《水經‧沔水下篇》注云：「太湖苞山有洞室，入地潛行，北通瑯琊東武縣，俗謂之洞庭。旁有青山，一名夏架山，山有洞穴，潛通洞庭山。上有石鼓，長丈餘，鳴則有兵。故《吳記》曰：『苞山在國西百餘里，旁有石穴，南通洞庭，深遠莫知所極。』三苗之國，左洞庭，右彭蠡。以大湖之洞庭對彭蠡，則左右可知也。余按二湖俱以洞庭為目者，亦分為左右也。但以趣矚為方耳。既據三苗，宜以湘江為正，是以郭賦云云。」朱氏彝尊云：「吳有洞庭，山名也；楚有洞庭，湖名也。郭賦蓋謂君山有石穴通吳之包山，故包山亦以洞庭名。酈注二湖俱以洞庭為目，誤也。」趙氏謂：「善長未嘗以吳之洞庭為即楚之洞庭。吳中之山曰洞庭，故湖亦即其稱耳。」又《寰宇記》云：「洞庭山有宮五門，東通王屋，西達峨嵋，南接羅浮，北連岱嶽。」《蘇州府志》引《郡國志》云：「闔廬使靈威丈人入洞，秉燭晝夜行七十餘日，不窮乃返。曰：『初入，洞口甚隘，約數里，遇一石室，高可二丈，上垂津液，石几有素書三卷，上於闔廬，不識。使人問孔子，孔子曰：「此禹石涵文也《玄中記》禹得治水法，藏於包山石室。」』闔廬復令入，經兩旬卻返，曰：『不似前也。惟上聞風濤聲，又有異蟲撓人撲火。石燕、蝙蝠大如鳥。前去不得，穴中高處，照不見巔，左右多人馬迹。』」

余謂此即今之林屋洞也。相傳其穴深不可測，必謂其通楚之洞庭，並及王屋諸山，則無從知之。而前《羽獵賦》「入洞穴」，晉灼以為「禹穴」，當即指包山之洞。有「禹石函文」，而言非會稽之禹穴也。善注亦引《山海經》郭注，與此處同者，又因彼賦下句云「出蒼梧」，正《水經注》所云「三苗之國也。」實則子雲特故作夸詞，與下「浮彭蠡，目有虞」相類，豈有合於長安

之地乎？

38. 冰夷倚浪以傲睨

注引《山海經》曰：「從極之川，惟冰夷恆都焉。冰夷，人面而乘龍。」
郭璞曰：「冰夷，馮夷也。」

案：所引見《海內北經》，「而乘龍」，今本作「乘兩龍」，此注誤也。「冰」、
「馮」聲相近，故字或不同。郭注又引《淮南》云：「馮夷得道以潛大川，
即河伯也。」後《雪賦》注引《抱朴子·釋鬼篇》曰：「馮夷，華陰人，以八
月上庚日，度河溺死，天帝署為河伯。」《莊子·大宗師篇》：「馮夷得之，
以游大川。」司馬彪注引《清泠傳》云：「馮夷，華陰潼鄉隄首人也。服八
石，得水仙，是為河伯。」《淮南·墜形訓》高注略同。亦作「馮遲」，見後
《七發》注。亦作「無夷」，《穆天子傳》：「陽紆之山，河伯無夷之所都居。」
郭注：「馮夷也。」《史記索隱》及本書《思玄賦》注引《太公金匱》稱「馮
修」。「修」、「夷」，亦聲相近。《酉陽雜俎》作「馮循」。「循」、「脩」，形相
似，二字往往互淆也。又引《河圖》言姓呂名夷，《後漢書·張衡傳》注亦
引《河圖》，則姓呂名公子。諸書互異，其實一耳。至《竹書》夏帝芬十六
年，洛伯用與河伯馮夷鬭。胡氏應麟《莊岳委談》並徐氏《統箋》、梁氏《史
記志疑》，俱據為古之諸侯。陳氏逢衡則云：「《竹書》之馮夷，不得與水神
誤認為一」，似近之。

余謂《竹書》云「鬭」，當與《左傳》「龍鬭於羽淵」相類。若兩國相攻，
不宜言「鬭」，惟後文又有「殷侯微以河伯之師伐有易」，遂為諸家所主。然《竹
書》本非可信，恐亦未免傅會矣。要之，古說傳流，參差各出，是此非彼，殊
可不必。而《選》賦中多用水神之說。

附案：《莊子·秋水篇》釋文：「河伯，一云姓呂，名公子。馮夷是公子之
妻」，更為異說。

39. 爾乃韜霧祴於清旭

注云：《方言》：「韜，視也，音隸。」

案：《方言》於下文云：「凡相竊視，南楚謂之闚，或謂之韜。韜，中夏語
也。闚，其通語也。」郭注：「韜，亦言睇也。」戴氏《疏證》云：「睇、韜，
一聲之轉。」《玉篇》：「睇，視也。」「睇」，今本誤作「睞」

40. 覘五兩之動靜

注引許慎《淮南子注》曰:「綄，候風也。楚人謂之五兩。」

案:今《淮南·齊俗訓》云:「辟若俔之見風也，無須臾之間定矣。」蓋高本作「俔」。莊氏逵吉謂:「古『完』與『見』，因字形相近，本作譌別。故《論語》『莞爾』之莞，陸德明又作『莧爾』。此字義當作『綄』為是。」

余謂《玉篇》《廣韻》俱作「綄」，云:「船上候風羽。」「俔」，乃聲近借字耳。

41. 廣莫颲而氣整

注引郭璞《山海經注》曰:「颲，急風貌，音戾。」

案:所引見《北山經》「錞于毋逢之山，北望雞號之山，其風如颲。」郭注又曰:「或云飄風也。」《說文》引作「劦」，「雞號」作「惟號」。《玉篇》同。《說文》云:「劦，同力也。」段氏謂「許意蓋言其風如並力而起也。」《玉篇》云:「劦，急也。」「颲」乃俗字。

42. 食惟蔬鱻

注引《聲類》曰:「鱻，小魚也。」

案:此與前《南都賦》「黃稻鱻魚」注引同。《說文》「鱻」字云:「新魚精也。从三魚，不變魚也。」「小魚」之訓，他無所見。蓋自漢人，以魚名之鮮代鱻，又借鮮字，作尟少之尟。因之，鱻亦謂少。《集韻》:「鱻，息淺切，音獮。」尟或作鱻，少也。此云「小魚」，殆從少義得之。《說文》:「㣺，少也。」凡物多則大，少則小。故《廣雅》云「㣺，小也。」此與鱻字本訓殊戾。《詩·思文》正義引鄭注《尚書》曰:「眾鱻食，謂魚鼈也。」賦意謂江干之人，惟食蔬菜與魚鼈之類，不得但以為「小魚」。

43. 栫澱為涔

注引《說文》曰:「栫，以柴木壅水也。」

案:今《說文》無「水」字。《玉篇》《類篇》皆與此注同。則「水」為今本脫字矣。注又引《爾雅》曰:「槮謂之涔。」郭璞曰:「今之作槮者，叢木於水中，魚得寒，入其裏，以薄捕取之也。」「槮」，一作「糝」，本有兩義。《詩正義》引孫炎曰:「積柴養魚曰槮」，乃郭所本。說者謂「槮」即「罧」字，《說文》:「罧，積柴水中以聚魚也。」《淮南·說林訓》「罧者扣舟」，高

注：「以柴積水中取魚。魚聞擊舟聲，藏柴下，甕而取之」是也。《毛詩》「潛有多魚」，《韓詩》「潛」作「涔」，云：「魚池也。」毛傳：「潛，糝也。」《爾雅》釋文云「槮」。《爾雅》舊文並《詩》傳竝米旁作。《小爾雅》木旁作，蓋《小爾雅》「潛」作「橬」，「糝」作「槮」，云：「橬，槮也。積柴水中而魚舍焉」是也。毛傳及《爾雅》作「糝」者，《御覽》引舍人云：「以米投水中養魚為涔。」《詩正義》引李巡同也。郭氏本從「積柴」之訓，故此賦上有「栫」字，正謂「以柴木壅之」也。

44. 奇相得道而宅神，乃協靈爽於湘娥

注引《廣雅》曰：「江神謂之奇相。」

案：《史記·封禪書》「江水祠蜀」，《索隱》亦引《廣雅》，又引庾仲雍《江記》云：「奇相，帝女也，卒為江神。」賦下句以「湘娥」為比，正與此同。蓋即《蜀都賦》所云「娉江斐與神遊」者也。而彼處劉注引《列仙傳》，遂以漢皋解珮之事，合而為一。

又案：陳氏本禮《屈辭精義》引《蜀檮杌》云：「奇相，震蒙氏女，竊黃帝玄珠，泛江而死，為神」，則奇相之係女子，與《江記》正合。而羅願《爾雅翼》乃以《九歌》之湘君為神，奇相死後之配湘夫人，即二女。殆因景純此賦語而傅會之，殊荒誕不足信。

風賦　宋玉

45. 枳句來巢

注云：「枳，木名也。枳句，言枳樹多句也。」《說文》曰：「句，曲也。」

案：《詩·小雅》「南山有枸」，《正義》引此賦作「枳枸來巢」。「句」，即「枸」之省也。《說文·禾部》「稦」字云：「多小意而止也。從禾，從支，只聲。一曰木也。」又「稴」字云：「稦稴也。從禾，從又，句聲。又者，從丑省。一曰木名。」《廣韻》於「稦」、「稴」皆訓為「曲枝果」。段氏謂：「稦稴字或作枳椇，或作枳枸，或作枳句，或作枝拘，皆詰詘不得伸之意。《名堂位》『俎殷以椇』，注：『椇之言枳椇也，謂曲撓之也。』《莊子·山木篇》：『騰蝯得柘棘、枳枸之間，處勢不便，未足以逞其能。』宋玉《賦》『枳句來巢』，陸璣《詩疏》作『句曲來巢』，謂樹枝屈曲之處，鳥用為巢。《逸莊

子》作『桐乳致巢』，乃譌字耳。《淮南書》『龍夭矯，燕枝拘』，亦屈曲盤旋之意。其入聲則為迣曲附案：《莊子·人間世篇》「吾行郤曲」，釋文：「郤，字書作迣。郤曲，即迣曲也。」穊與枳、枝、迣，稤與楎、句、枸、拘、曲，皆疊韻也。穊稤與迣曲，皆雙聲字也。《急就篇》『沽酒釀醪稽極程』，王伯厚云：『稽極，當作穊稤。』蓋詘曲為酒經程，寓止酒之義。若《爾雅·釋地》「枳首蛇」，枳，本或作穊。此則借穊、枳為歧字，亦同部假借也，故郭釋以『歧頭蛇』。」

余謂《說文》「禾」為部首，云：「木之曲頭，止不能上也。古兮切。」今或以形似，從禾黍之禾，或不知枳為穊之借字。而穊竟從木，皆誤。其一曰木者，蓋穊與稤單呼之。《詩》釋文遂云：「枳枸，木名」，非是。此處善注引《說文》釋「句」字，而不引《禾部》之文，乃言「枳樹多句」，亦失之。下引《莊子》以「柘棘」誤為「枳棘」，又於「桐乳致巢」引司馬彪曰：「桐子似乳，著其葉而生其葉，似箕鳥喜巢其中。」今桐有小瓢，實結其旁，圓如乳，非鳥所可巢也。似當從段氏字譌之說。

附案：《說文》別有稽字云：「穊稤而止也。讀若晧。」與此通，稽，亦木名。

46. 空穴來風

注引《莊子》曰：「空閲來風」。司馬彪曰：「門戶孔空，風善從之。」

案：「穴」，即孔穴。《考工記》「函人眡其鑽空」，《史記·五帝紀》「瞍使舜穿井為匧空旁出」，《漢書·大宛傳》「張騫鑿空」，「空」皆與「孔」通。「穴」或作「閲」者，音近借字也。此蓋謂凡有孔隙之處，與下文「土囊之口」，注引《荊州記》「宜都很山縣有山，山有穴口，為風井」，其義各異。

47. 迴穴錯迕

注云：「凡事不能定者迴穴，此即風不定貌。」

案：孫氏《補正》引金云：「《西征賦》『事回沇而好還』，注引《韓詩》曰：『謀猶回沇』，此亦似本《韓詩》義。下文『迴穴衝陵』，反似字同而義異也。又《幽通賦》『叛回穴其若茲乎』，注：『回，邪。穴，僻也。』亦引《韓詩》『謀猶回沇』。」

余謂「迴穴」，《毛詩》作「回遹」。《說文》：「遹，回僻也。」《小旻》傳云：「回，邪。遹，辟也。」「辟」、「僻」，古今字。《幽通賦》注正用毛義。《召旻》釋文：「遹，《韓詩》作欥」，與李注所引《韓詩》「或作沇，或作穴」，皆

「遹」之假借字耳。然則此「迴穴」,即《詩》之「回遹」,蓋以為回旋不定之意,故李注云。然下文「穴」與「陵」對,「穴」乃作實字矣。

48. 邸華葉而振氣

注云:「《說文》曰:『邸,觸也。』邸與抵,古字通。」

案:《說文》「邸」在《邑部》,訓迴別。《牛部》「牴」字云:「觸也。」又《角部》云:「觸,牴也。」蓋互相訓。「牴」或作「抵」,《韻會》通作「抵」。「邸」、「氐」,《玉篇》或作「觝」。此借「邸」為「抵」,故云「古字通」也。但注中上「邸」字,宜作「抵」方合。

49. 離秦衡

注又云:「秦,木名也。」

案:《說文》:「秦,伯益之後所封國,地宜禾。一曰秦,禾名。」校者皆不以「禾名」為誤。惟桂氏《札樸》云:「禾名,當為木名。《說文》:『榛,木名。』蓋『榛』通作『秦』也。」《范子計然》曰:「秦衡,出於隴西天水」,並引此賦注為證。

余謂《說文》凡「一曰」,皆別為義。秦既從禾,從舂省,會意。又曰「地宜禾」,若復以為禾名,非別一義矣。古亦未聞有「禾名」。秦者而木名,則有此賦及《范子》可據,似桂說較長。善注「秦,木名」,殆用《說文》語與?

50. 被蒇楊

注引《易》:「枯楊生稊。」云:「稊與蒇同。」

案:《易·大過》之「稊」,釋文云:「鄭作蒇。」又《爾雅·釋草》釋文:「稊,本作蒇。」蓋「稊」字,《說文》本從艸,作「蕛」也。《莊子·知北遊篇》釋文亦云:「蒇,本作稊。」故本書《勸進表》及《從游京口北固應詔》詩注皆謂「稊」、「蒇」同也。

51. 直憭悷惏慄,清涼增欷

案:《讀書志餘》云:「當為『惏慄憭悷』,寫者誤倒耳。惏慄、清涼,皆謂風之寒。憭悷、增欷,皆感寒之貌。二句相對,且『悷』、『欷』為韻。古音俱在脂部。若慄字,則在質部。質與脂,古韻不同部。『慄』字,古通『栗』。《詩》三百篇『栗』字皆與質部字為韻,無與脂部字為韻者,其作『慄』之

字,《詩‧黃鳥》與『穴』為韻。《楚辭‧九辨》與『瑟』為韻,皆質部也。
是『慄』不可與『欷』為韻矣。《高唐賦》『令人㥦悷慘悽,脅息增欷』,『㥦』、
『慄』聲相近。『㥦悷慘悽』,猶『㥦慄慘悽』也。彼賦亦以『悽』、『欷』為
韻。《九辨》『慘悽增欷兮,薄寒之中人。愴怳懭悢兮,去故而就新。』『悽』、
『欷』為韻,『愴怳』與『懭悢』為韻,又其一證。」

余謂賦下接云「清清泠泠,愈病析酲。」「泠」與「酲」韻。此二句亦
宜有韻,如王說方諧。其云質與脂不同部者,據顧氏《古音表》以五質為五
支之入,不以為六脂之入。然《唐韻》正於「慄」下引此賦語,不以為倒,
豈「慄」、「欷」可為韻耶?江氏言顧之分配入聲未盡當。段氏《六書音均表》
則以「質」、「櫛」、「屑」為「真」、「臻」、「先」之入,同在第五部。「脂」、
「微」、「齊」、「皆」、「灰」、「以」、「術」、「物」等為入,同在第十五部,固
畫然各分也。

52. 得目為蔑

注云:「《呂氏春秋》曰:『氣鬱處目則為蔑。』高誘曰:『蔑,眵也。』蔑
與䁆,古字通。」

案:「蔑」字,《說文》作「䁪」,云:「目眵也。」《一切經音義》引「目」
上有「䁪兜」二字。上「眵」字,「一曰瞽兜也。」玄應書「瞽」亦作「䁪」。
姚嚴《校議》謂「䁪兜者,猶《心部》云㤼兜。」段氏云:「蔑者,假借䁆者,
或體䁪。」「兜」,《見部》作「覵」,云:「目蔽垢。」「覵」,即「兜」字。

余謂注所引《呂氏春秋》,見《季春紀》。「蔑」,本作「䁆」,此處當同。
故注有「蔑與䁆通」之語。今注亦作「蔑」,誤也。《說文繫傳》引此賦作
「䁪」。又《釋名》云:「目眥傷赤曰䁆。䁆,末也。創在目兩末也。」與許謂「目傷
眥曰眵」稍別。

53. 唅齰嗽獲

注云:「中風人口動之貌。《說文》曰:『唅,食也。』『齰,齧也。』『嗽,
吮也。』《聲類》曰:『嚄,大喚也。』獲與嚄,古字通。」

案:方氏《通雅》云:「此即嚄唶之聲,而痛言之也。《漢‧灌夫傳》『齰
舌自殺』,《史》作『齚舌』,通作『咋』。《荅客難》曰『孤豚之咋虎』,此『齰』
之本字也。賦意言其嚼舌欲唅,促口噴嚄,累而狀之。」

余謂《說文》「齰」,重文為「齚」。「譜,大聲也。」讀若「笮」,重文為

「喭」。是「讞」、「喭」音同。《周禮‧典同》「侈聲筰」,杜子春讀「筰」為「行扈喭喭」之喭,正相類。「嗽」,《說文》作「欶」。「獲」與「嚄」,皆從蒦聲,故通用。《史記‧信陵君傳》「晉鄙嚄唶」,《正義》引《聲類》曰:「嚄,大笑。唶,大呼」,與此注異。

秋興賦　潘安仁

54. 覽花蒔之時育兮

注引《易》:「時育萬物。」

案:《無妄‧象辭》王弼注:「對時育物」,並舉《釋文》大字出「茂對時」,是皆「時」字句絕。近惠氏棟本馬、虞義,謂「艮為時,體頤養為育」,蓋以「時」字下屬。觀此賦截用「時」、「育」二字,知古句讀原如是。安仁不誤,而李氏所引亦不從王弼之說也。

55. 熠燿粲於階闥兮

注引《詩》:「熠燿宵行。」毛萇曰:「熠燿,燐也。」「燐,螢火也。」

案:「燐」,今毛傳作「燐」。《淮南‧氾論訓》「久血為燐」,《說文》作「粦」云:「兵死及牛馬之血為粦。粦,鬼火也。」段氏云:「螢,當是熒。燐,熒火者,謂其火熒熒閃颺,猶言鬼火也。《詩正義》引陳思王《螢火論》曰:『熠燿宵行。』《章句》以為『鬼火』,或謂之『燐』。《章句》者,謂《薛君章句》。是毛、韓無異說,毛本作『熒』。或以釋蟲之熒火,即『炤』當之。且改『熒』為『螢』,改『粦』為『燐』,大非《詩》義。古絕無『螢』字也。」李氏紬義則云:「《釋文》燐又作燐。」《玉篇》:「燐,螢火也。」《廣韻》同。蓋傳原作「燐」,「燐」為螢火。「螢」,《月令》《爾雅》俱作「熒」,「熒」是火光。「燐」乃蟲之體也,並引此賦注作「燐」以證。

余謂《詩》上文「伊威蠨蛸」,皆物類,不應忽及鬼火。毛作熒火正合。《爾雅》當與韓異,毛是也。燐之名,陸氏《埤雅》以為「久血」、「螢火」皆可稱。《古今注》:「數螢火異名,一曰燐。」《廣雅》:「螢火,燐也。」王氏《疏證》說略同。「燐」,或作「燐」者,殆後人因螢為蟲,故從虫旁耳。李氏轉以作「燐」為正,亦失之。至此賦言「粲於階闥」,豈鬼火之所及乎?其為即「炤」無疑。

又案：郝氏云：「螢火有二種，一種飛者，形小頭赤。一種無翼，形似大蛆，灰黑色，而腹下火光大於飛者，乃《詩》所謂『宵行』。」然兩者隨地皆有，飛亦行也。陳思王《論》云「秋日螢火夜飛，故曰宵行。」然則《詩》言「熠燿」，何必不兼二種耶。

56. 斑鬢彣以承弁兮

注引《說文》曰：「白黑髮雜而彣。」《字林》亦同。

案：今《說文》「彣」為部首，云：「長髮猋猋也」，與注絕異。「彣」，本從長，故本書《長笛賦》「特籠昏彣」，注云：「彣，長髦。」但此賦言「斑鬢」，則是白黑雜也。注兼舉《字林》，知當時所據甚確，必《說文》別存一義，今本有佚脫耳，故段氏即援此注以補。

雪賦　謝惠連

57. 梁王不悅，遊於兔園

注引《西京雜記》：「梁孝王好宮室苑囿之樂，築兔園。」未指所在。

案：《方輿紀要》「今歸德府為漢梁國孝王都於此。」《水經·睢水篇》注云：「梁王築東苑，方三百里，廣睢陽城，大治宮室，為複道。自宮連屬于平臺三十餘里，東出楊門之左。楊門，即睢陽東門也。晉灼曰：『或言兔園在平臺側。』梁王與鄒、枚、司馬相如之徒，極游於其上。齊隨郡王《山居序》所謂『西園多士，平臺盛賓。鄒、馬之客咸在，伐木之歌屢陳。是用追芳昔娛，神遊千古，亦一時之盛事』，下即引此賦語。賦言「召鄒生，延枚叟。相如未至，居客之右。」正用其事，借以引端也。

58. 岐昌發詠於來思

注引《詩》：「今我來思，雨雪霏霏。」

案：《采薇》詩序謂：「文王時，西有昆夷之患，北有玁狁之難。以天子之命，命將帥遣戍役以守衛中國，故歌《采薇》以遣之。」傳箋及疏皆推衍其指，至朱子《辨說》始云「未必為文王之詩。」而《漢書·匈奴傳》云：「懿王時，王室遂衰，戎狄交侵，暴虐中國。中國被其苦，疾而歌之曰：『靡室靡家，玁狁之故。』『豈不日戒，玁狁孔棘。』」則以為懿王之詩。近人又

多謂《采薇》與《出車》《杕杜》三詩，皆在宣王時。蓋以《出車》之南仲，即《常武》之南仲，引《後漢書》馬融疏「玁狁侵周，宣王立中興之功，是以『赫赫南仲，載在《周詩》』並蔡邕《陳伐鮮卑議》「周宣王命南仲、吉甫攘玁狁，威荊蠻」為證。此賦尚仍序義，故以「來思」為文王所發詠也。注不引小序，殊未晰。

59. 林挺瓊樹

胡氏《考異》:「據袁本、茶陵本注有『瓊，亦玉也。瓊樹，恐誤也』九字。謂『亦』當作『赤』,《說文・玉部》文。」《困學紀聞》亦云:「瓊，赤玉也。」《雪賦》為誤。

案:今《說文》「瓊」篆上有「玒」、「瑬」，下有「珣」、「琍」，皆云「玉也」，則「瓊，亦玉也。」段氏謂:「赤，當作亦。《說文》時有言『亦』者，如李賢所引『診，亦視也。』《鳥部》『鸞，亦神靈之精也』之類。『瓊』，倘是赤玉，當厠『璊』、『瑕』二篆間矣。《離騷》『折瓊枝以為羞』,《廣雅》玉類首瓊支，此瓊為玉名之證。《詩》『瓊琚』、『瓊瑤』、『瓊華』、『瓊瑩』、『瓊英』、『瓊瑰』。毛傳云:『瓊，玉之美者也。』」

余謂段說是。後《舞鶴賦》「振玉羽而凌霞」，注云:「瓊，亦玉也」，正與此注同。下「瓊樹，恐誤也」五字，乃校者見今本《說文》「瓊為赤玉」而為之辭，必非原文。不然，李氏一人之注，何得前後自相矛盾。然則賦以「瓊樹」比雪，固非誤矣。

60. 縱心皓然

注引《孟子》「浩然之氣」云云。或以本書《答賓戲》注引《孟子》項岱注曰:「皓，白也。如天之氣皓然也。」疑此注所引亦當作「皓」。

案:《說文》「晧」在《日部》，本从日，不从白，與「暤」从日同。其《頁部》「顥」字云:「白皃」，下引《楚辭》「天白顥顥」。後人乃置「顥」不用，而改「晧」作「皓」，並「南山四顥亦見《說文》」，亦為「四皓」，非本義矣。若《孟子》文，正宜作「浩」。「浩」，大也，言其盛大之氣。如是觀下文云「至大至剛」等語可知也。項說固不足憑，且即別本有作「皓」者，亦借「皓」為「浩」耳。此賦結尾云「縱心皓然，何慮何營。」蓋承上作達識語，欲縱心浩大之域，不必纖側。其詞為「皓」,「白」字謂與雪有關會也。注既引《孟子》「浩然」為證，必正文作「浩」。李果用「皓」字訓，則《答賓戲》注所引項

氏說，不以屬之，此何耶？

月賦 謝希逸

61. 朒朓警闕，朏魄示沖

案：《說文》：「朔而月見東方，謂之縮朒。」「晦而月見西方，謂之朓。」又「朏，月未盛之明也。」「霸，月始生，霸然也。」此注皆已引之，惟「朏」作「月未成光」語稍異。據《白虎通》云：「月三日成魄，八日成光」，則此「未成光」，即未盛之明也，當是所見本如是。「霸」字，注引作「魄」。「霸」，普伯切，即「魄」之音也。《漢志》所引《武成》《顧命》皆作「霸」。後人於「月霸」字用「魄」，而「霸」作必駕切，乃以為王霸字矣。若「朒」字，從月，肉聲，注不誤。今本《說文》有作「朒」，從內聲者，非也。

62. 愬皓月而長歌

注引《毛詩》：「如彼愬風。」

案：今《詩》「愬」作「遡」，傳釋為「鄉」。《說文》：「澌，向也。」「向」即「鄉」，「遡」乃澌之重文也。若「愬」則為譇之重文，云「告也」，固別一字。然亦有同聲通用者，《戰國策》「衛君跣行，告愬於魏。」注：「遡、愬同。」本書《西征賦》「愬黃巷以濟潼」，注云：「愬與遡通」，是也。《唐石經》毛詩初刻作「愬」，後改作「遡」。此注引《詩》作「愬」，或曰當是三家異字。

附案：《養新錄》引袁宏《北征賦》云：「感不絕于予心，愬流風而獨寫」，正用此詩。

63. 獻壽羞璧

注引《史記》：「平原君以千金為魯連壽。」《韓詩外傳》曰：「楚襄王遣使持白璧百雙聘莊子。」

案：此承上文「懽宴」而言。古人多稱觴為壽，蓋本諸《七月》之詩。「羞璧」，則當引左氏《僖二十三年傳》「僖負羈于晉公子乃饋盤殽，實璧焉」，注似未當。而所引《韓詩外傳》，今本無此文，則張氏《膠言》已言之矣。

鵩鳥賦　賈誼

64. 序云　鵩似鴞，不祥鳥也

注引晉灼曰：「《巴蜀異物志》：『有鳥小如雞，體有文色，土俗因形名之曰鵩。』」

案：「鵩」之與「鴞」，是二是一，初無定主。《史記》言「鴞飛入舍，楚人命鴞曰服。」《漢書》作「似鴞」，《文選》從之，蓋不敢決也。據《周官》「硩蔟氏」，疏謂「鴞之與鵩，二鳥。」《詩·泮水》陸《疏》又云：「鴞，惡聲之鳥，賈誼所賦鵩鳥是也。」然「鵩」不著於他書，獨見此賦，而賦實作於楚中。史公去賈世未遠，所聞當確，餘皆後人臆度之詞耳。《連叢子》載孔臧《鴞賦》云：「昔在賈生，有識之士，忌茲服鳥，卒用喪己」，則亦以為一鳥也。又盛宏之《荊州記》云：「有鳥如雌雞，其名為鴞，楚人謂之鵩」，正與《巴蜀志》合。「鵩」，本作「服」。《史記》《漢書》並同。《說文》無「鵩」字，後人或加鳥，非。

65. 單閼之歲兮，四月孟夏

注引《爾雅》曰：「太歲在卯曰單閼。」徐廣曰：「文帝六年，歲在丁卯。」

案：如徐說，蓋以漢元年為乙未。今《通鑑》如是計高帝十二年、惠帝七年、呂后八年至文帝六年，始得丁卯。近沈氏濤云：「自漢元年至孝文五年，凡三十四年。歲在單閼，是為癸卯，賈誼賦正謂此年。本傳曰：『後歲餘，文帝徵之，至，拜為梁王太傅。』《通鑑》在孝文六年，則賦鵩鳥，當在五年。徐廣云『六年者』，乃以太初法。若然，則《史記》《漢書》不當曰『後歲餘』矣。《史記年表》諸甲子，皆廣所題，不足為據。」此說從「後歲餘」三字尋間，似已。但漢元年至文帝五年，祗得三十二年，不應有三十四年，而以丁卯為癸卯，必漢元年為壬申方可，無緣與乙未相距太遠。今觀錢氏大昕《養新錄》云：「古術太歲與歲星皆百四十四年而超一辰，自周訖秦、漢皆然，東漢始不用此法，故太初元年，太歲在丙子，而後人以為丁丑，已差一算。」准是上溯漢元年，當本為甲午；文帝五年，則為乙丑；而丁卯乃文帝七年也。此賦「單閼之歲」，既指太歲在卯而言，當是文帝七年，非六年。錢氏於《史記考異》據《漢書·律歷志》：「高帝元年，歲名敦牂。此單閼之歲，亦屬之七年，謂徐氏不知古有超辰之法，故云六年耳。」因此可

見，賈誼初出為長沙王太傅，當是文帝五年，及七年始賦《鵩鳥賦》。前序云：「誼為長沙王傅，三年，有鵩鳥飛入誼舍。」《史》《漢》皆同。自五年至七年，正合三年之數。《通鑑》以誼之出，繫之四年者，蓋仍用徐廣之說，故差一年。至誼之徵還為梁王太傅，則當在文帝八年五六月以後。《史》《漢》於賦鵩鳥下竝云：「後歲餘，徵之」，是也。而《通鑑》乃繫之六年，如從徐廣，作賦在六年，則是以作賦之年，即徵還之年，與《史》《漢》所稱「後歲餘」者，殊齟齬不合矣。

又案：沈氏以「單閼」為癸卯者，張氏《膠言》引《史記·秝書》「太初元年，焉逢攝提格」，是為甲寅。上推孝文五年，正是癸卯，此亦非也。《史記索隱》謂《漢志》太初元年為丙子，當是。班氏用三統與太初秝不同，故與《史記》甲寅異。吳縣馮景亭孝廉桂芬隸余講院，能通算術，駁之云：「《律秝志》之文曰：『廼以前秝上元泰初四千六百一十七歲，至於元封七年，復得閼逢攝提格之歲。中冬十一月甲子朔旦冬至，日月在建星，太歲在子。』上云『閼逢攝提格』，以太陰言之；下云『子』，以太歲言之，明是兩事，並行不悖，未嘗與《史記》異也。蓋攝提格之等，自以淮南係之。太陰者，為最朔，《天官書》改為歲陰，名異實同。以之編年，原無淆混，無如太歲亦得有是稱。如本志歲在大棣，名曰敦牂，及歲名困敦之類，又於提綱處，徑改為太歲。《爾雅》多後人沾入之文，亦曰太歲，於是兩者始難識別。孟康等遂以閼逢攝提格為太歲，而司馬貞沿之耳。不知《天文訓》《天官書》既詳列其次，本志又與太歲別出，其非太歲甚明。」此說亦本之《養新錄》，《錄》云：「古法太陰與太歲不同，太歲與歲星左右行不同而常相應。如歲星在星紀，則太歲必在子；歲星在玄枵，則太歲必在丑，推之十二辰皆然。《淮南·天文訓》『太陰在卯，歲星舍須女、虛、危。須女、虛、危，玄枵之次也。太歲當在丑，卻云在卯，是《淮南》所云太陰，非即太歲。』據此知太陰約在太歲前二辰。史公以歲陰紀年，則閼逢攝提格乃太陰，非太歲。太陰在寅，太歲當在子，故《漢志》太歲在子。如以為甲寅年，直使漢以來二千年之甲子，一旦盡變，可乎？

又案：梁氏玉繩云：「太初以前，仍用秦歷，歲首在上年之冬，即以上歲支干為紀。丙子、丁丑，後先無異」，此易曉者。《史記》歷書序載孝武詔末云：「其更以七年為太初元年」，詔文止此，下云：「年名『焉逢攝提格』，月名『畢聚』，日得甲子，夜半朔旦冬至。」乃當時朝臣擬造新歷之議，史

公撮舉之，非詔文也。《漢志》則備載甚明，於詔文以七年為元年，下云：
「遂詔卿、遂、遷與侍郎尊、大典星射姓等議造漢歷。廼以前歷上元泰初四
千六百一十七歲，至於元封七年，復得閼逢攝提格之歲，冬十一月甲子朔旦
冬至，日月在建星，太歲在子，已得太初本星度新正。姓等奏不能為算，願
募治歷者，更造密度，各自增減，以造漢《太初歷》。」斯時但議而未造，
復得者，得不得，未可知之辭也。蓋漢初依秦用《顓頊歷》，而《顓頊歷》
元起甲寅，議者擬仍以甲寅起元，合於改用夏正之義。然日月果合璧否，五
星果聯珠否，未能詳算，故募人定之。於是鄧平、落下閎諸人出焉，以律起
歷，造八十一分律曆，復覆不差，奏狀，詔用。觀《漢志》群臣初議，明言
太歲在子，則非以太初元年為甲寅可知。此說不以為太陰、太歲之異，而別
自立義，亦正通。要之，太初元年非甲寅，則何得上溯孝文五年為癸卯耶，
特附以備考。

又案：王氏引之以太陰、太歲為無別。《漢志》太歲在子，子當為寅，
後人改之也，說與錢異。見《讀書雜志》四之四二者，未敢臆斷，姑識於此。

66. 庚子日斜兮

注引李奇曰：「日西斜時也。」

案：「斜」字與《漢書》同。彼注引孟康曰：「日昳時。」《史記》作「施」。
「施」，即「𧾷也」字。《說文》：「𧾷，日行𧾷𧾷也。」段氏謂：「𧾷𧾷者，迆邐
徐行之意。𧾷𧾷，猶施施。《詩》毛傳曰：『施施，難進之意。』」

余謂「𧾷」、「施」字竝與「迆」通。《廣雅·釋詁》：「迆，衺也。」「衺」，
即斜之義。《越絕書》云：「日昭昭浸以𧾷，與子期乎盧之漪。」正言「日斜」
時也。

67. 異物來萃兮

注云：「萃，集也。」

案：「萃」，《漢書》作「崒」。孟康曰：「崒音萃，聚集也。」《讀書志餘》
云：「上文祇有一服，不得言聚。崒者，止也。其字從止，故上文言『止于坐
隅。』《廣雅》：『崒，待也。』『止、待、逗也。』「逗」，亦止也，見《說文》。
《楚辭·天問》：『北至回水，萃何喜。』王注：『萃，止也。』《史記》『崒』
作集，集亦止也，非聚集之謂。」

余謂「萃」與「崒」同音相通。《詩》:「墓門有梅,有鴞萃止。」毛傳:「萃,集也。」「服」,即「鴞」,賦語當本《詩》。此注單訓為「集」,即《論語》之「翔而後集」,不必作從止之字也。孟康「聚」字,殆誤衍耳。

68. 變化而蟺

注引蘇林曰:「轉續,相傳與也。又蟺,音蟬,如蜩蟬之蛻化也。」

案:《史記》「蟺」作「嬗」,《漢書》同。彼注引服虔曰:「嬗音如蟬,謂變蛻也。」與此注後說同,下亦引蘇林說。師古曰:「此即禪代字合韻,故音嬋耳。蘇說是。」

余謂《史記·秦楚之際月表》「五年之間,號令三嬗」,正謂其相遞嬗也。「蟺」,乃「嬗」之借字。

69. 何異糾纆

注引《字林》曰:「糾,兩合繩。纆,三合繩。」

案:本書《征西官屬送於陟陽候詩》「吉凶如糾纆」,注云:「糾,兩股索。纆,三股索。」又《長笛賦》注引《漢書》張晏注義同。而《一切經音義》引《蒼頡篇解詁》「繩三合曰糾」。《穀梁·宣三年傳》疏:「二糾繩曰纆」,與此互異易,係用「徽纆」。劉表曰:「三股曰徽,兩股曰纆」,未及「糾」。《說文》:「徽,三糾繩也。」「糾,繩三合也。」與劉同。「纆」字從黑,云「索也」,未言股數。蓋各據所傳,不必其盡合矣。

70. 大鈞播物兮

注引如淳曰:「陶者作器於鈞上,此以造化為大鈞。」

案:《史記》「鈞」作「專」,「播」作「槃」。《索隱》曰:「專讀曰鈞,槃猶轉也。」錢氏《攷異》云:「專與鈞,聲相轉,舌齒異音。而均為出聲,此假借之例也。槃讀為般,補完切,般、播聲相近。」

余謂《漢書·鄒陽傳》注引張晏曰:「陶家名模下圓轉者為鈞。」又《五行志》注引孟康曰:「專,員也。」《賈捐之傳》注:「專專,圓貌也。」轉亦從專,是「專」有圓轉之義,故與「鈞」通。「槃」,本即「盤」字。《檀弓》「公輸般」,《墨子》作「盤」。本書《甘泉賦》「離宮般以相燭兮」,注:「般,布也。」《說文》:「播,一曰布也。」則義亦可通矣。

71. 何足控摶

注引如淳曰：「摶，音團，或作揣。」

案：《漢書》「摶」作「揣」。彼注引如淳云：「揣音團。」然「揣」不得音「團」，蓋淳意以「揣」宜如《史記》為「摶」也，當是。「揣」，或作「摶」，音團。此注因正文作「摶」，故倒其語。「摶」之為「揣」者，「摶」字從專得聲。古多以耑為專，故「摶」字遂或作「揣」。而晉灼等說，乃以「揣量」解之耳。

72. 品庶每生

注引孟康曰：「每，貪也。」

案：《宋書·王華傳》：「蓋由每生情多，甯敢一朝頓懷異志。」「每生」，謂貪生也，正用此賦語。又方氏《通雅》云：「班固《敘傳》『每生有禍』，《後漢書》孔融贊云：『豈有圓刓委屈，可以每其生哉。』注皆訓每為貪。《史記》作『馮生』。馮若馮河之馮，一往馮恃之意也。《淮南子》『帽馮而為義』，言冒昧馮恃而為之。則『每生』有冒生、昧生之義。《尚書》『昧昧』與『每每』通聲，古人以聲狀義，多如此。」

余謂《史記集解》引孟康曰：「馮，貪也。」與此注及《漢書》注皆用康說，而字則或為「每」，或為「馮」。是「馮」之義，即「每」之義也。《史記·伯夷傳》正引此文，亦作「馮生」。《索隱》曰：「馮者，恃也。言眾庶之情。」蓋馮恃矜其生也。鄒誕生作「每生」。「每」者，冒也。冒即貪之義。此由「每」與「冒」，聲相轉耳。又《莊子·胠篋篇》「故天下每每」，釋文引李注云：「每每，猶昏昏也。」「昏昏」，亦即「昧昧」之義矣。

73. 沭迫之徒兮，或趨西東二字今本誤倒

案：此語《史記》《漢書》竝同。惟《索隱》云：「《漢書》亦有作『私東』。應劭曰：『仕諸侯為私。時天子居長安，諸王悉在關東，小人怵然，內迫私家，樂仕諸侯，故云「怵迫私東」也。』」「西」與「私」聲相近，亦足廣異義。

74. 窘若囚拘

注云：「窘，囚拘之貌。」

案：「窘」，《漢書》作「傗」。李奇注：「傗音塊。」蘇林注：「傗，人肩傴傗爾。音欺全反。」顏師古曰：「蘇音是。」《史記》「窘」作「攟」。徐廣曰：

「摳，音華版反。」王氏《學林》云：「摳乃摜束之意。」《字書》「窘」亦作「僒」。則「摳」、「僒」二字，雖不同音，而其義皆有「囚束」、「拘繫」之意，於文無嫌也。《文選》止用「窘」字，李奇、蘇林、顏師古之說皆非。

余謂蘇林以為「肩傴僒」者，蓋人在囚中，必傴僂窘屈，義自可通。惟反音未審。《史記》「摳」字，《索隱》引《說文》曰：「大木柵也。」今《說文》無之。《正字通》云：「摳與圜土之圜通。」《集韻》：「圜，于權切。」又「摳」有摜束之意，亦當與「撋」通。《王制》「羸股肱」，注謂「摋衣出其臂脛。」釋文引《字林》：「撋，先全反。」依字作「捛」。《集韻》：「捛，又音沿」，亦與「撋」、「捵」二字同。然則「欺全」之音，殆與「摳」近，而不得為「僒」音。故張彴校《漢書》云：「《說文》：『窘，迫也。音渠隕反。』其字並不從人，唯孫強新加字。《玉篇》及《開元文字》有作『僒』字，竝音窘，疑蘇林音誤也。」

75. 好惡積億

注引李奇曰：「所好所惡，積之萬億也。」

案：「億」，《史記》《漢書》俱作「意」。彼注既引李奇，又引臣瓚曰：「言眾懷抱好惡，積之於心意。」顏師古曰：「瓚說是。」

余謂好惡在心意，此無待言。觀「積」字，承上「眾人惑惑」來，則「億」字正合。故善注但引李奇而不及瓚。錢氏《攷異》云：「意當作意。《說文》：『意，滿也。一曰十萬曰意。』」則瓚說非矣。《讀書雜志》亦訓「意」為「滿」，「意」與「億」同。

76. 細故蔕芥

注引《鶡冠子》曰：「細故袂蒯。」又云：「袂蒯與蔕芥，古字通。」

案：注所引見《世兵篇》。但賦內語多同者，近人疑《鶡冠》假託，或轉取賈賦為之，當是也。「袂」字，惟《集韻》《類篇》有之，實俗體耳。「蔕」，本果鼻之名。《史記》作「蔕」。《說文》：「蔕，高也。一曰極也。一曰困劣也。」《樂記》「則無怗懘之音」，「懘」，即「蔕」之譌。「怗懘」與「蔕芥」義近。《集韻》：「蔕，丑邁切，音蠆。」故《西京賦》作「蠆芥」。「蒯」，不成字。《史記》同。錢云：「當作『薊』。『薊』、『芥』聲相近也。《漢書》亦作『芥』。」

鸚鵡賦　禰正平

77. 體金精之妙質兮

注引《歸藏殷筮》曰：「金水之子，其名曰羽蒙，是生百鳥。」

案：「殷筮」，當作「啟筮」。《海外南經》有羽民國，郭注亦引《啟筮》曰：「羽民之狀，鳥喙，赤目而白首。」郝氏云：「羽蒙即羽民。民、蒙，聲相轉。又《楚辭·遠遊篇》所云：『仍羽人於丹邱也。』」

余謂賈子《大政篇》「民之為言萌也」，本書《上林賦》之「萌隸」，《長楊賦》之「遐萌」。韋昭皆云：「萌，民也。」《易·序卦傳》「物生必蒙」，鄭注：「齊人謂萌為蒙」，並音近相通之證。善注言「西方為金，毛有白者，故曰金精。」但據《海內西經》「黑水在羽民南」，則羽蒙之地，亦在西域。與首句「西域」正合，非謂其毛白也。

78. 踰岷越障

注云：「岷、障，二山名。《續漢書》曰：『岷山，在蜀郡五道西。障縣屬隴西，蓋因山立名也。』」

案：「岷山」，已見《蜀都賦》。此處言隴坻出鸚鵡，當即隴西言之。今之岷州，本漢臨洮，岷山在州南。《續漢志》：「郫縣為漢襄武縣地，後漢始分置。」《元和志》作「彰縣屬渭州」，云：「永元元年，封耿秉為彰侯是也。」而下云：「郫水南去縣一里」，字又作「郫」。洪氏《圖志》云：「隋曰障縣，至元時改漳縣，皆同音字。」「漳縣」，今屬鞏昌府郫水，即今之彰川水。是縣以水得名，非別有是山。賦語蓋一山一水耳，疑注誤注。又云：「一曰障，亭障也。」泛言之，與「踰岷」不相稱，亦非。

79. 何今日之兩絕

李氏無注。惟五臣注云：「何今日兩相隔絕，各在一方。」

案：胡氏《考異》云：「『兩』當作『雨』。王仲宣《贈蔡子篤詩》『一別如雨』，注云：『《鸚鵡賦》曰：「何今日以雨絕」，陳琳《檄吳將校》「雨絕于天」。然諸人同有此言，未詳其始。』善自作『雨』甚明。」此與孫氏《考異》引金說同。孫又云：「亦見江文通《擬潘黃門述哀詩》『雨絕無還雲』注」，而胡本未及。

余謂《吳志·虞翻傳》已有「罪棄雨絕」語，又一證也。

又案：「雨絕」字頗費解。惟《一切經音義》卷十四云：「臘，歲終祭神之名。經中言臘，諸經律中或言歲。今比邱或言臘，或言雨，皆取一終之義。」此「雨絕」，或以為終絕與？雖其語未知在三國以前否，然明帝時，佛法已入中國，比邱之語，亦容有之。李太白《妾薄命》詩「雨落不上天」，可以會意。

80. 闚戶牖以踟躕

注引《韓詩》曰：「搔首踟躕。」薛君曰：「踟躕，躑躅也。」

案：《廣雅·釋訓》：「蹢躅，跢跦也。」王氏《疏證》云：「《姤》初六，『羸豕孚蹢躅』，釋文：『蹢，本亦作躑。躅，本亦作躅，古文作蹖。』《三年問》『蹢躅焉，踟躕焉』，釋文作『蹢躅』、『踶躕』，《荀子·禮論篇》作『躑躅』、『踟躕』；《易是類謀》『物瑞騠騸』，鄭注：『騠騸，猶踟躕也』；成公綏《嘯賦》『逍遙攜手，踟跦步趾』，竝字異而義同。」

余謂「踟躕」，亦作「躊躇」。《後漢書·馮衍傳》注：「躊躇，猶蹢躅也。」本書《琴賦》「或怨嬉而躊躇」，注：「躊躇，猶躑躅也。」又《說文》：「躇，峙躇不前也。」「蹰，躕蹰也。」此皆雙聲疊韻字，而其體各出。《廣雅》於上文云：「躊躇，猶豫也。」似別出一義，實則亦相通耳。

鷦鷯賦　張茂先

81. 序云　鷦鷯，小鳥也

注於標題下引《毛詩》：「肇允彼桃蟲。」《義疏》曰：「桃蟲，今鷦鷯，微小黃雀也。」

案：《說文》：「鷦鷯，桃蟲也。」《爾雅》：「桃蟲，鷦。其雌鴱。」郭注：「鷦鷯，桃雀也。俗呼為巧婦。」而郭於注《方言》云：「桑飛，即鷦鷯也，今亦名巧婦。」是「鷦鷯」與「鷦鷯」一也。又有「鳵鷯」，別為一物。《爾雅》：「鳵鷯，剖葦。」《說文》正用《雅》訓。《玉篇》乃謂「鷦鷯，亦作鳵鷯」，非矣。若《詩》鄭箋云：「鳵之所為鳥，題肩也。或曰鴞。」《說文》：「鴟鴞，寧鴂也」，與「鷦鷯」兩不相蒙。《方言》以「鶬鳩」為「桑飛」，郭注以「桑飛」為「鷦鷯」。蓋郭與鄭或說同，許意則異，陸璣《疏》亦分別言之。

82. 鷙鶜

注引《說文》曰:「鷙,黃頭赤目,五色皆備。」

案:《說文》:「鷙鳥,黑色多子。師曠曰:『南山有鳥,名曰羌鶜,黃頭赤目,五色皆備。』」此引師曠語以證。「鷙」是羌鶜,即鶜也。段氏以為別一鳥,恐非。前《吳都賦》「彈鸞鶜」,劉注亦引師曠此語。而「鷙」字作「鶜」,李音京。《廣韻·十二庚》有「鶜」字,注:「羌鶜也。」蓋「鶜」即「鷙」之省,而音者誤耳。「鷙」字或作「就」,《山海經》「暴山此注引作景山,其鳥多就。」郭注:「就,雕也。」《廣雅》亦云:「鷙,雕也。」又《爾雅》「雎鳩」,郭注:「雕類,江東呼之為鶜。」《毛詩義疏》云:「鴟鳩,幽州謂之鷙。似鷙,與鶜為一。」故《廣雅》「鶜」訓「雕」,與「鷙」同。《說文》則「鷙」字云:「雕也。」「鶜」作「蔦」云:「鷙鳥也。」兩者相次,而「鷙」別言之。此賦「鷙鶜」並舉,當非謂一物。注中「鶜,鵰也。」在引《說文》「鷙」字之後,上無「又曰」字,固不以為《說文》語矣。

83. 戀鍾岱之林野

注云:「鍾、岱二山,鷹之所產。」《漢書》曰:「趙地鍾、岱,迫近胡寇。」如淳曰:「鍾,所在未聞,漢有代郡,故代國也。」東方朔《十洲記》曰:「北海外有鍾山。」

案:所引《漢書》見《地理志》,本云「鍾代石北」。師古亦云:「鍾,未聞。石,山險之限,在上曲陽。」錢氏坫曰:「鍾,鍾山,亦曰陰山也。在今榆林府北,鄂爾都斯界,黃河北岸。如云未聞,非。代,郡縣名。石,石成。北,北平。其在上曲陽者,常山石邑,非此。」

余謂此處「代」作「岱」,孫氏《考異》以為誤字,是也。注既以代為郡,則前云「鍾、岱二山」,殊自相矛盾。「鍾山」,亦見後《琴賦》。

赭白馬賦 顏延年

84. 軍駃趫迅

注云:「庾中丞《昭君辭》:『冰原嘶代駃。』顏、庾同時,未詳所見。」

案:「駃」字,《說文》所無。《玉篇》有之,云:「馬名。」《廣韻》《集韻》同,然無他證。豈即兩服之服與伏同聲通用,而後人加馬旁與?

附案：《檀弓》引《詩》「扶服救之」，《家語》作「扶伏」，是服、伏通用之證。

85. 騰光吐圖

注引《尚書中候》：「至于日稷。」宋均曰：「稷，側也。」

案：左氏《定十五年經》「日下昃」，《穀梁》作「日下稷」，注云：「稷，昃也。」《書·無逸》「日中昃」，釋文：「昃，本作仄。」《考工記·車人》「行山者仄輮」，注云：「故書仄為側。」《孝經鉤命訣》「日稷而赤光起」，注云：「稷，讀曰側下之側」，與宋均語合。

86. 鏤章霞布

注云：「章，文采也。」

案：《詩·韓奕》「鉤膺鏤錫」，毛傳云：「鏤錫，有金鏤其錫也。」鄭箋云：「眉上曰錫，刻金飾之，今當盧也。」然則此語，蓋以刻鏤成文章，故曰「鏤章」。注釋「章」而不及「鏤」，未晰。

87. 進迫遮迾

注引服虔《通俗文》曰：「天子出，虎賁伺非常，謂之遮迾。」《漢書音義》晉灼曰：「迾，古列字。」

案：前《西京賦》「迾卒清候」，善引《禮記》注：「迾，遮也。」語見《玉藻》「山澤列而不賦」，「列」即「迾」也。《後漢書·輿服志》「張弓帶鞬，遮迾出入。」《南齊書·倖臣傳》史臣曰：「式候還麾，遮迾清道。」「迾」，一作「迣」。《說文》：「迾，遮也。」「迣，迾也。晉、趙曰迣。」《漢書·鮑宣傳》「部落鼓鳴，男女遮迣。」晉灼曰：「迣，古迾字。」蓋「迾」與「厲」通，故烈山氏亦稱厲山氏。《周禮·山虞》「物為之厲」，注：「厲，遮列守之也。」「迣」，從世聲，「世」與「厲」同部字。若《漢書·禮樂志》載《天馬歌》「體容與迣萬里」，孟康：「迣音逝」，此假借也。而方氏《通雅》謂：「迣當專為逝。《廣韻》迾下復引迣字，乃泥晉灼之注說，非是。遮者，《周易》『錫馬蕃庶』，鄭讀為藩遮，則遮有藩衛之義也。」

附案：《周禮·墓大夫》「巡墓厲」，鄭注：「厲，塋域遮列處。」此亦一證。

88. 覲王母於崑墟

注引《史記》曰：「造父取驥之乘匹，與桃林盜驪、驊騮、騄駬，獻之繆王。繆王使造父為御，西巡狩，見王母，樂之忘歸。」

案：今《史記・秦本紀》：「造父以善御幸於周繆王，得驥溫驪溫，徐廣作盜、驊騮、騄耳之駟，西巡狩，樂而忘歸。」與此文有異同，亦竝無「見王母」之語。攷《爾雅》西王母為四荒之一。《竹書》「帝舜九年，西王母來朝。」《大戴禮・少間篇》「西王母來，獻其白琯。」《淮南・墜形訓》「西王母在流沙之瀨。」《漢志》「金城郡臨羌西北至塞外，有西王母石室。」《西域傳》「安息長老傳聞，條支有弱水，西王母亦未嘗見。」據此諸文，則西王母乃西域荒遠之國名。其援入神仙，殆始於《穆天子傳》。又《爾雅》云：「西北之美者，有崑崙虛之璆琳琅玕焉。」後文「河出崑崙虛」，郭注：「虛，山下基也。」或謂：「崑崙西北千六百餘里為蔥嶺，蔥嶺環千八百餘里，包西域之西，以周其北，中為虛地，故謂之虛。」實則「虛」與「墟」通矣。

舞鶴賦　　鮑明遠

89. 歲崢嶸而愁暮

注引《廣雅》曰：「崢嶸，高貌。」

案：今《廣雅》無此語。彼《釋詁》云：「嶒嶝，深也。」《釋訓》云：「嶒嶝，深冥也。」「嶒嶝」，即「崢嶸」。《說文》：「崢嶸，山皃也」，不言高。本書《吳都賦》《上林賦》兩注，亦謂深，不謂高。惟《方言》：「崝，高也。」郭注：「嶒嶝，高峻之貌。」又本書《游天台山賦》注引《字林》云：「崢嶸，山高貌。」注例引書，每隨正文見義，時有減字。此處非言山，故不及山，省文也。疑《廣雅》二字為《字林》之誤。後《高唐賦》「俯視崢嶸」，注亦引《廣雅》「崢嶸，深直貌。」胡氏《考異》謂「直為冥之譌」，是也。

90. 燕姬色沮

注引《左傳》：「齊侯伐北燕，燕人歸燕姬。」

案：注所引「燕姬」字雖有成處，而與「舞」無涉。惟《拾遺記》云：「燕昭王二年，廣延國獻善舞者二人，一名旋娟，一名提嫫。王登崇霞之臺，召二人舞，皆容冶妖麗。其舞名曰縈塵、曰集羽、曰旋懷。」葉氏藩以此為證，似

得之。下句「巴童」，謂巴渝之舞，已見《上林賦》。

《文選集釋》卷十四

幽通賦　班孟堅

1. 巨滔天而泯夏兮，考遘愍以行謠。終保己而貽則兮，里上仁之所廬

案：「謠」，《說文》作「䚻」。「繇」，从䚻聲，音同「猷」。《楚詞·九章》：「獨鄣離而蔽隱兮，使貞臣而無繇。聞百里之為虜兮，伊尹烹於庖廚」，「繇」與「廚」韻。蓋古音尤、侯、幽部之字，有通蕭、肴、豪者，即可通虞、魚、模。《左傳》齊人歌曰：「魯人之皋，數年不覺，使我高蹈。唯其儒書，以為二國憂。」故此處「謠」亦可與「廬」為韻也。

2. 違世業之可懷

注引曹大家曰：「違，恨也。違，或作愇。愇，亦恨也。」

案：《漢書·敘傳》「違」正作「愇」。顏注：「愇與韙同。韙，是也《說文》「韙」字，重文為「愇」。」而此云「恨」者，彼蕭該《音義》曰：「劉氏及《廣雅》並云：『愇，恨也。』」今《廣雅·釋詁》文，王氏《疏證》謂：「《書·無逸》『民否則厥心違怨』，『違』義同『愇』。《邶風》《谷風》篇『中心有違』，《韓詩》：『違，很也。』很亦恨也。」故《廣雅》「很」訓「恨」，與「愇」同。而曹大家所以「違」、「愇」，皆為「恨」也。

3. 盍孟晉以迨羣兮

注引曹大家曰：「孟，勉也。」

案：此為《爾雅·釋詁》文。「孟」者，「黽」之假借也。郝氏云：「《後漢書·趙岐傳》作《要子章句》。『要』，蓋『黽』字之誤。古文『要』作『𦥦』，與『黽』形近易謤。《水經·清漳水》注大黽谷作大要谷矣。『黽』與『孟』聲近，故借用。」

余友胡墨莊謂《趙岐傳》借「黽」為「孟」，《爾雅》借「孟」作「黽」，「孟」之訓「勉」，即「黽勉」之義是也。梁氏《瞥記》則引《管子·任法篇》云「高言孟行」，是尚在班氏以前矣。

4. 上聖迕而後拔兮

注引曹大家曰：「迕，觸也。」又云：「曹大家以寤為迕。」

案：觀注語，此正文當作「寤」。胡氏《考異》已及之。「寤」為「迕」之同音借字，古多通用。《釋名·釋姿容》曰：「寤，迕也。能與物相接忤也。」「忤」即「迕」，《說文》作「悟」，云：「逆也。」《穆天子傳》「於是白鹿一悟雍逸出走」，注云：「悟，觸也。」「迕」，又與「逜」同。《爾雅·釋言》：「逜，寤也。」釋文：「逜，本作迕。」《漢書·敘傳》載此賦作「寤」，顏注：「言上聖之人猶遇紛難，覩機能寤，然後自拔。」如字解之，非也。

5. 變化故而相詭兮

注引曹大家曰：「詭，反也。」

案：「詭」與「恑」通。《廣雅》云：「恑，覆反也。」王氏《疏證》謂：「《大戴禮·保傅篇》『左右之習反其師』，賈子《傅職篇》『反作詭』，《漢書·武五子傳》『詭禍為福』，《史記·李斯傳》『今高有邪佚之志，危反之行。』『詭』、『危』竝通『恑』。《說文》：『恑，變也。』變亦反也。」

余謂後《辨亡論上》「古今詭趣」，注：「詭與恑同。」又《長笛賦》「窊隆詭戾」，注：「詭戾，乖違貌。」「乖」、「違」，亦相反之義也。若前《西京賦》「閒庭詭異」，注引《說文》：「詭，違也。」今《說文》作「詭，責也。」蓋彼所引非《說文》語，乃《淮南·主術訓》高誘注如是。其《海賦》注引《說文》「詭，變也。」則仍為「恑」之同音借字耳。

6. 聿中和為庶幾兮

《漢書》「聿」作「欥」，顏注：「欥，古聿字。」

案：《說文》：「欥，詮詞也。从欠、曰，曰亦聲。《詩》曰『欥求厥寧』。」

今《大雅》「欥」作「遹」。古「聿」、「遹」同字。《大雅》之「遹」,《禮記》引又作「聿」,是也。「欥」,亦通「曰」。《廣雅》「曰」與「欥」,皆訓「詞」也。蓋本字為「欥」,省作「曰」。而「聿」、「遹」則假音字也。

7. 安惛惛而不葩兮

注引曹大家曰:「葩,避也。」

案:《漢書》注「葩」字,本作「胇」,其音同。又蕭該《音義》曰:「葩,牛羊胇字之胇。葩,假借胇。」《詩·生民》毛傳:「胇,辟也。」辟即避。《廣雅》亦云:「胇,避也。」與曹大家「葩」訓合。或曰即《周易》「肥遯」之義。「葩」為「肥」之假音字,亦通。故《漢書》注引晉灼音義,亦作「遯」。

8. 柯葉彙而零茂

注引曹大家曰:「零,落也。」

案:《漢書》「零」作「靈」。「靈」與「零」,古字本通。依《說文》,「零」當作「霝」,《詩·東山》「零雨其濛」,《說文》引作「霝雨」是也。《鄭風》「零露漙兮」,箋云:「零,落也。」《正義》謂「靈作零字,故為落。」則經與箋本皆作「靈」,借字也。此賦「零」字,《漢書》當亦借「靈」為之,而顏注云:「靈,善也。」作「善」、「美」解,不如《選》注引張晏說「譬諸草木華葉盛與零落,由本根也」義較長矣。

9. 羌未得其云已

案:「羌」,宜作「虛」字解。《漢書》「羌」作「慶」。顏注既以「慶」為「發語詞,讀與羌同」,乃又云「人之餘慶,資於積善」,仍從「慶」字本訓,未免矛盾。

10. 嬴取威於伯儀兮

注引應劭曰:「嬴,伯益之後。益在唐虞為有儀鳥獸百物之功,秦所由取威於六國也。」

案:「伯」,《漢書》作「百」,二字古亦通用,袁本、茶陵本俱作「百儀」。而孫氏《考異》云:「嬴取威於伯夷兮,圓沙本『夷』改『益』,『伯夷』與『百儀』,形聲相近而譌。劉仲馮曰:『百儀,則柏翳也』,亦誤。」

余謂今本無作「夷」者,孫氏不知何據。「百儀」者,即孟堅自作《地理

志》所云「伯益能儀百物，以佐舜也。」應說正本之。

又案：《讀書志餘》云：「《廣雅》：『威，德也。』《周頌》『既有淫威，降福孔夷。』正義曰：『言有德故易福。』《風俗通·十反篇》：『《書》曰：「天威棐諶」，言天德輔誠也。』《呂氏春秋·應同篇》：『黃帝曰：「因天之威，與玄同氣」』，是『威』與『德』同義。此言伯益有儀百物之德，而嬴氏以興，非謂取威於六國也。」據此知《尚書》「德威惟畏」，雖以畏言威，然曰德威，非德與威為二也。且此正文明云「取威於百儀」，何得易其辭為「取威於六國」耶。「百儀」與下「三趾」為對，《志餘》又引《鄭語》「伯夷能禮於神以佐堯，伯翳能議百物以佐舜」，賦二語正相合。「儀」與「議」通。《儀禮》「有司徹其香體儀也」，注：「今文儀或為議。」《易·繫辭》「議之而後言」，釋文：「議，陸、姚、桓玄、荀柔之本作儀。」

11. 姜本支乎三趾

注云：「趾，禮也。齊，伯夷之後。伯夷為舜典天地人鬼之禮也。」

案：「趾」，《漢書》作「止」。《說文·止部》云：「以止為足」，則「止」即「趾」也。《易》「賁其趾」、「壯于前趾」、「艮其趾」。釋文皆云：「趾，本作止。」《士昏禮》「北止」，注：「古文止作趾。」「止」之訓「禮」者，《廣雅》：「止，禮也。」與《詩·小雅》「國雖靡止」鄭箋同。王氏《疏證》謂：「《相鼠篇》『人而無儀』、『人而無止』、『人而無禮』，是止即禮也。故《韓詩》云：『止，節也。無禮節也。』鄭箋：『止，容止也。』容止，亦禮也。」據此知注說不誤。而陳氏說及張氏《膠言》竝以「三趾」為「三畤」。「三畤」乃秦漢以後事，與伯夷何涉？

又案：下句云「仰天路而同軌」，「軌」與「趾」韻。江氏謂「軌本從九聲，故《邶風》『濟盈不濡軌』，韻『牡』。《太玄》『永不軌，凶亡流于後。』『軌』、『後』韻亦然。後人轉為居洧切，入五旨。班氏此賦異古音矣。」

12. 伯祖歸於龍虎

注引應劭曰：「伯，文公也。」孟康曰：「歲在卯出，歷十九年過一周，歲在酉入。卯，東方為龍，酉，西方為虎。」

案：《說文》：「卯為春門，萬物已出；酉為秋門，萬物已入。」故卯、酉為出入。「龍虎」，指蒼龍、白虎七宿。言文公之入，為魯僖二十四年乙酉。而其出，以僖五年丙寅，非卯歲也。特寅、卯皆屬東方耳，此所未審。

注又引《國語》「晉侯問簡子曰:『吾其濟乎。』對曰:『公以辰出而以參入,皆晉祥也,必伯諸侯。』」

案:所引為董因語,時無簡子,注誤。因云:「歲在大梁,將集天行。元年始受,實沈之星也,晉所以興。」韋注謂:「文公即位之年,歲去大梁,在實沈之次。」《左傳》「實沈主參」,唐人是因,故參為晉星。因又云:「君之行,歲在大火,閼伯之星也。是謂大辰,唐叔以封。」蓋唐叔封時,歲在大火,文公出奔時亦然。「大火」是東方之次,故為龍;「參」,西方宿也,故為虎。

13. 巽羽化于宣宮兮,彌五辟而成災

注亦應劭說「五辟」,數王后為一。

案:雌雞化雄事,在宣帝時。宜自宣起,不得以王后參之。《漢書》注亦引應說,而刪此語。宋氏祁謂注未當有「五辟,宣、元、成、哀、平也」八字,是也。

14. 旦筭祀于挈龜

注引《音義》曰:「筭,數也。祀,年也。」又引宣三年《左傳》:「周卜世三十,卜年七百。」

案:劉敞校《漢書》曰:「筭祀挈龜,亦言田完耳。其兆有五世、八世。是祀也,蓋連上句『媯巢姜於孺筮』而言。」《讀書志餘》云:「祀者,年也。故《左傳》『卜年七百』,又曰『載祀六百』。若五世、八世,乃父子相傳之代,不得謂之祀。且旦者,周公名。若謂指田完,則旦字何解?」

余謂《爾雅》「夏曰歲、商曰祀、周曰年、唐虞曰載」,實可通言之。莊氏述祖云:「《虞夏傳》『維元祀巡守』,是虞稱祀;《商書》『降年有永有不永』,是商稱年;《禹貢》『十有三載』,釋文:『馬、鄭本「載」作「年」』,是夏稱年說是也。若周之稱祀,則《洪範》『十有三祀,多方臣我,監五祀。』或者因商而言,而《左傳》明云『載祀六百』矣,《傳》又云『盛德必百世祀』,言百世得享其祭祀,非以祀為世也。此處正用周公輔成王定鼎郊鄏之事,而劉強為之說,直忘卻『旦』字何耶?」

15. 周賈盪而貢憤兮

注引曹大家曰:「貢,潰也。憤,亂也。潰亂於善惡。」

案：桂氏《札樸》云：「貢憤，當為『憒憒』。《廣韻》：『憒，亂也。』《集韻》：『憒，悒憒貌。』《說文》：『憒，亂也。』王氏念孫曰：『憤有潰亂之義。曹大家訓「憤」為「憒」是也。憤，亦有潰亂之義。《左傳》「慶鄭言亂氣狡憤」，字通作「貢」。《荀子·彊國篇》「下比周貢，潰以離上。」《韓詩外傳》作「憒」，是「憒」與「潰」同義。《說文》：「憒，懣也。」「懣，煩也。」煩，亦亂也。《漢書·敘傳》李奇注：「憤，懣也。」是「憒」與「憤」亦同義，無煩改「憤」為「憒」。』」

余謂《說文》無「憤」字，疑「怳」之別體。《廣雅》：「怳、畏、恐，懼也。」又「慎，恐也。」又「慎，憒也。」人恐懼，心即潰亂，義實相通。「貢」乃借字，《漢書》注引孟康曰：「貢，惑也。」惑，亦亂也。「潰」又為「憒」之假借，既以「潰」釋「貢」，何必復以「憒」易「憤」，王說較長。

16. 信畏犧而忌鵬

注引《莊子》曰：「子見犧牛乎，衣以文繡，食以芻菽，及牽入太廟，雖欲為孤犢，其可得乎。」

案：此承上「周賈」，「畏犧」屬莊周，「忌鵬」屬賈誼周稱名，賈稱姓者，避明帝莊字諱也，注是也。但左氏《昭二十二年傳》：「賓孟適郊，見雄雞自斷其尾。問之侍者，曰：『自憚其犧也。』」「憚犧」，正「畏犧」所本，似並引方備。

17. 木偃息以蕃魏

注云：「木，段干木也。」

案：《史記·弟子傳》：「老子之子名宗，為魏將，封于段干。」《集解》：「段干，魏邑名，因邑為姓。」查氏揆曰：「段干，複姓也。」而王充《論衡》「魏無干木，秦兵入境。」《抱朴子》嘉遯、逸民、欽士、譏惑等篇，劉畫《新論》薦賢、文武、遇不遇諸篇，俱稱「干木」。惟《幽通賦》單稱「木」，是以段干為氏。孟堅精於地理，當可依據。乃《風俗通·十反篇》「干木息偃以藩魏，包胥重繭以存郢」，全用班賦，而增一字，非矣。《國策》有段干綸、段干崇，複姓無可疑者。《魏都賦》注引《呂覽》稱干木，皆《高士傳》語。《呂覽》作段干木，《新序》引《呂覽》全文俱無去「段」字語，高誘注同。此《文選》注之應校證者也。又梁氏玉繩曰：「段氏、段干氏，判然不同。段氏出鄭共叔段之後，見《廣韻》注、《通志·氏族略》、《國策》韓有段規是也。段干氏，如《秦策》段干越人、《列子·楊朱篇》段干生是也。」而《通志略》

引《三輔決錄》云：「段干木之子隱如，入關。」去「干」字，亦為段氏，故《廣韻》注「段姓」，又引《風俗通》云：「段干木之後也。」據此二說，則段本別為氏。而段干木之後，亦或單稱段，要不得以「干木」為二字名也，《風俗通》蓋誤。至諸書或稱「干木」者，當如費袞《梁溪漫志》所云：「司馬稱馬，諸葛稱葛之類耳。」而本書左太沖《詠史詩》注引此賦語，亦加一「干」字，尤非。

18. 晧頤志而弗傾

注引項岱曰：「晧，四晧也。頤，養也。」

案：「傾」，《漢書》作「營」。顏注：「四晧處商洛深山，高祖求之不得，自養其志，無所營屈。」《讀書雜志》云：「師古說未當。『營』，《說文》作『㷖』，云：『惑也。』言自養其志而不惑於利祿也。」高誘注《呂氏春秋·尊師篇》《淮南·原道篇》竝云：『營，惑。』《東都賦》『形神寂漠，耳目弗營。』漢《老子銘》『樂居下位，祿埶弗營。』義與此同。《堂邑令費鳳碑》曰：『四晧遯秦，古之逸民，不營不拔，嚴平鄭真。』即此所謂『晧頤志而弗營』也。《文選》作『弗傾』，蓋後人不曉『營』字之義而改之耳。」

余謂「傾」字義本不合。惟《舞賦》「各相傾奪」，注：「傾奪，馳競也」，差近之。然未免於迂。此注無釋，胡氏《考異》亦不及，則各本俱誤。由於校訂家但據《文選》諸本，而不以《漢書》互勘也。

19. 謨先聖之大猷兮

注：「猷，或作繇字，誤。」

案：《漢書》正作「繇」，顏注引《詩》「秩秩大繇」。今《詩》作「猷」，又云：「繇，道也。」蓋本《爾雅·釋詁》文。《方言》亦曰：「猷，道也。」《書·大誥》：「王若曰：『猷』。」釋文：「馬本作繇。」且「猷」與「猶」，本非二字。《禮記·檀弓》「詠斯猶」，注云：「猶即繇也，古今字耳。」李注言「古字通」者甚多，獨於此謂為字誤，何耶？

20. 養流睇而猨號兮

注云：「流，或為由，非也。」

案：《漢書》「流」作「游」。宋氏祁曰：「游，蕭本作流。」《音義》云：「《春秋》作養由，今作流，由與流亦互用。」

余謂左氏《成十六年傳》「養由基」,《後漢書‧班彪傳》作「游基」。又《漢書‧項籍傳》集注引文穎:「游或作流。」本書《檄吳將校部曲文》云「則將軍蘇游反為內應」,注:「游與由同」,此相通之證也。惟此下句「李虎發而石開」,用李廣事,但舉其姓,則上句亦當專稱養姓。故《漢書》顏注:「流睇,流盻也。」蓋虛解之,不以為名,而本注亦以作「由」為非。

21. 登孔昊而上下兮,緯羣龍之所經

注引應劭曰:「昊,太昊也。孔,孔子也。羣龍,喻羣聖也。自伏羲下訖孔子,經緯天道備矣。」

案:如注說,似「上下」為上溯太昊,以下及孔子,非也。鄭氏駁《五經異義》曰:「《易》『時乘六龍』者,謂陰陽六爻上下耳。」惠氏棟《周易述》引此賦語為證,「昊」,一作「顥」。謂「孔為匹夫,隱在乾初,故下;顥為天子,系乾九五,故上。是群龍上下之事也。」據此知賦意蓋言隱顯各隨其時義較精。

22. 天造草昧,立性命兮。復心宏道,惟聖賢兮。渾元運物,流不處兮。保身遺名,民之表兮

案:「聖賢」,《漢書》作「賢聖」,與「命」叶,此誤倒耳。若有「厚部」內之字,有入「麌部」者,如《詩》「是以有侮」,韻「瘉」、「後」、「口」之類是也;有入「巧」、「晧」部者,如「鮮可以飽」,韻「首」、「罶」;「與子偕老」,韻「手」之類是也。此賦「處」與「表」韻,又聲之轉矣。

思玄賦 張平子

23. 匪仁里其焉宅兮

舊注:「里、宅,皆居也。」

案:《困學紀聞》謂:「此注引《論語》『宅不處仁』。今以『宅』為『擇』,乃鄭氏解,而何晏從之。當以古文為正。」但「宅」與「度」通,《書》之「宅」字,《史記》多作「度」,「度」亦訓「居」。而《漢書‧刑法志》引《書》「度」作「刑」,注云:「商度時宜」,則正有「擇」義也。

24. 志摶摶以應懸兮

舊注:「摶摶,垂貌。」善曰:「《毛詩》曰:『勞心團團』,憂勞也。」

案：《詩‧鄭風》「零露漙兮」，釋文云：「本亦作團，團團然，盛多也。」《楚辭‧橘頌》「圓果摶兮」，「摶」，即「團」。此賦《後漢書》作「團團」，章懷注亦曰「垂貌」。蓋以「摶」、「團」通也，而揆之文義，殊未浹。李氏用「憂勞」之訓，意以舊注為非而易之也。但今《詩》作「慱慱」。《爾雅‧釋訓》「慱慱，憂也」，正毛傳所本。「慱」字从心，與此从手亦異。當引《詩》「勞心慱慱」，云：「慱音團，與摶同。」

又案：《說文》「漙」字在《新附》，別無「摶」字。是二字皆當作「團」。「團」又與「專」通，《東山》詩「有敦瓜苦」，毛傳：「敦，猶專專也。」釋文：「專，徒端反。」即「團」之音也。《說文》亦無从心之「慱」。惟「嫥」字云：「壹也。从女，專聲。一曰女嫥嫥。」蓋今之「專壹」字，古作「嫥」，「專」其借字也。凡人有憂思者，其心必嫥壹。《檜風》之「慱慱」，或本當作「嫥嫥」與？

25. 纚幽蘭之秋華兮

注引《說文》曰：「繫幃曰纚。」

案：所引蓋出《通俗文》，非《說文》語也。今《說文》「纚」字云：「維綱中繩也。」此注下亦引之，惟少「維」字，「綱」作「網」為異。則上本非引《說文》，當為傳寫之誤。

注又云：「幃，一名纚。」《爾雅》曰：「婦人之幃謂之縭。」

案：今《爾雅》「幃」作「褘」，《詩‧東山》云「親結其縭」，毛傳：「縭，婦人之褘也。」彼疏引孫炎《爾雅》注曰：「褘，帨巾也。」《說文》「幃」字云「囊也」。《楚辭》「蘇糞壤以充幃」，王逸注：「幃謂之縢。縢，香囊也。」此注亦云「今之香囊」，是「幃」與「褘」異也。郭注《爾雅》則云：「即今之香纓也。褘，邪交絡帶繫於體，因名為褘。」是郭意以「褘」為「纓」。考「纓」有二：一《士昏禮》注：「婦人十五許嫁，笄而禮之，因著纓，明有繫也，蓋以五采為之。」此在既笄以後，未嫁以前及嫁入門，壻固已親說之矣。一《內則》云：「男女未冠笄者，總角衿纓，皆佩容臭。」又「婦事舅姑，衿纓。」此則皆常時所佩，亦曰香纓，即香囊。《說文》之所謂「幃」也，要非笄時所繫之纓，亦非嫁時所結之縭。結縭者，乃毛傳引《禮》文「母戒女，施衿結帨」者是也。今人昏禮以紅巾連結壻與婦，共持之入房，謂之「牽紅」，殆其遺制。必用帨巾者，蓋取侍執巾櫛之意。自郭氏以香纓為縭，此注亦云

「在男曰幃，在女曰縭。」而「褘，縭也。」「幃，繢也。」三者遂混淆而無別矣。若《說文》「褘」字云：「蔽厀也」，又引「《周禮》『王后之褘衣』」。「縭」字云：「以絲介履也。」與此「褘」、「縭」，絕不相涉。

又案：《爾雅》「縭，緌也。」郭注：「緌，繫也。」此特以繫結為義，非謂緌。郭氏香緌之解，殆因此。然觀後文《釋水》引《詩》「紼縭維之」，亦云：「縭，緌也。」所以繫舟者，可稱緌，則緌非以為系冠緌明矣。

又案：篇內下文云「揚雜錯之袿徽」，注亦引《爾雅》此語，而「褘」作「徽」。後《琴賦》「纓徽流芳」，注引同此，皆以就正文「徽」字。「徽」與「褘」，音同借用也。但《說文》「徽」字云：「衺幅也」，與郭注「褘，邪交絡帶」之義亦通。

26. 且獲讟於羣弟兮

善注引《書·金縢》，未釋「羣弟」。

案：《孟子》云：「周公，弟也。管叔，兄也。」趙注：「周公惟管叔弟也，故愛之。管叔念周公兄也，故望之。」焦氏《正義》云：「漢時原有二說，《史記·管蔡世家》：『武王同母兄弟十人，長伯邑考、次武王發、次管叔鮮、次周公旦。』」此以管叔為周公之兄也。《列女傳·母儀篇》：「太似生十男，長伯邑考、次武王發、次周公旦、次管叔鮮。」《白虎通·姓名篇》「文王十子」，引《詩傳》云：「伯邑考、武王發、周公旦、管叔鮮。」此以周公為管叔之兄也。高誘注《淮南·氾論訓》「管叔，周公兄也」，用《史記》。其注《呂氏春秋·開春篇》《察微篇》復云：「管叔，周公弟。」一人之注，而兩處互異。他若《後漢書·樊儵傳》「周公誅弟」，注云：「周公之弟，管、蔡二叔。」《魏志》：「毌邱儉討司馬師，表春秋之義。大義滅親，故周公誅弟。」此皆以周公為兄者。又周氏柄中《四書辨証》引「鄧析子《無厚篇》：『周公誅管蔡，此於弟無厚也。』傅子《通志篇》：『管叔、蔡叔，弟也。為惡，周公誅之。』蓋漢、晉諸儒，固有以管叔為周公弟者，不特臺卿此注也。」

余謂周公、管叔之為兄為弟，與桓公、子糾之兄弟正同，皆後人相傳有異，自當從《孟子》《史記》為準。《孟子》文義明是周公為管叔之弟，趙注未免迂曲。若此賦「羣弟」，本之《金縢》，管叔及其羣弟，非必弟字定包管叔在內，恐不得遂以為證。至毛氏奇齡《四書賸言》云：「此事有可疑者三：周公稱公，而管叔以下皆稱叔，一；周公先封周，又封魯，而管叔並無畿內之封，二；周

制，立宗法以嫡弟之長者為大宗，周公、管蔡皆嫡弟，而周公為大宗，稱魯宗國，三。趙氏所注，非無據也。」不知周公至聖，有大勳勞，故特隆重之。成王且賜以天子之禮樂，豈他人所得並？如必泥於長次之序，則太王何以立季歷耶？

27. 鞶貞亮以為鞶兮

舊注云：「鞶，所以帶佩也。」善引《說文》曰：「鞶，覆衣大巾也，或以為首飾。」《字林》曰：「鞶，帶也。」

案：此所引《說文》見《巾部》「幋」字。其《革部》「鞶」云「大帶也。」《易》曰：「或錫之鞶帶，男子帶鞶，婦人帶絲。」是二字二物，故《廣雅》：「幋，巾也。」「鞶，帶也。」亦兩者分列。此注以《巾部》文屬之於「鞶」，未免混淆。《後漢書·儒林傳》注：「鞶，帶也。字或作幋。」與此正同。若《易·訟卦》釋文：「鞶，王肅作槃，乃借字耳。」亦或借「繁」字為之，《東京賦》「咸龍旂而繁纓」，薛注：「繁，今之馬大帶是也。」段氏謂《內則》注云：「鞶，小囊。盛帨巾者，男用韋，女用繒，有絲緣之。」則是鞶裂與裂與屬通？而《左傳》「鞶厲」，服虔曰：「鞶，大帶也。」賈逵、杜預說同。虞翻注《易》亦云：「鞶帶，大帶」，皆與鄭異。蓋鄭以大帶用素，天子、諸侯、大夫同士用練，皆不用革也。大帶，所以申束衣；革帶以佩玉佩及事佩之等。故喪服以要絰象大帶，又有絞帶象革帶也。《內則》云：「男鞶革，女鞶絲。」則「鞶」非大帶明矣。《周禮·巾車》疏引《易》注云：「鞶帶，佩鞶之帶。」此蓋鄭注，與《詩》《禮》注同。而《內則》「施縏袠」，注云：「縏，小囊也。縏袠，言施，為箴、管、線、纊有之。」則「縏」，亦與「鞶」同類。

余謂「鞶」、「幋」既異，《廣雅》又云：「軒謂之鞶。」《說文》：「軒，輨內環靼也。」此用之於車，以其似帶，故亦曰「鞶」，與「縏袠」之縏為小囊，殆四者各別與。

28. 利飛遯以保名

注引《易》：「飛遯，無不利。」《九師道訓》曰：「遯而能飛，吉孰大焉。」

案：惠氏棟《周易述》云：「應在三，四遍三體离。離，有飛鳥之象，故為飛。上失位，變之正，故飛遯。」亦引《九師道訓》證之。注又曰：「上九爻辭云：『肥遯，最在卦上，居無位之地，不為物所累，矰繳所不及，遯之最

美，故名肥遯。』」胡氏《考異》謂「此二『肥』字，皆當作『飛』。」姚令威《西溪叢語》：「肥，古作芑，與古蜚字相似，即今之飛字，後世遂改為肥。」張氏《膠言》則引《子夏易傳》云：「肥，饒裕也。」以為古本亦有作「肥」者。

余謂今所傳《子夏易傳》乃偽作，此見《正義》所引較可依據。而《李氏易傳》載虞翻說：「乾盈為肥，二不及上，故『肥遯，無不利。』」然則「肥遯」之義，亦古矣。

29. 鑽東龜以觀禎

舊註引《周禮》曰：「東龜長。」又曰：「東曰龜，甲屬。」

案：胡氏《考異》云：「袁本、茶陵本無『長又曰東曰龜』六字。甲，當作果」，是也。《周禮·龜人》「東龜曰果屬」，鄭注：「前弇果」，又曰：「東龜前。」卜師注：「陽，前弇也。」《爾雅》「前弇諸果郝氏謂諸與者同」，郭注：「甲前長。」《龜人》賈疏云：「在陽方，故甲向前長而前弇也。」鄭言「杜子春讀果為蠃。」蓋此龜前甲長，後甲短，露出邊為蠃露也。

善注又引《爾雅》曰：「龜左睨不煩。」郭璞曰：「行顯左睨也。今江東所謂左食，以甲卜審。」

案：今《爾雅》作「左倪不類」，郭注作「行頭左庳」，與此注有異，則注為誤字也。且正文是「東龜」，此所引乃「西龜」也。《龜人》「西龜曰靁屬」，鄭注：「左倪靁」，又云「西龜左。」郝氏謂：「倪與睨同，賈疏以為頭向左相睥睨，是也。」「類」、「靁」聲近，故古字通。邵氏謂：「郭以左倪為左庳，謂其頭偏向左也。江東所謂左食，以其甲卜之，得其審諦，據時驗也。」然則注以「西龜」釋「東龜」，顯有不合。《考異》以此注為袁本、茶陵本所無，殆後人所竄入耳。

30. 遊塵外而瞥天兮，據冥翳而哀鳴

舊注：「瞥，裁見也。」

案：《後漢書·張衡傳》注：「瞥，視也。」《讀書志餘》云：「此皆以瞥為『瞥見』之『瞥』，非也。『瞥』讀為『撆』。撆，擊也，拂也。『擊』，如『鳳皇上擊九千里』之『擊』。『拂』，如『鳴鳩拂其羽』之『拂』。言鶴遊塵外而上拂天也。《說文》：『撆，擊也。』字或作『撇』，《甘泉賦》『浮蔑蠓而撇天』，顏注：『撇，猶拂也。』李善同。作『瞥』者，借字耳。」

余謂《集韻》「擊」或作「蔽亦見後《洞簫賦》」。而《說文》「瞥」字云：「又目翳也。」「翳」者，障蔽之意。是「瞥」義通「蔽」，即通「擊」，並非僅以聲借。

注又引《說文》曰：「遠也。」

案：此注於正文無所屬，或為「冥」字之解。《後漢書》於此處注云：「冥翳，高遠也。」又《素問·徵四失論》注：「冥冥，玄遠也。」是「冥」亦有「遠」義。然《說文》無此訓，六臣本亦無此注，其必有誤矣。

31. 漱飛泉之瀝液兮

注引「《說文》曰：『漱，蕩口也。』所又切。」

案：《讀書志餘》云：「漱字當讀為欶。《說文》：『欶，吮也。』《玉篇》『所角切。』字或作『嗽』。《一切經音義》二引《三蒼》曰：『嗽，吮也。』《漢書·佞幸傳》：『文帝嘗病癰，鄧通常為上嗽吮之。』注：『嗽，音山角反。』《後漢書·方術傳》『嗽舌下泉咽之』，注：『嗽音朔。』其或作『漱』者，假借字耳。《楚辭·九章》曰：『漱凝霜之雰雰』，《遠遊》曰：『漱正陽而食朝霞』，劉伶《酒德頌》『銜杯漱醪』，陸機《文賦》『漱六藝之芳潤』，諸『漱』字皆音所角反。說者多讀為『盥漱』之『漱』，音所又反，非也。」

余謂「漱」與「嗽」別，而義亦相近。《說文》：「漱，從欶聲。」《集韻》「嗽音瘦。」本作「漱，盪口也。」乃以為一字。段氏說「漱」云：「漱者，欶之大也。盪口者，吮刷其口中也。」《魏都賦》張注引司馬相如《梨賦》「刷嗽其漿」，「刷」者，洗刷也，正「漱」之義。《志餘》亦引之，並據《後漢書·列女傳》注引《論語撰考讖》曰：「水名盜泉，仲尼不漱。」謂亦音所角反。但「盜泉不漱」，即作「盪口」之訓，非不可通。

32. 翩鳥舉而魚躍兮

舊注引《廣雅》曰：「翩，飛也。」《後漢書》注同。

案：《讀書志餘》云：「『飛鳥舉而魚躍』，甚為不詞。且訓『翩』為『飛』，則既與魚躍不協，又與鳥舉相複矣。今按：翩者，疾也。猶言倏鳥舉而魚躍也。《方言》：『儇，疾也。』郭璞曰：『謂輕疾也。』『儇』與『翩』通。《荀子·不苟篇》『小人喜則輕而翩』，《韓詩外傳》『翩』作『快』，『快』亦『疾』也。《說文》：『趨，疾也。』義與『翩』同。」據此，《說文》義方明。《集韻》「翩音儇。」「儇」、「趨」皆音「翩」。《荀子》之「輕而翩」，注：「翩與儇

同」，蓋亦借字矣。

33. 發昔夢於木禾兮，穀崑崙之高岡

舊注云：「昔日夢至木禾，今親往，是發昔日之夢也。」

案：孫氏《補正》引何云：「《後漢書》注：『昔，夜也。衡此夜夢禾生於崑崙之上，即下文「抨巫咸作占夢」，「含嘉秀以為敷」是也。』賦言『將往走八荒』，以後即先往東方，次往南方，乃適西方。此時正在暘谷扶桑之地，崑崙乃西方山，安得已往崑崙見木禾乎？」此說是也。「昔」，蓋與「夕」同聲通用。「夕」即「夜」，古樂府有《昔昔鹽》謂「夜夜怨」也。

善注引《淮南子》曰：「崑崙之上有木禾焉，其穗長五尋。」《山海經》曰：「帝之下都，崑崙之墟，高萬仞，上有木禾，長五尋，大五圍。」郭璞曰：「木禾，穀類也。」

案：所引《淮南》見《墜形訓》。今本作「其修五尋」，非專言「穗」。所引《山海經》見《海內西經》。彼郭注又云：「生黑水之阿，可食。見《穆天子傳》。」據《傳》云：「黑水之阿，爰有野麥，爰有苕葌，西膜之所謂木禾。」固不以為常穀矣。

34. 哀二妃之未從兮，翩繽處彼湘瀕

注引《禮記》曰：「舜葬蒼梧之野，二妃未之從也。」鄭注：「《離騷》所謂歌湘夫人也。舜南巡，死蒼梧，二妃留江湘之間。」

案：注下別引《山海經》及郭注，見《中山經》，云：「洞庭之山，帝之二女居之。」郭注引鄭而辨之，大意謂湘君、湘夫人，自是二神，非堯女。《禮記》「二妃不從」，明二妃生不從征，死不從葬，此注所未引。郝氏謂《初學記》引《經》作「帝女居之」，不言「二女」。可知為天帝之女，不辨為何人也。《竹書》云：「帝舜三十年，葬后育於渭。」注云：「後育，娥皇也。」《大戴禮·帝繫篇》「舜娶堯之子，謂之女匽氏。」「女匽」，或即「娥皇」也。《藝文類聚》引《尸子》云：「妻之一媓，媵之以娥。」「娥」，即「女英」也。《海內北經》云：「舜妻登比氏，一曰登北氏。」然則舜有三妃，娥皇先卒，何言「二妃留處江湘」？假有此事，其非堯二女亦明矣。且舜年百有餘歲，使二妃尚存，亦當年近百歲，生不從征，郭氏斯言殆無可議。

余謂此賦及鄭注皆沿舊說，至郭氏始加駁正。觀《楚詞·遠遊篇》上句言「二女御九韶歌」，下即以「湘靈」與「海若」對舉，似不謂「湘靈」為二

女也。但郭又云：「江湘之有夫人，猶河洛之有虑妃。而虑妃，說者云：『伏、虑通，乃伏羲之女』，則與此堯女又相類。且即以為天帝之女，亦無從指實，此等祇可存疑。」「二妃」，今《記》作「三妃」。孔疏謂「當以《記》為正」，蓋因鄭注言「舜立三妃」。湘夫人，即三夫人也。然湘君有何屬耶？張氏《膠言》謂：「《周禮‧天官‧九嬪》疏、《史記‧五帝紀》集解、《後漢書》注引《禮記》皆作『二妃』，則是本有差互耳。若必以今《記》為譌，又與鄭注義不合。」

又案：梁氏《瞥記》謂：「堯妻舜二女，明載《堯典》《孟子》，何以有三妃？歷攷《漢書‧劉向傳》，《後漢書》張衡、趙咨傳，《三國志》魏文帝終制，皆作二妃。諸書引《禮記》亦作二妃見上，則知三妃乃別本之譌，康成就文立義，謂之三夫人。」《宋書‧禮志》襲其說，孔疏引皇甫謐《世紀》以實之，而《晉書‧謐傳》《篤終論》仍作「二妃」，《世紀》所稱「舜妃癸比癸與登形相似」，本於《山海經》，未可信。《漢‧地理志》陳倉有「舜妻盲冢祠盲，蓋育之誤」。《路史‧餘論》引《世紀》：「女英墓在商州，隨其子均徙于封所，故卒葬在焉。」斯固事之所有，乃秦博士謂二妃葬湘山。《列女傳》王逸、酈道元《湘水注》黃陵廟碑謂「從巡，溺湘水。」郭璞、羅泌已辨其非。而《寰宇記》言「桂州臨桂縣有雙妃冢」，奚足據耶？此說直駁《禮記》「三妃」之誤，自較了當。但必以「二女」外，舜不容別有一妃，亦屬臆斷。至於沈湘及葬近湘水，殆不免後人傅會耳。

35. 溫風翕其增熱兮

注引《說文》曰：「翕，熾也。」

案：今《說文》：「翕，起也」，與此不合。惟《方言》云：「翕，熾也。」《廣雅》同此。《說文》二字，當為《方言》之誤。《方言》又云：「翕，炙也。」《廣雅》又云：「熷，爇也。」義竝相近。本書《甘泉賦》之「翕赫」，《魯靈光殿賦》《鸚鵡賦》之「翕習」，《琴賦》之「翕艷」，注俱云「盛貌」，則正《說文》「熾，盛也」之訓。

36. 顒羈旅而無友兮

舊注云：「顒，獨也。」

案：《說文》：「顒，大頭也。」《廣雅‧釋詁》：「顒，大也。」又，「醜也。」《玉篇》引《蒼頡》曰：「相抵觸也」，語意皆不合。段氏謂「此與《九辯》『塊

獨守此無澤』之『塊』同，皆於音求之」，當是也。「頊」，蓋「塊」之借字。《荀子·性惡篇》注：「塊然，獨居之貌。」《說文》「頊，讀若魁。」故《漢書·東方朔傳》「魁然無徒」，注亦云：「魁，讀曰塊也。」本書《文賦》「塊孤立而特時」，正同斯義。

37. 㗌河林之蓁蓁兮

《後漢書》「㗌」作「呬」。

案：《說文》無从心之「㗌」。惟《口部》「呬」字云：「東夷謂息為呬。」又《方言》云：「呬，息也。」此注正用《方言》文，當作「呬」。《集韻》則曰：「㗌與呬同，息也。」疑即本此賦。

38. 桑末寄夫根生兮

舊注云：「桑末，木名也。根生，寄生也。」

案：《本草》有「桑上寄生」，即「蔦」也。生樹枝間，根在枝節之內，「云是烏鳥食一物子，糞落樹上，感氣而生。」或曰非也。「近海州邑及海外之境，其地煖而不蠶，桑無採捋之苦，氣厚意濃，自然生出。」則此謂桑樹之末寄根而生，不得以「桑末」為木名。

39. 望寒門之絕垠兮

善注引《楚辭》曰：「踔絕垠乎寒門見《遠遊篇》。」又司馬相如《大人賦》曰：「軼先驅於寒門」，注：「寒門，天北門也。」

案：《淮南子·墜形訓》「北方北極之山曰寒門」，高誘注：「積寒所在，故曰寒門。」後應德璉《建章臺集詩》「言我寒門來」，注引之，與此亦正合。若《史記·武帝紀》《封禪書》《漢書·郊祀志》竝云：「寒門者，谷口也。」《漢書》注引服虔曰：「黃帝升仙之處。」師古曰：「谷口，仲山之谷口也。漢時為縣，今呼之冶谷，去甘泉八十里。仲夏凜然，故曰寒門。」《寰宇記》「醴泉縣谷口城」下引《水經注》云：「九嵕山，東連仲山，西當涇水處，謂之谷口，即寒門也。」據諸書所稱，蓋在近地，疑非此矣。

又案：《武帝紀》集解引徐廣曰：「寒，亦作塞。」蓋字形相近而義亦通。前《赭白馬賦》「簡偉塞門」，李注云：「塞或為寒，非也。」孫氏《考異》謂「馬生北地，即作寒門」，亦可正與徐廣說相參。

40. 迅猋灖其膝我兮

注引《爾雅》曰：「風䬍謂之猋。」

案：今《爾雅》「扶搖謂之猋。」「猋」，從三犬，與從三火之「焱」，訓「火華也」，異字。《說文》作「飆」，亦云：「扶搖風也。」此注「風」字誤，「䬍」與「搖」通。《爾雅》釋文云「搖」，《字林》作「䬍」。又《詩》「風雨所漂搖」，鄭注《尚書大傳》作「漂䬍」。然《說文・風部》無「䬍」字。

又案：本書《恨賦》注引《爾雅》「飈䬍謂之飂」，云「飈音扶」，不知何據。

41. 出石密之闇野兮

善注云：「《山海經》：『密山是生玄玉。』此石密，疑是密山。」

案：孫氏《考異》云：「石，《後漢書》作右，謂西方也。」今《西次三經》「不周之山，又西北四百二十里曰崞山。」郝氏謂：「郭注《穆天子傳》及李善注《南都賦》《天台山賦》引此《經》俱作『密山』，蓋『崞』、『密』，古字通也。《初學記》引仍作『崞山』。」

余謂「闇野」者，謂山之陰也。「闇」與「陰」義通。古「諒陰」字，亦作「梁闇」是已。

42. 瞰瑤谿之赤岸兮，弔祖江之見劉

舊注云：「瑤谿赤岸，謂鍾山東瑤岸也。」善引《山海經》曰：「鍾山有子曰鼓，其狀人面而龍身。欽鴀殺祖江于崑崙之陽，帝乃戮之於鍾山之東，曰瑤岸。」

案：此所引見《西山經》。「鼓」作「鼓」，「祖江」作「葆江」。據《後漢書》注所引及陶潛《讀山海經》詩，俱作「祖江」，則今經「葆」字，殆誤也。「瑤岸」作「瑤崖」，「崖」、「岸」義通，形亦相近。

43. 戴勝愁其既歡兮

舊注云：「戴勝，謂西王母也。」善引《山海經》曰：「崑崙之邱，有人戴勝，虎齒豹尾，穴處，名王母。」又曰：「西王母，其狀如人。戴勝，是司天之屬。」郭璞曰：「勝，玉勝。」

案：此所引上見《大荒西經》，下見《西山經》。又《海內北經》曰「西王母梯几而戴勝杖」，亦與此同。郝氏謂：「郭云『玉勝』，蓋以玉為華勝也。後

漢《輿服志》『簪以瑇瑁，為擿端，為華勝。』則戴勝謂王母之服飾，非竟指其人。」注似混「司天之屬」，今《經》「屬」作「厲」。郝云：「厲，星名。《月令》『季春命國儺』，鄭注：『此月日行歷昴，昴有大陵積尸之氣，氣佚則厲鬼隨而出行。』是大陵主厲鬼。昴為西方宿，故西王母司之也。」注作「屬」，蓋誤。

44. 百端含葩

注：「說文曰：『蘤，古花字。』本誤作『蘤』，音為詭切，非此之謂也。」

案：《後漢書》正作「蘤」。章懷注引張氏《字詁》云：「蘤，古花字也。」則此注所引乃《字詁》語，非《說文》語矣。「蘤」為古花字者，《廣雅·釋草》：「蘤、葩、花」，皆云「華也。」王氏《疏證》曰：「蘤字，從艸，從白，為聲。古音『為』如『化』，故『花』字從化聲，而古作『蘤』。《堯典》『平秩南訛』，《史記·五帝紀》作『南為』，《漢書·王莽傳》作『南偽』，是其例也。」

余謂「從白」，與「皅」同義。而注又云「誤作蘤者。」《說文》無「蘤」字，惟「葩」字云：「華也。從艸，皅聲。」又「皅」字云：「草華白也，從白，巴聲。」「皅」與「葩」同，固宜作「葩」為正。後《琴賦》「若眾葩敷榮曜春風」，注云：「古本葩字為此莞。」「莞」，當是「蘤」之誤。又引「郭璞《三蒼》為古花字」，而以《思玄賦》此語，謂「以韻推之，所以不惑」。意蓋以「蘤」字音「為詭切《琴賦》讀于彼切」，與下「和」、「移」、「多」等字不協耳。不知古從為聲之字，本與「歌」、「麻」韻。平、上通協，如《洪範》之「義」字，可以韻「頗」也。

45. 登閬風之層城兮，搆不死而為牀

注引《山海經》曰：「崑崙開明北有不死樹，食之長壽。」又引《古今通論》曰：「不死樹在層城西。」

案：此所引《山海經》，見《海內西經》，今本無「食之長壽」句。郝氏謂：「《呂氏春秋·本味篇》『菜之美者，壽木之華。』高誘注云：『壽木，昆侖山上木也。華，實也，食其實者不死，故曰壽木。』是『壽木』，即『不死樹』也。《淮南子》亦云：『昆侖山上有不死樹。』《蓺文類聚》引郭氏讚云：『萬物暫見，人生如寄。不死之樹，壽蔽天地。請藥西母，焉得如羿。』」

46. 滋令德於正中兮，含嘉秀以為敷。既垂穎而顧本兮，亦要思乎故居

舊注云：「不華而實謂之秀。」

案：此本《爾雅》「不榮而實者謂之秀。」《詩・七月》《生民》毛傳同。孔疏云：「此亦對文爾，其實黍稷，皆先榮後實。《小雅・出車》云『黍稷方華』，是嘉穀之秀，必有榮也。《爾雅》釋文：「眾家竝無『不』字。」郝氏謂「推尋上下文義，無『不』字者是。」《類聚》引《爾雅》亦無「不」字。段氏謂：「凡禾黍之實皆有華，華瓣收即為稃而成實，不比華落而成實者。故謂之榮可，『黍稷方華』是也；謂之不榮亦可，『實發實秀』是也。《論語》『苗而不秀』、『秀而不實』，秀則已實。又云『實』者，此『實』即《生民》之『堅好』也。『秀』與『采』義相成，《說文》『采』下云『禾成秀也』。『采』，自其垂言之；『秀』，自其挺言之也。」

余謂《國語・周語》「贊陽秀也」，韋註：「榮而不實曰秀」，是又與《爾雅》下文「榮而不實者謂之英」同。然則此稱名，亦可通用矣。

善注又引《淮南子》曰：「孔子見禾三變，始於粟，生於苗，成於穗，乃歎曰：『我其首禾乎？』」高誘曰：「禾穗向根，故君子不忘本也。」

案：觀此所引，則上「秀」字宜作「禾」，「嘉秀」二字成文，似不辭。且「垂穎」，顧本正謂「禾」，不得為「秀」也。故段氏及程氏《九穀考》引此賦皆作「嘉禾」。《考》云：「《說文》：『禾，嘉穀也。』『稞，嘉穀實也。』『米，稞實也。』『粱，米也段氏亦謂民食莫重於禾，故謂之嘉穀。今俗云小米是也。』」蓋禾，稞之有稾者也。其實，稞；其米，粱也。《七月》詩『黍稷重穋，禾麻菽麥』，禾為諸穀中之一物，非謂禾為諸穀苗幹大名也。《淮南子》云：『夫子見禾之三變也，滔滔然曰：「狐鄉邱而死，我其首禾乎？」故君子見善而痛其身焉。』高注云：『三變始於稞，稞生於苗，苗成於穗也此注以高語入《淮南》正文。禾穗垂而向根，君子不忘本也。』今諸穀惟稞穗向根，『顧本』可驗。《管子書》桓公觀於野曰：『何物可比君子之德乎？』隰朋曰：『夫稞，內甲以處，中有卷城，外有兵刃，未敢自恃。自命曰稞，此其可比於君子之德乎？』管仲曰：『苗，始其少也，眴眴乎，何其孺也；至其壯也，莊莊乎，何其士也；至其成也，由由乎茲免，何其君子也。天下得之則安，不得則危，故命之曰『禾』。此其可比于君子之德矣！』『茲免』云者，免，俯也；茲，益也，謂其穗益俯而向根也。管仲之言，即「三變」之謂乎？隰朋『內甲』之云，謂

米處殼內;『卷城』,謂稃周於甲,藏於芒中;『兵刃』者,芒在其外也。故管仲言命之曰『禾』。隰朋言自命曰『槀』。一指謂嘉穀之連槀者,一指謂嘉穀實也。」此說甚的,因備錄之。

47. 姑純懿之所廬

注引杜預曰:「姑,且也。」《後漢書》注同。

案:《讀書志餘》云:「訓『姑』為『且』,非也。『且純懿之所廬』,則為不詞。今按:姑者,息也。言息乎大美之所居也。《廣雅》:『嫴,息也。』曹憲音姑。古無『嫴』字,借『姑』為之。《檀弓》曰:『細人之愛人也以姑息。』『姑』,亦『息』也。《爾雅》:『苦,息也。』『苦』,讀為『盬』,聲與『姑』近而義同。」

余謂「姑」之本義,《說文》云:「夫母也。」假借為語詞,故有「且」訓。《詩》「我姑酌彼金罍」。《說文·夊部》引之,「姑」作「夃」。然其義曰:「秦人市買多得為夃」,殊未合。其以「姑息」字連言者,此所引《檀弓》,彼注「姑,且也。息,休也。」二字各義《檀弓》語,正今人所謂姑息之愛。又《尸子》曰:「紂用姑息之語」,注:「姑,婦女也。息,小兒也。」尤不相涉。惟所引《爾雅》「苦」訓為「息」,據《周禮·鹽人》「苦鹽」,注:「杜子春讀『苦』為『盬』」。《詩》「王事靡盬」,郝氏謂「盬,即苦之假借。靡盬,言靡有止息是也。」《方言》:「盬,雜卒也。」注:「盬猶嫴也。」然則《爾雅》之「苦,息也。」即《廣雅》之「嫴,息也。」義蓋以轉而通矣。

48. 撫軨軹而還睨兮

注引《說文》曰:「無輻曰軨。」

案:今《說文》「軨」下無此語。惟「輪」字云:「有輻曰輪,無輻曰輇。」又「輇」字云:「蕃車下庳輪也。一曰無輻也。」故戴氏釋車,以為輇者,輪之名。此與「軨」無涉。注為誤引「輇」,見後宋玉《九辯》。

49. 考治亂於律均兮

注引《琴道》曰:「琴七絲,足以通萬物而考治亂也。」

案:此承上「廣樂九奏」而言,非指琴之一端。云「考治亂」者,當本書之「在治忽」。「治忽」,即「治亂」也。今文作「采政忽」。「政忽」,亦「治忽」也。《史記》作「來始滑」,「滑」與「猾」通。「猾」,亂也。詳見余《尚

書廣異》。

注又引《樂葉圖徵》曰：「聖人往承天助以立五均。均者，亦律調五聲之均也。」宋均曰：「均長八尺，施絃以調六律五聲。」

案：《國語‧周語》「律所以立均出度也」。韋注：「均者，均鐘木，長七尺，有弦繫之。以均鐘者，度鐘大小清濁也。漢大予樂官用之。」此即宋均說也。但「均」為一物，則不得為「五均」，賦亦「律均」平列，蓋「均」，古「韻」字。後《嘯賦》注引晉灼《子虛賦》注：「均與韻同。」《樂緯》所謂「五聲之均」，即「五聲之韻」也。然則「五均」，即「五聲」，正《書》之「予欲聞六律、五聲、八音」矣。

50. 偃蹇夭矯娩以連卷兮

舊注引《說文》曰：「生子二人俱出為娩。」

案：今《說文‧女部》「嬔」字云：「生子齊均也。」蓋謂生子多而如一也。故《一切經音義》云：「今中國謂蕃息為嬔息」，所說與此注所引異。又《兔部》「娩」字云：「兔子也。」《爾雅》：「兔子，嬔。」《類聚》引作「娩」，則「嬔」為借字，因之二字混淆。然按諸此處文義，則兩者皆不合。惟《說文》下又云：「娩，疾也。」兔之走最迅速，故訓「娩」為「疾」。善注云：「娩，跳也」，不知何本。而《史記‧荊燕世家》「遂跳驅至長安」，《索隱》云：「跳，謂疾去也。」正與「娩」訓「疾」同，當從此義。蓋李氏固以舊注為非矣。

51. 飄遙神舉逞所欲

注引《說文》曰：「逞，極也。」

案：今《說文》云：「逞，通也。楚謂疾行為逞。《春秋傳》曰：『何所不逞欲。』」他處亦無訓「極」者，惟本書《西京賦》「逞欲畋鮫」，薛注：「逞，極也。」薛氏必有自來，然非許書。李注中凡非《說文》而以為《說文》者甚多。《說文》所引《春秋傳》，蓋左氏《昭十四年》文，此二賦「逞欲」字，蓋本之，亦宜引以證也。

歸田賦　張平子

52. 王雎鼓翼，鶬鶊哀鳴。交頸頡頏，關關嚶嚶

案：此下二語總承上二語，則「交頸」兼屬「王雎」，與《思玄賦》「鳴鶴交頸，雎鳩相和」正同。前《羽獵賦》亦云「王雎關關，鴻鴈嚶嚶，羣媱乎其中。」而《淮南・泰族訓》：「《關雎》興於鳥，君子美之，為其雌雄之不乘居也。」《列女傳》魏曲沃娚曰：「雎鳩之鳥，未嘗見乘居而匹處也。」羅願據平子二賦謂是「乘居匹游」。近徐樗亭大令遂疑平子用齊、韓義，恐非。考毛傳「鳥摯而有別」，鄭箋：「摯之言至也，雌雄情意至，然而有別。」胡墨莊云：「摯非猛鷙之鷙，惟其情意肫至，而能有別。故傳以興『后妃說樂君子之德，無不和諧，又不淫其色，慎固幽深。』揚、張賦云云，所謂雌雄情意至者也；《淮南》《列女傳》云云，即所謂有別者也。然則賦意固與毛不背，若必泥不相乘匹之文，並《御覽》引《風土記》雎鳩游於水而息於洲，常隻不雙將，此鳥絕無種類。且夫婦有別，豈竟不得接衽席耶？未免高叟之為詩矣。」

又案：戴氏《詩考正》云：「古字『鷙』通用『摯』，《夏小正》『鷹始摯』，《曲禮》『前有摯獸』，是其證。《左傳》『雎鳩氏，司馬也。說曰：「鷙而有別，故為司馬，主法制。」』義本《毛詩》，不得如箋所云。」《讀書雜志》並舉《淮南・說林訓》「猛獸不羣，鷙鳥不雙」，意亦正通。但所謂「不羣」，「不雙」者，特以猛獸獸畏之，鷙鳥鳥畏之耳。若其同類，則猛獸非無牝牡之誘，鷙鳥非無雌雄之交也。

53. 懸淵沈之魦鰡

注引《字指》曰：「鰡，魦屬。」

案：「魦」，已見前《西京賦》。「鰡」字，《說文》所無。《玉篇》有之，云：「魚名。」《廣韻》《集韻》同。或作「鰤」者，省也。「鰡」，不知何魚。《說文》：「鱨，一名鰜。」《玉篇》以為大青魚。「鱨」、「鰡」音近，但注云「魦屬。」「魦」為吹沙小魚，則「鰡」亦小魚耳。

閑居賦 潘安仁

54. 序內 非至聖無軌

注引《周易》曰：「用無常道，事無軌度。」

案：今《易》無此文。當是先儒說《易》之語。《說文·目部》「相」字下引《易》曰：「地可觀者，莫可觀於木」，蓋《易·觀卦》說也，與此正相類。

又案：《禮記·經解》引《易》「差若毫釐，謬以千里」，今《易》所無。歐陽公《傳易圖序》遂疑《易》非完書，非也。梁氏玉繩謂《經解》漢儒所集，非真孔子之言。而凡書引《易》不在經文者，顏師古曰：「易家之別記」。王氏《學林》云：「古以《易》名家，各有訓說，而為傳記，宗其學者，皆以易曰稱之。」《禮記》語，蓋見《易緯通卦驗》。且《墨子·尚賢中篇》引《周頌》曰：「聖人之德，若天之高，若地之普」云云，豈《周頌》有逸篇耶？亦疑古說《詩》者之辭？

余謂《說文》引《虞書》「仁閔覆下謂之旻天」，又引「怨匹曰逑」，其非經正文皆然，特因此注而附著之。

55. 傲墳素之場圃

注引《左傳》「八索、九丘。」賈逵曰：「八索，素王之法。言孔子作《春秋》，素王之文也。」

案：《爾雅·釋草》「素華，軌鬷。」釋文：「素，又作索。」此《傳》及《尚書孔序》之「八索」，釋文並云：「索，本作素」，是古「素」與「索」互通，故「墳索」即「墳素」也。所引賈注，則《左傳》疏作「八王之法」，不作「素王」，特八王不知何指耳？惟《釋名·釋典藝》曰：「八索，索，素也。著素王之法。若孔子者，聖而不王，制此法者，有八也」，與此注同。然孔子為「素王」乃後人稱之，此《傳》系《昭公十二年》，距作《春秋》之年尚遠。倚相所讀，必古書，何得預及孔子之《春秋》並預及後人所稱之「素王」乎？《傳》疏歷據諸家而不用此說，孔氏為有見矣。且《傳》疏所引馬融暨《尚書孔序》，皆以「八索」為「八卦」之說云：「求其義也，是『索』訓『求』。」《後漢書·張衡傳》注亦謂「八卦」，疏文引延篤述張平子說「八索」。《周禮》「八議之刑」，索，空，空設之。是「索」訓「空」，俱不因「索」可通「素」，竟作「素」字解也。

又案：《吳都賦》「覽八紘之洪緒」，劉注引《淮南·墬形訓》「九州外有八

澤，八澤之外有八紘」，而云「蓋八索也。」如其說，則與「九邱」為九州之
志相似，皆謂紀輿地。「索」，當即《左傳》「戎索」、「周索」之「索」，彼處杜
注：「索，法也」，亦迥異「素王」之義。

56. 陪京泝伊

注引《南都賦》：「陪京之陽。」

案：《讀書志餘》云：「陪京，本取陪輔之義。此『陪』字，當讀為『倍』。
『倍』、『陪』古字通。《禹貢》『至於陪尾』，《漢書・地理志》作『倍尾』。《左
傳・僖公三十年》『焉用亡鄭以陪鄰』，《定四年》『分之土田陪敦』，《釋文》
並作『倍』。『倍』，即今『向背』字也。言家在洛水之涘，背京向伊也注引薛
綜語，泝，向也。《漢書・張良傳》『背河向雒』，《東京賦》『泝洛背河』，義並與
此同。《晉書・潘岳傳》正作『背京泝伊』。」

余謂此所引《左傳》「陪」雖通「倍」，然彼注：「一云陪，益也；一云
陪，增也。」乃作上聲加倍之倍，非背義也。惟《禹貢》「陪尾」，《史記》作
「負尾」，《禮記・名堂位》「天子負斧依」，注：「負之言背也。」「負」與「陪」、
「倍」並通。本賦「陪」字，自是活用，若實指「陪京」，則不詞。

57. 浮梁黝以徑度

注引《說文》曰：「黝，微青黑色，於糾切。」

案：胡氏《考異》謂「此注袁、茶二本所無，但有『黝，長貌』三字。」
「黝」者，「勮」之同字也。《玉篇》：「勮駃，長不勁。」《廣韻》《集韻》同。
此與下句「靈臺傑其高峙」為偶。「勮」言梁之長，猶「傑」言臺之高，此說
得之。「梁」言其色，義殊不稱。善曰「長貌」，知當為「勮」。「勮駃」，音杳
裊，不得切於糾也。《廣韻》別有「嶚嶠，長貌。」又云：「骹骳，長貌。」桂
氏《札樸》引《荀子・賦論篇》「頭銛達而剽趙繚者耶」，注云：「趙，讀為掉，
掉繚，長貌。」此與「勮駃」字體異，而音義皆相近。

58. 異槃同機

注云：「《漢書音義》張晏曰：『連弩三十槃共一臂。』然槃，弩弓也。李
奇曰：『槃，弓也。』」

案：《說文》：「槃，攘臂繩也。」《廣雅》亦云：「槃謂之纆。」是「槃」
與「弮」異義。李奇說見《漢書・司馬遷傳》注正作「弮」。此引作「槃」，蓋

「絭」為「桊」之借字。《集韻》「桊」通作「絭」，注又云：「本或為異卷，同歸誤也。」但「絭」可通「卷」。《淮南·原道訓》「短袂攘卷，以便刺舟。」《列女傳》「趙津女娟攘卷操檝」，「卷」，即「絭」也。「桊」亦與「卷」通，《廣韻》：「桊，書桊也」，今作「卷」。

59. 礮石雷駭

注云：「礮石，今之拋石也拋石，一作拋車。范蠡《兵法》：『飛石重二十斤，為機發行三百步。』」

案：《說文》「礧」字下：「一曰建大木，置石其上，發以機，以槌敵。」引《春秋傳》「礧動而鼓」，蓋出左氏《桓五年傳》文。彼疏云：「賈侍中以礧為發石，一曰飛石。引范蠡《兵法》作飛石之事。」是即《說文》義也。段氏謂「《魏志》云：『太祖乃為發石車，號曰霹靂車。』裴注引《魏氏春秋》曰：『以古有矢石。又《傳》言「礧動而鼓」，說曰「發石」也，於是為發石車。』《魏氏春秋》所云『說曰』者，即謂賈侍中。」據此，則「礮石」非始於范蠡矣。《說文》無「礮」字，《廣韻》有之，其字從石。《後漢書·袁紹傳》注：「即今拋車。」「拋」與「礮」同音字也。

60. 服振振以齊玄

注引《說文》曰：「袀，玄服也。」

案：今《說文》無「袀」字，而「玄服也」之語，在「袗」篆下。姚嚴《校議》云：「以偏傍推之，則從『彡』，與『玄服』合。《彡部》『彡』引《詩》『彡髮如雲』，毛傳：『黑髮也』，黑近玄。《月令》『孟冬乘玄路』，注：『今《月令》曰：「乘軫路」。』似當為『紾』，惟『軫』、『紾』皆從『彡』，故得與『玄路』相當。則訓『玄服』者，必以『袗』字為正體也。」乃古書多用「袀」字，《淮南》「尸祝袀袨」，《越絕書》「不袀不玄」，《漢書·王莽傳》「莽紺袀服」，諸「袀」字，即《士冠禮》《士昏禮》之「袗玄」。鄭注：「古文『袗』為『均』。」「均」，假借字。「袀」，當是本字。《左傳·僖五年》「均服振振」，前左太沖《吳都賦》注引作「袀服」，則「袀」亦古字。兩文相竝，必無兩是。而重文「振」，見《漢書·相如傳》亦無可疑。今不能去取，姑仍徐本可也。

余謂「袀」與「袗」字形相似，「袗」、「均」亦聲相近。《左傳》既是「均」，鄭注「袗」亦為「均」，則古「袀」字本作「均」。以其為衣，或從衣傍，故古

書有「袀」字,當為許所不取。「均」為「裖」之借,似作「裖」是也。段氏
以《儀禮》《月令》為皆誤,而於《說文》增「袀」篆,又「裖」下云「襌衣
也」,別為之訓。雖本《論語》,然非許書之舊。大抵段氏率勇於更易原文,固
未敢輒從。

又案:蔡邕《獨斷》曰:「祠宗廟,則長冠袀玄。」《續漢書·輿服志》:
「大祭,百官執事者,冠長冠,皆祗服。」「祗服」,似不可通。《讀書雜志》
校《墨子·非儒篇》「祗襡」,「祗」為「袗」之誤,此當與同。《志》又云:「五
嶽、四瀆、山川、宗廟、社稷諸沾秩祠,皆袀玄長冠。百官不執事,各服常冠
袀玄以從。」《玉篇》:「袗,黑衣也。」與本處引《左傳》服虔注:「袀服,黑
服也」正合。《雜志》謂:「《墨子》之『袗襡』,即《周官·司服》之『齊服玄
端』也。《淮南·齊俗訓》之『尸祝袀袗』,即《莊子·達生篇》之『祝宗人玄
端』也。」然則祭必袗服,賦上文「有事柴燎,郊祖展義」,故言「服振振」
以齊玄矣。

61. 張公大谷之梨

注云:「《廣志》曰:『洛陽北芒山有張公夏梨,甚甘,海內唯有一樹。』
大谷,未詳。」

案:「大谷」,在洛陽,當即《東京賦》所云「大谷通其前」者,梨乃谷中
所產耳。《寰宇記》「洛陽縣大谷」下即引此賦語。近桂氏《札樸》又引王廙《洛
都賦》「梨則大谷冬熟,張公秋黃。」但「張公」,不知何人。杜甫《題張氏隱
居》詩「張梨不外求」,亦用之。」

62. 梁侯烏椑之柿

注引「《西京雜記》曰:『上林苑有烏椑木。』《廣志》曰:『梁國侯家有烏
椑,甚美,世罕得之。』」

案:「柿」,當作「柹」。宋《開寶本草》有「椑柹」。《綱目》釋名云:「一
曰漆柹,一曰綠柹,一曰青椑,一曰烏椑,一曰花椑,一曰赤棠椑。」馬氏
《志》曰:「椑柹生江淮以南,似柹而青黃」,下即引此賦語。李時珍曰:「椑
乃柹之小而卑者,故謂之椑。他柹至熟則黃赤,惟此雖熟亦青黑色。」

又案:注於此引《西京雜記》,而彼書所列上林苑諸果梨之類十中有「大
谷梨」。注於上句不引,乃云「未詳」,何耶?

63. 房陵朱仲之李

注引王逸《荔枝賦》曰：「房陵縹李。」《荆州記》：「房陵縣有好棗，甚美，仙人朱仲來竊。」

案：此注袁、茶二本所無，但云「朱仲，未詳。」故胡氏《考異》以為尤本所增。宋姚氏《西溪叢語》亦謂李善云「朱仲李，未詳。」知善原本如是也。且上句言「棗」，此言「李」，「棗」，當為「李」之誤。《方輿紀要》云：「房陵城，即今鄖陽府房縣治。左氏《文十一年傳》『楚敗麋師於防渚。』闞駰曰：『防，即房陵也。』『秦始皇使王翦滅趙，徙趙王遷于房陵〔1〕。』唐武后遷中宗亦於此。」姚氏又引《述異記》「房陵定山有朱仲李三十六所。」定山與房山南之石門山相接。

【校】

〔1〕據《讀史方輿紀要》，「秦始皇」句前脫「《秦紀》」。

64. 二柰曜丹白之色

注引《廣志》曰：「張掖有白柰，酒泉有赤柰。」

案：《本草》釋名：「柰，一名頻婆。」「唐陳士良曰〔1〕：『此有三種：大而長者為柰，圓者為林檎，皆夏熟；小者味澀為樝，秋熟，一名楸子。』李時珍曰：『柰有白、赤、青三色，皆夏熟。涼州有冬柰，冬熟。子帶碧色。』《西京雜記》：『上林苑紫柰，大如升，核紫花青。其汁如漆，此皆異種也。』」

余謂柰有三，獨舉丹、白者，以就文勢耳。「白柰」，即《蜀都賦》所云「素柰夏成」是也。彼賦上文別稱「林檎」，則二者非一物。又彼注引王逸《荔枝賦》云「酒泉白柰」，與此所引《廣志》亦不合。

【校】

〔1〕據《本草綱目》，「唐陳士良曰」前脫「集解」二字。

長門賦　司馬長卿

65. 心慊移而不省故兮

注引《周禮》鄭注曰：「慊，絕也。」又云：「慊字或从火，非。」

案：孫氏《考異》云：「『慊』字竝不訓『絕』。《說文》：『爡，火爇車網

絕也。』《周禮》曰：『燦牙外不㷪。』李氏既引《周禮》注語，自當作『㷪』。乃又云『從火，非』，未詳所據。」胡氏《考異》則云：「袁、茶本正文『㦑』作『㷪』。注作『移』字，或從火，非。考《玉篇》云：『爒㷊，火不絕。』《廣韻》同。是當時賦本有作『㷊』者，善作『移』，如字解之，故辨『㷊』為非也。」

余謂《說文》引《周禮》見《考工記·輪人》云：「凡揉牙外不廉而內不挫，旁不腫，謂之用火之善。」注曰：「廉，絕也。」「廉」者，「㷪」之假借，作「㷪」是已。然既「㷪移」字連文，似當從《玉篇》「爒㷊」之訓。《通鑑》云：「陳皇后雖廢，供奉如法，長門無異上宮」，則知木未遽絕也。賦意殆謂帝心如火之爒㷊不絕，但不加省問耳。不竟作決絕語，亦詩人忠厚之義與。

66. 芳酷烈之誾誾

案：「誾」字，魚斤切。在「真」、「諄」、「臻」部。此與上下「襜」、「吟」等字為韻，則入「侵」、「鹽」部矣。吳氏《韻補》謂：「侵，古通真，當即據此等。然三百篇無之，如《凱風》首章，『心』與『南』韻，下『夭』與『勞』自為韻。次章『薪』與『人』韻，而『南』不為韻，其分別可知。故論古韻者，皆不相通。此賦用韻本寬，『音』字三見，『宮』字、『光』字皆重出。《南齊書·陸厥傳》云：『《長門》《上林》，殆非一家之賦』，是前人不以是賦為長卿作也。」

又案：錢氏《養新錄》謂：「卻正《釋譏》云：『方今朝士山積，髦俊成羣，猶鱗介之潛乎巨海，毛羽之集乎鄧林。』以『林』與『羣』為韻。皇甫謐《釋勸論》以『音』與『莘』、『濱』等為韻。以『心』、『岑』與『鱗』、『辰』等為韻。以『沈』、『衾』與『真』、『臣』等為韻。如此類者，今世必謂之失韻，然古人已有之。蓋古書音義多相協。《釋詁》：『林，君也。』是『林』有『君』音。《論語》『文質彬彬』，字或作『份』。」據此知古音不甚拘，則有之，恐未必遂全可通用也。且注云：「誾誾，香氣盛也。」亦望文生義，古無此訓。「誾」，當為借字。

余疑「誾」為「闇」之形似而誤，謂香氣幽闇，與《廣韻》「醃音諳」，聲近義合。後見《讀書志餘》亦云：「誾誾，當為闇闇。闇與醃同。《廣雅》：『醃，香也。』曹憲音烏含反。凡字之從奄聲、音聲者多通用。闇之為醃，

猶暗之為晻也。」深喜得與證明。

又案：篇內「東」、「冬」部字，與「侵」、「覃」部間用。此如《詩》之「淒其以風」，韻「心」。「其命匪諶」，韻「終」。又《雲漢》二章「蟲宮宗躬」，韻「臨」，皆是也。江氏《標準》概謂《方言》相近，至《小戎》末章「膺弓滕興」，韻「音」，謂「音」字不必叶；《七月》末章「鑿冰沖沖」，韻「陰」，謂「陰」字不必叶，此則未免強為之說矣。

67. 委參差以槺梁

注引「《方言》曰：『䆲，虛也。』䆲與槺同。」

案：「䆲」，《方言》作「㝩」。《爾雅·釋詁》：「㝩，虛也。」郝氏謂：「㝩者，《說文》云：『水虛也。』釋文引作『水之空』，空亦虛也。通作穅，《諡法》云：『穅，虛也。』省作康，《詩·生民》及《莊子·天運篇》釋文並云：『穅亦作康。』『賓之初筵』，箋：『康，虛也。』又通作『歉』，《說文》云：『飢虛也。』釋文：『㝩又作歉，亦通作康。』《說文》云：『屋康寊也。』《方言》：『㝩，空也。』郭注：『康寊，空貌。』又通作『槺』」，見《長門賦》注。

余謂《穀梁·襄廿四年傳》「四穀不升謂之康」，疏云：「康是虛荒之名。」故凡从康之字皆有虛義。「康」，當从宀，不从穴。此「槺梁」，即《說文》之「康寊」，「寊」、「梁」同音，而注云「委積參差，以承虛梁」，似「梁」作「寊」用，非也。

68. 蹝履起而彷徨

注引「《說文》曰：『蹝，履也。一曰蹝，鞮屬。』『鞮，革履也。』蹝與躧音義同。」

案：今《說文·足部》：「躧，舞履也。」重文「𩏩」，或从革。又《革部》：「鞮，革履也。」「鞳，鞮屬。」「躧」、「鞳」本同。前《吳都賦》注引《聲類》云：「躧或為鞳。」《說文》既以「躧」為「舞履」，而鄭注《周禮》曰：「鞮履，四夷舞者屝也。」是「躧」、「鞳」、「鞮」，三者一也。「躧」可从革，則「鞳」亦可从足。此處正文作「蹝」，故注云「蹝與躧同。」注引《說文》「蹝」當作「躧」。「履也」上當有「舞」字。

又案：銑注引《說文》作「蹝，躧也。」《莊子·讓王篇》釋文引《解詁》亦云：「躧，蹝也。」《史記·貨殖列傳》「躧利屣」，徐廣曰：「舞屣也。」

「躃」，一作「跕」。《漢書・地理志》「跕躃」，臣瓚曰：「躃跟為跕，挂趾為躃。」是「躃」、「跕」，本有「躃」義。此處下有「履」字，則「跕」字正宜作虛字，訓為「躃」，但不得以為《說文》語耳。

69. 遂積思而就牀

注云：「《廣雅》：『頹，壞也。』言壞其思慮而就牀。」

案：《讀書志餘》云：「李說非。『思』當為『息』，字之誤也。陸機《吊魏武帝文》『循膚體而積歎』，陸雲《登遐頌》『絕音積息』，積之言噴也。傅毅《舞賦》『噴息激昂』，李善曰：『《韓詩外傳》「魯哀公噴然太息。」』《說文》：『噴，太息也。』『噴』與『嘳』同以上善注。《易林・師之咸》曰：『絕無以北，惆然噴思。』『思』，亦『息』之誤。《噬嗑之復》曰：『絕無以北，惆然憤息。』『憤』又『噴』之誤也。後《長笛賦》『𩏃歎積息』，『𩏃，歎聲也。』下文『𩏃叩鍛之岌峇兮』，亦謂叩鍛聲也。『積』，猶『噴』也，太息之聲也。善注：『歎聲若𩏃，息聲若積。』引《爾雅》『焚輪謂之積』，皆失之。」

余謂《說文・禾部》：「積，禾兒。」《𨸏部》：「隤，下隊也。」二字音同而義別。後人並作「積」，偏旁誤「貴」為「頁」，則何以從「貴」得聲。《一切經音義》「六隤」，古文「穨」、「壝」二形，「隤」、「壝」與「噴」，尤形似。然則「思」為「息」之誤，「積」當亦為「噴」之誤。惟《舞賦》作「噴」，餘多作「積」。猶之《帝繫》「女隤」，《漢書人表》作「女潰」，《史記・楚世家》索隱引《世本》作「女嬇」，皆傳者之致歧矣。

思舊賦 向子期

70. 經山陽之舊居

注云：「《漢書》河內郡有山陽縣。」

案：《水經・清水篇》注云：「又逕七賢祠東，左右筠篁列植，冬夏不變貞萋。魏阮籍、嵇康、山濤、王戎、向秀、劉伶、阮咸等同居，結自得之游，時人號為『竹林七賢』。向子期所謂山陽舊居也，後人立廟於其處。」郭緣生《述征記》：『白鹿山東南二十五里有嵇公故居，以居時有遺竹焉，蓋謂此也。』」據《方輿紀要》：「漢之山陽，北齊廢，入修武，今故城在懷慶府修

武縣西北。」《寰宇記》:「修武縣天門山有精舍,又有鍛竈處,云嵇康所居。山陽城北有秋山,即嵇康園宅也。」又「獲嘉縣七賢祠在西北四十二里,阮籍等遊處」,下即引酈注,豈祠與居異地與?獲嘉城今在衛輝府新鄉縣,而白鹿山則在輝縣。

71. 悲麥秀於殷墟

注引《書大傳》:「微子朝周,過殷之故墟,見麥秀之蘄蘄蘄與漸同音尖,此父母之國,志動心悲,作雅聲曰:『麥秀漸兮,黍禾晲晲。彼狡僮兮,不我好。』」

案:《史記·宋世家》以麥秀之詩為「箕子」作,而《淮南王傳》作「微子」,與《大傳》同。梁氏《志疑》謂「《漢書·伍被傳》及張晏注、《水經·淇水》注竝作箕子」,蓋所傳異辭是也。至此注末句「不我好」三字,詞似未備,當有脫文。《宋世家》作「麥秀漸漸兮,禾黍油油。彼狡僮兮,不與我好兮。」而《御覽》五百七十引《史》末句作「不我好仇」,與今本《大傳》同。「仇」與「油」韻固合。即「好」字,如《詩·斯干》「好」與「猶」韻。《唐·羔裘》「好」與「究」韻。《遵大路》「好」與「手」、「魗」韻,亦未嘗不叶也。若「油油」,今本《大傳》作「蠅蠅」。《洞簫賦》注:「蠅蠅,游行貌」,義殊非是。此注作「晲晲」,孫氏志祖云:「晲音映,日輝也。與禾黍無涉。」此注引《大傳》上尚有「又曰禾黍油油」六字,當在「不我好」之下,蓋記《大傳》別本作「油油」也。又張晏所引作「黍苗之繩繩兮」,《漢書·禮樂志》注引孟康曰:「繩繩,眾多也」,義可通。「晲晲」,或為「繩」之借,然皆不得其韻,則作「油油」者為是。特「晲」、「蠅」、「繩」三字與「油」字形竝不相近,不知何以致誤。

歎逝賦　陸士衡

72. 譬日及之在條

注引《爾雅》:「椵,木堇。」「櫬,木堇。」郭璞曰:「別二名,似李樹,華朝生夕隕今本華誤作棗,可食,或呼為日及,一曰王蒸。」

案:今《爾雅》「堇」不从木,釋文:「本或作槿。」「櫬,本又作藽。」《說文》「虄」字云:「木槿,朝華暮落」,引《詩》「顏如虄華」。今《詩》作

「舜」，毛傳：「舜，木槿也。」《海外東經》有薰華草，朝生夕死。郭注：「薰，或作蕣。」殆以字形相似而誤。《莊子・逍遙游篇》「朝菌不知晦朔」，此注引潘尼賦曰：「朝菌者，世謂之木槿，或謂之日及。」是「菌」為「蕣」之借字，「蕣」、「菌」聲近也。若《莊子》釋文引司馬彪云：「大芝也，一名日及。」蓋「芝」、「菌」相類之物，故誤認。而「日及」名同，則仍謂「蕣」，非謂「芝」矣。郝氏謂：「日及，王羲之帖作『日給』，給、及，通也。《抱朴子・論僊篇》云：『白芨料大椿』，白芨，即日及，字形之譌。郭云『王蒸』者，《月令》鄭注：『木蕣，王蒸也。』《呂覽》高誘注：『華可用作蒸』，是『王蒸』以作『蒸』得名也。」

余謂「蕣」之名多而易混。《爾雅》別有「蕮苦蕫」，郭注：「即蕫葵也。」又有「芨蕫草」，郭注：「即烏頭也。」蕫音靳，而《說文》云：「芨，蕫艸也。」又云：「蘴，蕫草也。」《詩・緜》釋文引《廣雅》「蕫，蘴也。」是以「蕫」之名「芨」者為「蘴」，則即《爾雅》之「拜蔏蘴」矣。由諸草皆得蕫名，說者遂相亂，似不如從郭注，分別為晰耳。

懷舊賦 潘安仁

73. 前瞻太室，傍眺嵩邱

注引《小說》曰孫氏謂此當是《殷芸小說》：「昔傅亮北征，在河中流，或問曰：『潘安仁賦「前瞻太室，傍眺嵩邱。」嵩邱、太室一山，何云前瞻傍眺哉？』亮曰：『有嵩邱山，去太室七十里。』」

案：《禹貢錐指》云：「古時皆稱嵩高為太室，韋昭、戴延之則兼二室竝稱。然前賢題詠，猶以太室稱嵩山，而少室仍其本名，故有嵩、少之目。」

余遍考《河南府志》《登封縣志》，別無所謂「嵩邱山」者。則「嵩邱」，即「嵩少」也，變文以叶韻耳。戴延之《西征記》：「嵩山東曰太室，西曰少室，相去十七里。」此注云「七十里」，殆誤倒與？注又引《河南郡圖經》曰：「嵩邱在縣西南十五里」，此縣當謂陽城。《方輿紀要》：「今登封縣有陽城廢城，少室山在縣西十七里。」

寡婦賦　潘安仁

74. 水溓溓以微凝

注引《說文》曰：「溓溓，薄冰也。」

案：今《說文》無「溓溓」二字，宋本作「薄水也。」《廣韻》有兩「溓」字，「一云薄冰也。」「一云薄水也。」「水」當是「冰」之壞字。段氏謂《食部》鎌下云「讀若風溓溓。」蓋當云「讀若風溓之溓。」「風溓」，謂風之嚴凌也。但段依此注補「溓溓」二字，則非。李氏所引每不盡依原文，此特因賦正文而釋之，不得輒據以增許書。

75. 容貌儡以頓顇兮

注引《說文》曰：「儡，敗也。」

案：今《說文》「敗」上有「相」字。前《西征賦》「寮位儡其隆替」，注引作「壞敗之貌」，蓋取其義而語不妨稍異。段氏謂：「《道德經》傅奕本『儡儡兮其不足以無所歸』，《釋文》：『儽，一本作儡。敗也，欺也。』《說文》音雷。此注引《禮記》『喪容儡儡』，今《禮記》作『纍纍』，非也。」

恨賦　江文通

76. 方架黿鼉以為梁

注引《紀年》曰：「周穆王三十七年，伐紂，大起九師，東至于九江，叱黿鼉以為梁。」

案：「伐紂」二字，其誤顯然。前《江賦》注亦引此文，作「征伐」。而今本《竹書》無此二字，於「梁」下有云「遂伐越，至于紆，荊人來貢」，當是也。否則，單言「征伐」，無所著矣，何以云「至九江」乎？

77. 心雷鴈門

注云：「《漢書》有鴈門郡，秦置。」

案：《寰宇記》「代州鴈門縣句注」下引《水經》云此今本之佚文：「鴈門郡北對句注，東陘其南，九塞之一也。晉咸寧元年碑曰：『北方之險，有盧龍、飛狐、句注為之首。』天下之阻，所以分別內外也。漢高祖欲伐匈奴，不從

婁敬之說，械繫於廣武，遂踰句注，困于平城，蓋謂此處。」是鴈門為邊境之限，故此言李陵降北，而曰「心雷鴈門」矣。考《爾雅・釋地》「八陵」云：「北陵西隃，鴈門是也。」邵氏《正義》謂「《穆天子傳》『乃絕隃之關隥』，郭注以為即北陵西隃。」《史記・趙世家》「反莝分，先俞於趙。」《集解》引徐廣曰：「《爾雅》西俞鴈門是也。」《正義》云：「西、先，聲相近。蓋陘山、西隃二山之地，並在代州鴈門縣，皆趙地也。」今鴈門山在代州西北三十五里，洪氏《圖志》同。郝氏云：「在東北，誤也。」又考今《水經・灤水篇》注云：「《山海經》『鴈門之水，出於鴈門之山。』鴈出其門，在高柳北。高柳在代中，其山重巒疊巘，霞舉雲高，連山隱隱，東出遼塞。」

余謂後《別賦》云「遼水無極，鴈山參雲」，注引《海內西經》曰：「大澤，方百里，鳥所生在鴈山，鴈出其間。」然則「鴈門山」，即「鴈山」，《別賦》所稱正指此。

又案：洪氏《圖志》云：「雁門關在代州西北三十里，一名西陘關。唐於山頂置關，開元時，關廢。明初移，今所築城周二里有奇，即句注故道也。東陘關在州南，唐天寶十四年，郭子儀所開。而忻州亦有雁門關，在靜樂縣南。《唐志》憲州天池縣有雁門關，疑開元時廢代州關後始置也。」據此，關始於唐。然「雁門山」與「句注」，岡隴相屬，故「句注」亦兼「雁門」之稱。「句注」為塞，見呂不韋書。且《穆天子傳》言「關隥」，是自秦以前已然。

78. 明妃去時，仰天太息

注引《漢書》「元帝竟寧元年，詔掖庭王嬙為閼氏。」應劭曰：「王嬙，王氏之女，名嬙。」

案：樂府原題「嬙」作「牆」，云：「齊國王穰女注引《琴操》穰作襄。又文穎曰：本南郡人也。」張氏《膠言》據《左傳》「宿有妃嬙嬪御」謂：「嬙乃婦官之稱，不應以為名。且《元帝紀》實從木作『檣』，而『嬙』為誤。」

余謂古有美女「毛嬙」，「明妃」當是慕其名而名之，不必定居此職也。「檣」與「牆」牆即牆字，皆同音通用字。

79. 代雲寡色

注引《漢書》曰：「凡望雲氣，勃碣海代之間，氣皆黑。」

案：此所引見《天文志》。「代」，本作「岱」。「海岱」二字，《禹貢》成

文且相近，故言其雲氣如是。此處「代雲」與上「隴鴈」為對，「隴」與「代」皆地名也。蓋即詩中「胡馬」、「越鳥」，「隴雲」、「秦樹」之比。若《漢書》作「代」，則不應與「海」連舉，注欲就《漢書》「雲氣」之語，乃改「岱」為「代」，失之。

別賦　江文通

80. 遼水無極

注引《水經》曰：「遼山，在玄菟高句麗縣，遼水所出。」

案：此文亦見《漢志》，蓋謂「小遼水」也。今《水經》正有「小」字。《志》又云：「遼東郡望平縣大遼水出塞外，南至安市，入海。」《水經》云：「大遼水出塞外衛白平山。」趙氏謂《海內東經》「遼水出衛皋東」，郭注言「出塞外衛皋山」，似合「白」、「平」二字為一耳。酈注云：「遼水亦言出砥石山，自塞外東流，直遼東之望平縣西，屈而西南流逕襄平縣故城西，又東逕遼隧《漢志》作隊縣，有大、小遼水注之。」是「遼水」有大、小之分，此注專引「小遼水」，似未備。

81. 上宮陳娥

注引《邶風》燕燕章，衛莊姜送歸妾，陳女戴媯事。

案：張氏《膠言》因上句云「桑中衛女」，此與淫女並稱，斥注為謬。

余謂「上宮」，衛地，而「桑中」，《詩》連用之，今以屬「戴媯」，自是賦家語病。但此處專主女子之送別「桑中」，《詩》言「送我乎淇之上」。「燕燕」亦在衛，而送陳女之《詩》注不援是為證，則更有何者可指乎？非李氏之過也。

82. 辯有雕龍之聲

案：注引《史記·孟荀傳》論「鄒衍」、「鄒奭」事。又引劉向《別錄》而兼及《七略》所稱，遂致累雜。胡氏《考異》謂：「袁本、茶陵本但云《七略》曰：『鄒奭子，齊人也，齊人為諺曰彫龍奭。』」言奭修鄒衍之術，文飾之若彫鏤龍文，故曰「彫龍奭」，如此文氣始順。今考《別錄》云：「奭修衍之文，飾若彫鏤龍文，故曰彫龍」，語亦同《七略》。惟《七略》作「奭」，《別

錄》作「奭」，《史記》亦作「奭」。蓋「奭」與「赫」，往往通假。《說文·皕部》：「奭，盛也。」而《詩·出車》毛傳：「赫赫，盛貌。」《常武》傳兩云「赫赫然盛也。」此「赫」為「奭」之借字。《赤部》：「赫，火赤貌。」而《采芑》《瞻彼洛矣》二傳云：「奭，赤貌。」即《簡兮》傳之「赫，赤貌。」則又「奭」為「赫」之借字。故《爾雅·釋訓》「赫赫」，釋文：「赫，本作奭」，以二字古音同也。

文賦　陸士衡

83. 或岨峿而不安

注云：「岨峿，不安貌。」引《楚辭》：「圜鑿而方枘兮，吾固知其鉏鋙而難入。」

案：如注語，則「岨峿」，即「鉏鋙」也。《說文》「鋙」字云：「鉏鋙也。」又《齒部》：「齟齬，齒不相值也。」段氏謂：「鉏鋙，蓋器之能相抵拒錯摩者，故《廣韻》以不相當釋鉏鋙。《周禮·玉人》注云『鉏牙』，《左傳》人有名『鉏吾』者，皆此二者之同音假借。」

余謂此賦後文「固崎錡而難便」，注云：「崎錡，不安貌。」引《楚辭》「嶔岑崎錡」。「崎錡」，亦「鉏鋙」之聲轉。故《說文》云：「錡，鉏鋙也。」《楚辭》與「嶔岑」連用，正與「鉏鋙」通也。然則此等疊韻字，往往音同而義即同。張氏《膠言》乃云：「岨峿，因山立義，與齟齬字微別」，非也。

84. 眇眾慮而為言

注引《易》曰：「神也者，妙萬物而為言者也。」

案：《說文》：「眇，小目也」，因為凡小之稱。《方言》：「眇，小也」，故小管亦謂之「筁」。段氏謂：「引伸為微妙之義。《說文》無妙字，眇，即妙也。《史記》『戶說以眇論』，即妙論也。」

余謂義為微妙者，言研極細微也。惠氏說《易》從王肅本作「眇」，於字體是矣，而云「妙」字，近老莊語。後人遂有真精妙合之說，恐未然。實則「妙」與「眇」通耳，前《東京賦》「眇古昔而論功」，《後漢書》「眇」作「妙」，正同。張氏《膠言》從耳作「聇」，誤也。

85. 謬玄黃之袟敘

注未釋「袟」字。

案：《廣雅》：「袟，程也。」「袟」與「秩」通。《書》「平秩東作」，《史記》作「便程」。《說文》「䄷，讀若《詩》『䄷䄷大猷』。」今《詩》作「秩秩」。是「秩」與「程」，古聲義竝同，則「袟」亦「秩」也。《書》「天敘有典」、「天敘有禮」，「秩」、「敘」，謂品節次第也。

又案：《楚辭·懷沙篇》云：「懷質抱情，獨無匹兮。伯樂既沒，驥焉程兮。」「程」亦作「秩」音，故可叶。《朱子集注》謂「以韻叶之，『匹』當作『正』」，恐非。

附案：䄷，从䇂，䇂亦从呈聲。

86. 乃一篇之警策

注云：「以文喻馬也。言馬因警策而彌駿，以喻文資片言而益明也。」引《左氏傳》「繞朝贈士會以馬策。」

案：前《歎逝賦》「節循虛而警立」，彼注云：「警，猶驚也。言時節循虛，驚動而立。」此處蓋謂一篇中之驚動者。即《孟子》「吾於《武城》，取二三策」之意也。必以馬喻，似未免迂曲。繞朝所贈為馬策，乃杜注語。服虔舊註則固以為策書矣。

87. 意徘徊而不能揥

注引《說文》曰：「揥，取也。」

案：今《說文》：「撡，撮取也。」前《西京賦》「撡飛鼯」，薛注：「捎取之也。」義同此「揥」字，蓋「撡」之誤。注又云：「或為褅。褅，猶去也。」胡氏《攷異》云：「褅，當作褫。五臣本可據。」「褫」，奪也，與「去」義近。「去」為「取」之對，賦語謂「心牢落而無偶」，則或取或去，徘徊未定也，意竝可通。

88. 彼榛楛之勿翦

注引《詩》：「榛楛濟濟」。又《山海經》郭注：「榛，小栗。楛，木可以為箭。」

案：注云：「榛楛，喻庸音。」蓋謂與上珠玉，美惡不倫。《廣雅》「木叢生曰榛」，與菐之為小栗者異，字已見《蜀都賦》。《荀子·勸學篇》注：「楛，

濫惡也。」「楛」與「苦」通。《周禮》:「典婦功,辨其苦良,苦則不良矣。」賦意若草木之叢雜濫惡者,未翦除也,不得實指為二木。《詩》之「榛楛濟濟」,正稱其美,豈惡而須翦乎?注似失之。

89. 痼防露與桑間

注引東方朔《七諫》謂「楚客放而《防露》作。」

案:楊氏慎云:「楚客為屈原,原忠諫放逐,其辭何得云不雅?《防露》與《桑間》對,則為淫曲。謝莊《月賦》『徘徊《房露》,惆悵《陽阿》』,注:『《房露》,古曲名。房與防,古字通。』以《防露》對《陽阿》,可知非雅曲也。」孫氏《補正》引何云:「《防露》,指『豈不夙夜,謂行多露』言,言《桑間》不可竝論,故戒妖冶也。」

余謂如何說,一貞一淫,非「與」字之義,楊說近是。然以為皆淫曲,亦非。觀下句「雖悲不雅」,必二者皆悲詞。注言「《桑間》,亡國之音」,與「悲」合,則《防露》,疑即《薤露》。宋玉對楚王問有《陽阿》《薤露》,《月賦》亦竝舉之。「徘徊」、「惆悵」皆悲意,而終非雅曲,故云「雖悲而不雅」也。

附案:「桑間」,非桑中。詩見《稽古編》。

90. 彼瓊敷與玉藻,若中原之有菽

注引《詩》:「中原有菽,庶人采之。」毛傳:「菽,藿也。力采者得之。」

案:《詩》鄭箋云:「勤於德者,則得之」,與毛不異。其上文云「藿生原中,非有主也。以喻王位無常家也。」士衡《賦》則當謂瓊敷玉藻之文,惟勤學能致,所喻絕非《詩》本旨。又《晉書‧涼武昭王傳》:「經史道德,若采菽中原,勤者多獲。」《宋書‧武三王傳》張約之上疏曰:「仁義之在天下,若中原之有菽,理感之被萬物,故不繫於貴賤。」是此語六朝人習用之,而喻意各別耳。

91. 故蹠踔於短垣

注引《廣雅》曰:「蹠踔,無常也」云云。又《國語》曰:「有短垣,君不踰。」

案:胡氏《考異》謂「袁、茶本『垣』作『韻』。」無「《國語》曰」九字,此係尤改。段氏設十不可信以辨之,中言「《國語》本作『君有短垣而自踰之』,果延之偽注,引亦當同,不應乖異。『蹠踔』,謂腳長短也。『短垣』

可云躑躅不進，不得施於短韻。賦上文即云『短韻』，此不應複是。寫書者涉上文而誤，尤本獨得之。」

余謂段說是也。「躑躅」、「短韻」，殊不成文義。推賦意，與上「患挈缾之屢空」，皆為喻語。「挈缾」，喻小智，故云「昌言難屬」。此謂力薄而「放庸音」，「如躑躅於短垣」，未免蹢躅之狀，總形支絀，二者皆由於才有不逮，故下云「恒遺恨以終篇，豈懷盈而自足」也。孫氏《考異》亦疑善本之誤，皆非。

92. 及其六情底滯

注引《春秋演孔圖》曰：「詩含五際六情，絕於申。」宋均曰：「申，申公也。」

案：此《緯書》語，今見《太平御覽》所引宋均注：「六情，即六義也。一曰風，二曰賦，三曰比，四曰興，五曰雅，六曰頌」，其說非也。《漢書·翼奉傳》載所上封事云：「北方之情，好也；好行貪很，申子主之。東方之情，怒也；怒行陰賊，亥卯主之。二陰竝行，是以王者忌子卯也。南方之情，惡也；惡行廉貞，寅午主之。西方之情，喜也；喜行寬大，巳酉主之。二陽竝行，是以王者吉午酉也。上方之情，樂也；樂行姦邪，辰未主之。下方之情，哀也；哀行公正，戌丑主之。辰未屬陰，戌丑屬陽，萬物各以其類應。」《詩大序》正義釋「六情」，亦據奉說。奉蓋傳齊詩者，是其本義也。與此注下引仲長子《昌言》云「喜怒哀樂好惡，謂之六情」正合。至宋均以「絕於申」為申公者，陳氏壽祺謂「申公之學為魯詩，『五際六情』之說出齊詩，與申公無涉。或云：『絕於申者，絕於魯也，絕於魯者，蓋尊齊而絀魯之辭也。《詩緯》言陰陽術數與齊詩相傳，疑魯、齊弟子有互相是非者，故《詩緯》之言如此。』此說未當。攷毛詩《采薇》正義引《汛歷樞》云：「陽生酉仲，陰生戌仲，絕於申者，謂五際之道，陽氣至申而絕，至酉始生也。宋均注誤解耳。」

《文選集釋》卷十五

洞簫賦　王子淵

1. 標題下引《漢書音義》如淳曰:「洞者，通也。簫之無底者，故曰洞簫。」

案：如淳說《後漢·章帝紀》「吹洞簫」注亦引之。《說文》:「簫，參差管樂，象鳳之翼。」蓋簫之為製，列管參差，與竽、笙異。故賦後文「吹參差而入道德兮」，注引《楚辭》「吹參差兮誰思」，王逸曰:「參差，洞簫。」《說文》又云:「箹，通簫也。」「通簫」，即「洞簫」矣。《爾雅》:「大簫謂之言，小者謂之筊。」邢疏引《廣雅》云:「簫，大者二十三管，無底。小者十六管，有底。」今本《廣雅》作「大者二十四管」，《初學記》引同。邢疏異者，殆以郭注「大者編二十三管，小者十六管」，故就其說歟？郭注亦非無本，《通典》引蔡邕《月令章句》云:「簫，大者二十三管，小者十六管」是也。然《北堂書鈔》引《三禮圖》云:「雅簫二十四彄，頌簫十六彄。雅簫言也，頌簫筊也。」「彄」，即管，則諸家作二十四管為長。邢疏所引《廣雅》「無底」二字，今本無之。王氏《疏證》亦未辨析。《急就篇》補注引《周禮》注云:「有底而善應謂之管，有底而交鳴謂之筊。」蔡邕亦云:「簫編竹有底」，而又云:「長則濁，短則清。以蜜蠟實其底而增減之，則和。若俱有底，無需於蠟。」疑《廣雅》本有「無底」二字。如邢疏所引，即《周禮》注似亦無底、有底分列。無底，方與洞簫、通簫之義合也。其尺度，則《易通卦驗》

云：「簫長尺四寸」，注云：「簫管形象鳥翼，鳥為火，火成數七，生數二，二七一十四，簫之長由此。」郭注「大者，長尺四寸；小者，尺二寸」，《三禮圖》同，當得其準。乃此注云「大者長三尺四寸」，「三」，殆衍字與？至《風俗通》作「十管，長尺二寸」，《隋書・樂志》「簫十六管，長二尺」，所傳各異，未知是否。

2. 原夫簫幹之所生兮，于江南之邱墟

注引《丹陽記》曰：「江寧縣慈母山臨江生簫管竹。」

案：「慈母」，一作「慈姥」。據《方輿紀要》：「慈姥山在今江寧府西南百里，以山有慈姥廟而名。積石臨江，崖壁峻絕，一名鼓吹山，以山產簫管也。山下有慈姥溪，即今之慈湖也。與太平府當塗縣接境。」

3. 密漠泊以獺猭

注云：「獺猭，相連延貌。」字書「玁猭，獸逃走也。」

案：「獺猭」，即「玁猭」。《玉篇》：「玁猭，兔走貌。」《集韻》：「猿狁緣木貌。」蓋獸之走，往往相率奔逸，故有連延之意。「玁」，或作「獺」者，《集韻》：「敶，或作敕，通作陳。」《說文》：「田，陳也。」陳公子完奔齊，以田為氏。《詩》「維禹甸之」，《韓詩》「甸」作「敶」，「甸」與「田」通。是「敶」有「田」音，「田」、「聯」同聲，遂為此體。字宜从攴，今本或从欠，作「獺」，誤也。

4. 夒妃准法

注：「妃，未詳也。一云夒。」《列子》曰：「孔子就師襄學琴。」

案：上既引《尚書》證「夒」字，則此「一云夒」，語不可通。「夒」，當為「襄」之誤，故下以師襄證之。五臣本「妃」，正作「襄」。銑注：「師襄也。」李氏所據本，蓋作「妃」，而以「一云襄」，並存其說。本書《長笛賦》「夒襄比律」，《琴賦》「夒襄薦法」，皆作「夒襄」。如此處「妃」字，亦作「襄」為是。

5. 鎪鏤離灑

注云：「離灑，鎪鏤之貌。」

案：注語祇望文生義。《爾雅》：「大琴謂之離，大瑟謂之灑。」郝氏謂：

「離猶羅也，眾音分散，羅羅然。與『灑』義同。《月令》正義引孫炎云：『離者，聲雷離也。』」釋文引孫炎云：「灑者，音多變布出如灑也。」是「離灑」，雖為琴瑟異名，而有「羅布」之意，賦二字連文，疑本《爾雅》，但作虛用耳。

6. 挹抐撎擽

注云：「言中制也。」

案：《說文》：「挹，抒也。」「挹」與「抑」通。「抑」者，按也。《廣韻》：「搵抐，按物水中也。」《六書故》：「搵，按也。」「搵抐」連文，則義同。「撎」，《說文》作「𢭏」，云：「一指按也。」前《南都賦》「彈琴撎籥」，注引《說文》。後《笙賦》「擽纖翩以震幽簧」，注云：「擽，指捻也。」則此四字，謂按捻簫之管孔而發其聲，無不中制也。注蓋渾言之而未析與？

又案：《楚辭·九辯》「自壓按而學誦」，「壓」，即「𢭏」，一作「厭」。《笙賦》「厭焉乃揚」，注：「厭，猶捻也。」則「撎」、「擽」義亦同。

7. 憤伊鬱而酷𢚼

注引《蒼頡篇》曰：「𢚼，憂貌。」

案：字書無「𢚼」字，惟今本《廣雅·釋詁》：「𢚼，慹也。」王氏《疏證》謂「𢚼為恧之譌。恧，从心，衄聲。」此字《說文》無之。

余謂《廣雅》本「恧怩」連文，蓋即《方言》之「忸怩」。《釋訓篇》云：「忸怩，慚喜也。」《釋詁篇》作「恧」，別體字耳。《說文》亦無「忸」字，其《心部》「恧」字云：「慙也」，與《血部》「衄」字，俱「女六切」。《廣雅·釋言》：「衄，縮也。」《疏證》云：「縮與慹，義相近。」且「忸」、「恧」音近，「而」與「血」，「刃」與「丑」俱形近，故「衄」字，俗亦作「衂」。《集韻》「忸」、「𧗱」為「恧」之重文，展轉沿誤，遂有此「𢚼」字矣。若此注以「𢚼」為「憂貌」。「𢚼」乃「怒」之形似而誤。《玉篇》有「怒」字，「奴的切，憂貌。」《集韻》「怒」字下引「《說文》一曰憂也。」又「惄」字云：「《說文》憂貌。或作怒。」「𢚼」，又「怒」之譌。據此知「怒」即《說文》之「惄」，與「怒」通也。則注中「奴谷切」，當作「奴的切」。而「怒」既从衄得聲，似非。「奴的」之音是一字，而《廣雅》《玉篇》音訓各別，或義可兩存耶。

8. 瞋䐶嗢以紆鬱

注云：「《說文》曰：『顄，頤也。』《釋名》曰：『嗢，咽下垂也，言氣之

盛而噴嘲，類瞋也。』」

案：「頤」，《方言》作「頷」。《說文》：「頷，顄也。」又《說文》：「胡，牛頷垂也。」《一切經音義》引作「牛領」。「領」，頸也。舉頤可以包頸，凡物皆然。是「噴嘲」，當作「頤胡」。《集韻》云：「噴嘲，怒氣。」蓋因人怒，則頤及頸率鼓起，故為此解。此則謂吹簫作氣，而頤頸有鼓怒之狀，乃極作形容語也。

9. 嘈囐嘩嚏

注云：「眾聲疾貌。」

案：「嘈」，當即「嘈」。「囐」，或作「嘰」，皆後人加口傍耳。《說文》云：「嘈嘈，震電貌。一曰眾言也。」是「嘈」本有「眾聲」之義。《集韻》以「嘈」同「啞」，然《說文》「啞」字云：「音聲啞啞然」，為余六切。而《集韻》「啞」、「嘈」並域及切，恐非也。《玉篇》：「嘰，或省作囐，雨下也。」《廣韻》：「囐，暴雨貌。」《集韻》：「囐，雨聲。」是可借雨聲狀眾聲矣。又於「嘈」、「嘰」字並云「眾聲疾貌」，殆即本此注也。

10. 行鍖鈂以龢囉

注云：「鍖鈂，聲不進貌。」

案：《說文》無「鍖鈂」二字。諸字書有之，多未連釋。《集韻》云：「鍖鈂，聲不進貌」，即本此注。惟《玉篇》《廣韻》《集韻》《類篇》並引《廣雅》「鈂，耋也。」王氏《疏證》謂：「《淮南子・脩務訓》『劍或羇缺卷鈂』，『卷』與『耋』通。《釋詁》云：『耋，詘也。』詘者，奧弱之義。《集韻》引《字林》云：『鈂，濡也。』『濡』與『弱』義相近。又《釋詁》『弱』字條，無『鈂』字。而於『枲』下音如深反。『鈂』，本音壬，是『如深』乃『鈂』字之音，非『枲』字之音。蓋今本脫『鈂』字。」據此知，「鈂」與「枲」，同為「弱」也。

余謂《說文》「枲，弱貌。」其字从木，謂木之柔弱者。經典多借「桂荏」之「荏」為之，《詩》「荏染柔木」是也。「鈂」字从金，則當謂金既柔之而弱者矣。「鍖」字或借作「碪」、「櫍」字用，他頗罕見。然古人每以聲近得義，《玉篇》有「顃」字云：「顃顃，懨劣貌。」《廣韻》同。《集韻》兩出，「一曰弱也。」《廣雅》「劣」、「懨」，俱「弱」也。「鍖」，當與顃義同。此賦語殆狀其聲之或抑或揚。「鍖鈂」聲弱為抑，下「龢囉」則為揚。「龢囉」，疊韻字。

今人猶於聲之嘈囋稱穌稱囉，故李注云「穌囉，聲迭蕩相雜貌。」即其釋「鍖銋」曰「聲不進貌」，亦正與「弱」義相通。

11. 清靜厭廔

注引曹大家《列女傳注》曰：「廔，深邃也，音翳。」

案：《太玄經》「冥駭音父冒晬，中自廔也。」注：「廔，隱也。」在中，故「隱」，「隱」與「深邃」義通。《廣韻》：「廔，靜也」，訓本《說文》。而《說文》作「瘱」。《廣雅》：「瘱，審也。」亦即《說文》「靜，審也」之義。《漢書‧外戚傳》「為人婉瘱，有節操。」顏注：「瘱，靜也。」是皆同矣。《集韻》「瘱或作嫕」。又有「嫕」字云「靜也」。本書《神女賦》「澹清靜其愔嫕兮」，五臣本作「嫕」，彼注引《說文》：「嫕，靜也。」蓋《說文》之「瘱」，或亦作「嫕」段云：見《後漢書》，傳寫誤為「嫕」。又引《蒼頡篇》曰：「嫕，密也。」「密」亦靜也，即「深邃」之義。然則「廔」、「瘱」、「嫕」、「嫕」、「嫕」、「嫕」六字，體雖變而實一也。若《太玄》又有「陰氣廔而怠之」，注：「廔，協也。」《集韻》「廔，詰叶切」，音愜叶也。《神女賦》注又引《韓詩》曰：「嫕，悅也。」此則恐與《說文》「嫕，快也」相混，以形似，遂無別耳。

12. 佚豫以沸㥜

注引《埤蒼》曰：「沸㥜，不安貌。」

案：桂氏《札樸》云：「《玉篇》《廣韻》作『沸㥜』，並與《埤蒼》訓同。汲古閣本作『沸渭』，後人亂之也。《笙賦》『中佛鬱以沸㥜』，李善、五臣二本並从立心。」

余謂觀注引《埤蒼》，則正文自作「沸㥜」，注又云：「沸或為潰。」「潰」，即「沸」字。當亦是「佛或為沸」，後人遂從或本耳。而胡氏《考異》未之及。

13. 或拔搬以奮棄

注云：「拔搬，分散也。」何休《公羊傳》注曰：「側手擊曰搬。」

案：「搬」字，《說文》所無，注訓「分散」，則當以「搬」為「䈋」，不必引何休語矣。五臣釋「奮」為「奮迅」。《札樸》云：「奮棄，當為糞棄。《說文》：『糞，棄除也。』」

余謂「糞」即今之「糞」字。《禮記》「一作撲。亦作拚。」「奮」、「糞」

音同，若作「奮迅」解，則不辭。此與上句「或雜遝以聚斂兮」，蓋狀其聲之
或聚或散也。

14. 擥涕抆淚

注引《說文》曰：「擥，拭也。」

案：今《說文》作「刐」也，字之誤。當本作「㕞」而譌為「刷」。「刷」
與「刐」相似，遂為「刐」矣。此注引作「拭」，而《說文》無「拭」字。「撍」
下「拭也」，亦當作㕞也。段氏謂「當作飾也。」《又部》曰：「㕞者，飾也。」
《巾部》曰：「飾者，㕞也。」義正通。段又云：「《史記・荊軻傳》『跪而蔽席』，
《孟荀傳》『㩜席』，皆謂拭席，即擥之異體也。」《讀書志餘》則謂：「《索隱》：
『蔽，音匹結反。蔽，猶拂也。』《燕策》說荊軻事，作『跪而拂席』，『拂』
與『拭』，義正相同。」

15. 憚漫衍凱

注云：「歡樂貌。」

案：「憚」為「嘽」之借字。《說文》：「嘽，一曰喜也。」《樂記》「其樂心
感者，其聲嘽以緩。」又曰「嘽諧慢易之音」，作「慢」，即「漫」，正此所本。
「衍」，當為「忓」。《爾雅・釋詁》：「忓，樂也」，與注義合。若「衍」，則非
義。《讀書志餘》云：「五臣音，苦汗反，其為『忓』字明矣。『憚漫』，疊韻；
『忓凱』，雙聲。《藝文類聚》引此亦作『忓』。」又下文「『睅瞢忘食』，『食』，
當為『飧』字之誤。蓋上『息』、『翊』為韻，『池』、『睍』為韻。此『飧』與
下『倫』為韻。」二字改之，皆當諸校本所未及。

16. 蚇蠖

注引《爾雅》曰：「蠖，蚇蠖。」郭璞曰：「今蝍蝛也。」

案：《說文》：「蠖，尺蠖。屈伸蟲也。」「尺」，通作「斥」。《考工記・弓
人》云：「鸉筋斥蠖瀏。」鄭注：「斥蠖，屈蟲也。」郭云「蝍蝛」者，《方言》
云：「蠾蝛謂之蚇蠖。」郭注「即」、「跦」二音，是「蠾蝛」，即「蝍蝛」矣。
《一切經音義》引舍人曰「一名步屈。宋地曰尋桑，吳人名桑蟃。」郝氏謂：
「即今之小青蟲，其行先屈後申，如人布手知尺之狀，故名尺蠖。今作蚚，
非。」

余謂「尺蠖」，疊韻字。「尺」、「斥」同音通用。作「蚚」、「蚇」者，後人

因其為蟲而加虫旁耳。

17. 蝘蜓

注引《爾雅》：「蜥蜴，蝘蜓。」

案：「蜓」，當作「蜓」。今《爾雅》云：「蠑螈，蜥蜴。」「蜥蜴，蝘蜓。」「蝘蜓，守宮也。」《說文》：「榮蚖、蛇醫，以注鳴者。」又云：「虵，以注鳴。」鄭注《梓人》則云：「臂鳴，榮原屬。」《說文》又云：「易，蜥易、蝘蜓、守宮也。」「在壁曰蝘蜓，在草曰蜥易。」郝氏謂：「蜥通作蝪。《詩》『胡為虺蝪』，傳：『蝪，螈也。』釋文：『蝪，又作蜥。』是『蝪』為『蜥』之異文。《爾雅》『蝪』，乃『易』之誤也。」

余謂「蜥易」之「易」，或作「蝪」者，加虫旁耳。二字為一物，可稱「蜥」，亦可稱「蝪」，故《詩》「胡為虺蝪」。《說文》引作「虺蜥」，竝非。《說文》以「蝪」為「蜥」之重文也。必言「蝪」即「蜥」字，《爾雅》為誤，恐不然。《爾雅》釋文：「蝪，音亦。」《說文》《字林》作「易」，是也。又《方言》云：「守宮，秦晉西夏謂之守宮，或謂之蠦蝘，或謂之刺易。其在澤中者，謂之易蜥段氏、郝氏俱音蜥為析。余疑此誤倒，當本作蜥易，南楚謂之蛇醫，或謂之蠑螈，東齊海岱之間謂之蜬蟓，北燕謂之祝蜓蜓或作蜒。」《廣雅》多本《方言》而增以「蚵蟨」。《玉篇》：「蚵蟨，蜥易也。」《一切經音義》云：「守宮，江南名蝘蜓，山東謂之蛒蜋，陝西名壁宮」，此皆其異名也。若《說文》「蝘」字，重文从虵，作「蠠」。「蜓」字云：「一曰蝘蜓。」「蝘」、「蝘」同聲。「蜓」，徒典切，本音殄。《爾雅》釋文：「或作蜒」，特字體之異也。

18. 狀若捷武

注云：「捷武，言捷巧。」

案：《讀書志餘》云：「武者，士也。言狀如趫捷之士，超騰踰曳也。《淮南·覽冥篇》『勇武一人』，高注：『武，士也。江淮間謂士曰武。』《齊俗篇》『顏闔為天下顯武』，《修務篇》『勇武攘捲一擣』，高注竝曰：『楚人謂士為武。』《漢書·伍被傳》『即使辯士隨而說之』，《史記·淮南厲王傳》『士』作『武』。此『捷武』與下『流波』為對，是『武』為『士』也。如李注，則『狀若捷武』之下，必加『之人』二字，其義始明。《七發》云：『毅武孔猛』，亦謂果毅之士。」

余謂「武」字，即作「勇武」解，非不可通。但注言「捷巧」，蓋因下「超

騰踚曳，迅漂巧兮」而為之語。然「武」不可以稱「巧」，故訓「士」為洽。「捷士」，猶《長笛賦》之稱「巧士」耳。

19. 頹唐遂往，長辭遠逝，漂不還兮

注云：「本或無此十二字。」

案：上云「亦足耽兮」，與下「淫」、「音」為韻。「還」在刪部，不應入「侵」、「覃」，則無者是矣。惟上文「湣殄沌兮」，又云「若壞頹兮」，「沌」、「頹」，似失韻，而「殄沌」、「壞頹」，乃句中韻也。

舞賦　傅武仲

20. 鋪首炳以焜煌

注引《漢書》曰：「鋪首鳴。」

案：此語見《哀帝紀》，彼注云：「門之鋪首，所以銜環者也。」注又引《說文》曰：「鋪，著門拊首。」今《說文》作「箸門鋪首也。」段氏欲從此作「拊」，謂《手部》曰：「拊，揗持也。」「揗持」者，古者箸門為嬴形，謂之「椒圖」，是曰「鋪首」。

余謂「拊」亦从布，與《廣雅》「鋪，布也」義合。然「鋪」字，本書屢見。《甘泉賦》「排玉戶而颺金鋪兮」，注引李奇曰：「鋪，門鋪首也。」《蜀都賦》「金鋪交映」，劉注：「金鋪，門鋪首以金為之。」《長門賦》「擠玉戶以撼金鋪兮」，注：「金鋪，以金為鋪首也。」《景福殿賦》「青瑣銀鋪」，注：「銀鋪，以銀為鋪首也。」是諸家皆作「鋪首」。李注引《說文》往往有異字，未必盡出舊本，恐不應輒據以改許書。

21. 貌嫽妙以妖蠱兮

注引《毛詩傳》曰：「嫽，好貌。」

案：今《詩·月出篇》作「僚」，蓋「嫽」與「僚」通也。《廣雅》「嫽」與「妙」俱云「好也」。王氏《疏證》謂：「《方言》：『釗嫽，好也。青徐海岱之間曰釗，或謂之嫽。』注云：『今通呼小姣潔喜好者為釗嫽。』釗，猶小也。《玉篇》：『釗，美金也。』《爾雅》：『白金謂之銀，其美者謂之鐐。』是金之美者謂之釗，亦謂之鐐，義與『釗嫽』同矣。」

22. 昈般鼓則騰清眸

注云：「般鼓之舞，似舞人更迭蹈之而為舞節。」《古新成安樂宮辭》曰：「般鼓鍾聲。」張衡《舞賦》：「般鼓煥以駢羅」云云。

案：方氏《通雅》云：「《呂覽》曰：『帝嚳作鼙鼓之樂』，鞞舞，當不起自漢也。以此證般鼓，意蓋謂鼙即般，般、鼙，聲之轉。然《禮記·投壺》鄭注：『圓者擊鼙，方者擊鼓』，則鼙亦鼓也。《樂記》：『君子聽鼓鼙之聲，則思將帥之臣。』《隋志》曰：『鞞舞，漢巴渝舞也。』是鞞舞乃武舞，非般舞矣。又云：『鼙舞，漢曲，至晉加之以杯，謂之世寧舞。』鼙與盤通，則盤即杯盤之盤。」

余謂「鼙」、「盤」似皆為「般」、「旋」之借字。然此注引王粲《七釋》曰「七盤陳於廣庭」，是實有「盤」也。鼓者所以為節，故《七釋》又云「邪睨鼓下，伉音赴節」也。至「加以杯」，則前《西京賦》已云「振朱屣於盤樽，奮長袖之颾纚。」「樽」，即杯也，是亦非始於晉時。

23. 擊不致筴，蹈不頓趾

注云：「蹈鼓而足趾不頓，言輕且疾也。」

案：注語但釋下句，而上句未釋。胡氏《考異》謂「茶陵本『筴』作『爽』，今無可考。」

余謂「爽」字以形似「筴」而誤也。此二句蓋一言手，一言足。上文注引王粲《七釋》明有證，其云「揄皓袖以振策」，即此「擊不致筴」也，「筴」與「策」同。又云「竦并足而軒跱」，即此「蹈不頓趾」也。

24. 黎收而拜，曲度究畢

注云：「言舞將罷，徐收斂容態而拜，曲度於是究畢。《蒼頡篇》曰：『邌，徐也。』邌與黎同。」

案：《說文》「邌」字亦云：「徐也。」《廣雅》：「邌，遲也。」「遲」，即徐也。據《集韻》，「邌」為古「遲」字，或假「黎」為之。《史記·高祖紀》：「沛公乃夜引兵還，黎明圍宛城三匝。」《漢書》作「遲明」。「遲」、「黎」，古同聲也。字亦作「犁」，《史記·尉佗傳》：「犁旦，城中皆降伏。」「犁旦」，即黎明。《漢書》「犁旦」為「遲旦」。《晉世家》「重耳妻笑曰：『犁二十五年，吾家上柏大矣。』」益可見「犁」之為「遲」也以上參段氏、王氏說。

余謂善注「黎收」為「徐收斂容態」，義已明晰。乃下又云：「曹憲曰：『𥌓

畩而拜，上音戾，下居虯反。」今檢《玉篇·目部》，無此二字。」胡氏《考異》謂此注為袁本、茶陵本所無。然則係後人所竄入，無者是也。殆誤認「黎收」為雙字，而強加目旁。五臣作「瞜眑」，「叔」與「收」，字形相似，又誤中之誤矣。宜從李氏原注為正，曹憲云云，蓋不足憑也。

長笛賦　馬季長

25. 標題下引《說文》曰：「笛七孔，長一尺四寸，今人長笛是也。」

案：今《說文》云：「笛，七孔筩也。」此所引蓋以注家語益之。《風俗通》亦云：「長尺四寸，七孔。」《周禮》「笙師之篴」，大鄭則云：「今人所吹五空竹笛。」此賦後文云「易京君明識音律，故本四孔加以一。君明所加孔後出，是謂商聲五音畢。」段氏謂觀此，「則漢時長笛五孔甚明。云七孔者，禮家說古笛也，許與大鄭異。」《說文》又云：「羌笛三孔。」段氏謂：「言此以別於『笛，七孔也。』馬曰：『近世雙笛從羌起，謂長笛與羌笛皆出於羌。漢邱仲因羌人截竹而為之見賦後注引《風俗通》，知古篴，漢初亡矣。』」

余謂《說文》「龠，樂之竹管，三孔，以和眾聲也。」《孟子》趙注、《周禮》鄭注、《爾雅》郭注竝言「籥，如笛，三孔。」似古惟籥三孔，而笛之三孔者，則羌笛也。但「籥」與「笛」對文則異，散文則通，故《廣雅》云：「龠謂之笛，有七孔。」《詩·簡兮篇》毛傳又云：「籥，六孔。」且賦云：「本四孔」，而君明加一，則未加之先，固四孔矣。郝氏謂：「笛之孔數，亦未有定，疑或然也。至古笛多用豎吹，而今則橫吹。猶之古簫用比竹，今簫則用單竹。而今之簫，直似古之笛，乃後世所變改耳。」

26. 序云　獨臥郿平陽鄔中

注云：「《漢書》右扶風有郿縣。平陽鄔，聚邑之名也鄔，《說文》作隖。」

案：《漢志》郿縣為右輔都尉治，後漢因之。《方輿紀要》云：「今鳳翔府郿縣東北十五里，渭水之北，有故郿城。又『平陽城在縣西四十六里。』《括地志》：『岐山縣有平陽鄉，鄉內有平陽聚，秦武公居平陽封宮』是也。《秦紀》：『寧公二年，徙居平陽。』《帝王世紀》曰：『秦出公徙平陽，漢為郿縣地。』」

27. 獨聆風於極危

注云:「《尚書》:『惟箘簵楛』。鄭玄曰:『箘簵。』《蒼頡篇》曰:『聆,聽也。』」

案:胡氏《考異》云:「袁、茶本無『《蒼頡篇》曰』四字,『聽』作『風』,二本最是。」

余謂如今本,不成文義,尤氏增改何至若是。當為傳寫者於「箘簵」下脫「聆風也」三字,下乃別引《蒼頡》以釋「聆」字耳。鄭注亦見《史記集解》。《書》疏云:「箘、簵,美竹,當時之名猶然。」鄭曰:「箘、簵,箭風也。竹有二名,或大小異。」「箘」、「簵」是兩種竹也。彼處「聆」從竹,蓋俗字。又《禹貢》釋文:「箘,求隕反。韋昭:一名聆風。簵,音路。」《考工記》「妢胡之笴」,疏云:「箘、竹,聆風。」二說似「聆風」專為「箘」之名,而不及「簵」,與鄭注亦微有別。

28. 重巘增石

注引《爾雅》曰:「重巘陳。」郭璞曰:「謂山形如累巘。巘曰甗,山狀似之,因以名也。」

案:今《爾雅》「巘」作「甗」,《玉篇》引作「巘」。本書《晚出射堂詩》注引亦作「巘」。《詩·公劉》「陟則在巘」,當是古本《爾雅》作「巘」也。郝氏謂:「孫、郭本作『甗』,因而望文生訓,始有『甗』、『甗』之說。」然前《南都賦》亦云「坂坻巖崿而成甗」,似「甗」與「巘」本通用。此處既引郭注,而字作「巘」,則「巘曰甗」之語,不可通矣。

29. 兀嶁狋巘

注云:「嶮峻之貌。」

案:「巘」,當從角,作「觺」。此從肉,乃形似而誤。《玉篇》:「觺觺,猶岳岳也。」《集韻》:「狋觺,獸角貌。一曰不平貌。」蓋借獸角之形以狀山勢耳。《字彙補》別有「巘」字,「音凝,肥也。」則訓即異,音亦與注「魚飢切」不合,而校者未之及。

30. 嶰壑澮岈

注引《爾雅》曰:「小山別大山曰嶰。」

案:今《爾雅》「嶰」作「鮮」,釋文引李巡云:「大山少故曰鮮。」《詩·

皇矣》「度其鮮原」，毛傳：「小山別大山曰鮮。」而《公劉》傳又云：「巘，小山別於大山也。」是毛意以「鮮」、「巘」為一。「鮮」與「巘」聲相近，郝氏謂《周禮》「獻羔開冰」，《月令》作「鮮羔開冰」，即其例是矣。此注及本書《吳都賦》注引《爾雅》俱作「嶰」。《玉篇》云：「嶰，山不相連也。」近張氏聰咸說「古本鮮，當作解，後人加『山』《漢書‧律曆志》嶰谷，或亦作解谷。」《皇矣》正義引孫炎曰：「別，不相連也」，此正釋「解」字之義。郭注亦云：「不相連」，正本於孫，李巡乃以為「鮮，少」，非也。

余謂「鮮」、「解」，字形相似，故有此異。「鮮」，蓋「斯」之借字。《詩》「有兔斯首」，箋云：「今俗語『斯白』之字，作『鮮』，齊魯之間聲近『斯』。」《釋言》云：「斯，離也。」《廣雅‧釋詁》：「斯，分也。」「分」、「離」皆「別」也，義與「解」並通。

31. 閒介無蹊

注云：「《左傳》杜注：『介，猶閒也。閒、介一也。言山間隔絕，無有蹊徑也。』」

案：所引《傳》注見《襄九年》《三十年》《三十一年》。彼處「介」，俱作「界」，二字通。「間」與「介」、「界」，並有「隔」訓。《說文》：「介，畫也」，亦「隔」之義。《孟子》「山徑之蹊間介，然用之而成路。」趙注以「介然」上屬，朱子注以「介然」下屬。孔氏廣森據此賦語謂：「似古讀有『介』字絕句者。『閒介』，蓋隔絕之意。『蹊』，足跡也。言雖有足跡隔絕之處，然人苟由之，皆可以成路。」此說甚合。「閒」、「介」雙聲字連綴，不應分析。賦實本《孟子》，而《孟子》舊失其讀耳。觀李善注先引《孟子》，可知此讀為長。說亦見錢氏《養新錄》，且以「王伯厚謂『閒介』出《長笛賦》為數典忘祖」，是也。

32. 號鍾高調

注引《博物志》曰：「鑑脅、號鍾，善琴名。」

案：《廣雅》說琴有「藍脅」、「號鍾」。王氏《疏證》謂：「《淮南‧脩務訓》云：『鼓琴者，期於鳴廉脩營，而不期於濫脅號鍾。』是二者為古琴之名，『濫』與『藍』同。又《初學記》引《纂要》及《太平御覽》引《大周正樂》俱有『藍脅』、『號鍾』。《宋書‧樂志》云『齊桓曰號鍾』。」

余謂齊桓之「號鍾」，先見於傅玄《琴賦序》，而洪興祖《楚詞補注》引

《軒轅本紀》云「黃帝之琴名號鍾」，則不始於齊桓矣。注中「鑑」字，當為「濫」之誤。胡氏《考異》謂「袁本、茶陵本無『博物志曰鑑脅』六字」，則尤本所增也。

33. 掐脅擗摽

注引《國語》：「無掐脅。」韋昭曰：「掐，叩也，苦洽切。」

案：六臣本「掐」作「搯」，是也。《國語》本作「搯」。《說文》：「搯，捾也。從手，舀聲，土刀切。」而注云「苦洽切」，誤矣。下又引《魏書·程昱傳》：「昱於魏武前爭，聲氣忿高，邊人掐之，乃止。」此則從臽之「掐」，與「搯」為二字，而注混而一之。

34. 鏓硐隤墜

注云：「《說文》曰：『鏓，大鑿中木也。』然則以木通其中，皆曰鏓也。」

案：今《說文》：「鏓，鎗鏓也。一曰大鑿平木者。」《玉篇》《廣韻》以為「平木器」，而此注所引「平」作「中」。段氏謂：「中，讀去聲。許蓋謂大鑿入木曰鏓，與種植、惷杵聲義皆略同。《詩》『鑿冰沖沖』，傳曰：『沖沖，鑿冰之意。』又囪者，多孔；蔥者，空中；聰者，耳順，義亦相類。《釋名》曰：『總，言輻總入轂中也。』『總入』正『鏓入』之譌。」

35. 中息更裝

注云：「許慎《淮南注》：『裝，束也。』謂更裝而奏之。」

案：五臣注：「此吹笛聲也。而云更裝者，謂中道息聲，更調理而吹之，如人之將裝結而出也」，說與善注無異。《讀書志餘》云：「裝，讀為壯。壯，盛也。言笛聲中息而復盛也。『壯』字，古讀若『莊』，《楚辭·遠遊》『精醇粹而始壯』，與『行』、『鄉』、『陽』、『英』、『放』為韻。『放』，讀若『方』。《莊子·在宥篇》『物將自壯』，與『藏』為韻。《晉語》『趙簡子問於壯馳茲』，舊音『壯音莊。』《檀弓》『衛有太史曰柳莊』，《漢書·人表》作『柳壯』。《莊子·天下篇》『不可與莊語』，釋文：『莊，一本作壯。』《鄘風·君子偕老》箋『顏色之莊』，釋文：『莊，本又作壯。』此下云『奄忽滅沒』，所謂『中息』也；云『曄然復揚』，所謂『更壯』也。」

余謂所引皆「莊」之通「壯」，而未及「裝」之通「莊」。《詩·出車》箋：「使裝載物而往。」釋文：「裝，本又作莊。」是「莊」與「裝」通也。又《方

言》云：「秦晉間人，大謂之奘，或謂之壯。」「裝」與「奘」，字形相似，或此處本是「奘」字而誤作「裝」，注遂泥本字釋之與？

36. 箟笏抑隱

注云：「手循孔之貌。」

案：此注似望文為訓。余疑「箟笏」，蓋「蔑忽」之借字。《說文》：「箊，析竹箟也。」郭注《方言》云：「今江東呼蔑箟與蔑聲相近。」《書·君奭》「文王蔑德」，鄭注：「蔑，小也。」疏云：「小謂精微也。」「笏」，乃「曶」之俗字。《書·皋陶謨》「在治忽」，鄭注：「忽作曶。」是「忽」與「笏」通。《漢書·律曆志》「無有忽微」，又《敘傳》云「造計秒忽」。然則「箟笏」即「蔑忽」，狀其聲之微細也。「抑隱」者，言其聲之庫下也，微細則庫下矣。注失之。

37. 聽簁弄者，遙思於古昔

注云：「簁弄，蓋小曲也。《說文》曰：簁，倅字如此。」

案：此非直引《說文》，「曰」字誤衍。本書江文通《擬顏特進侍宴》詩「步欄簁瓊弁」，注云：「《說文》：『簁，襟字如此』」，與此正同。今《說文》云：「蓮，艸兒。」小徐注：「艸相次也。」左氏《昭十一年傳》：「泉邱人有女奔孟僖子，僖子使助薳氏之簁。」杜注：「簁，副倅也。」釋文曰：「《說文》簁，從艸。」《五經文字·艸部》云：「蓮，倅也。」《春秋傳》從竹。古從竹之字，每與從艸之字互用。是「簁」、「蓮」，實一字也。前《西京賦》「屬車之簁」，薛注：「簁，副也。」「倅」，本訓副，見《周禮·戎僕》注。而《車僕》作「萃」，「萃」，聚也。「聚」，與「集」通。《方言》：「襟，集也。又猝也。」《廣雅·釋詁》「襟」、「造」，皆云「猝也。」「猝」、「倅」字多只作「卒」。《左傳》釋文：「簁，本作造。」故此注以「簁」為「簁，倅字」，及注江詩又以為「簁，襟字」也。注以「簁弄」為「小曲」者。凡物之為副，必其小者矣。後《琴賦》「承間簁乏」，亦此義。

38. 昔庖羲作琴，神農造瑟

注引《琴操》曰：「昔伏羲氏之作琴，所以修身理性，反天真也。」《淮南子》曰：「神農之初作瑟，以歸神反望及其天心也。」

案：《風俗通》引《世本》曰：「神農作琴，處羲造瑟」，《說文》及《廣雅》

竝同。《隋書・音樂志》、顏師古注《急就篇》亦俱從其說。段氏謂季長為誤，《山海經》郭注引《世本》「伏羲作琴，神農作瑟」，恐系轉寫舛錯。

余謂觀此注所引，當本所傳不同也。

39. 暴辛為塤

注引《世本》為證。又宋均曰：「暴辛，周平王時諸侯，作塤，有三孔。」

案：「塤」，《說文》作「壎」。《小雅・何人斯篇》「伯氏吹壎，仲氏吹篪。」疏云：「《世本》言暴辛公作塤，蘇成公作篪。」譙周《古史考》曰：「古有塤、篪，尚矣。周幽王時，暴辛公善塤，蘇成公善篪。記者因以為作，謬矣。」《世本》之謬，信如周言，其云蘇公、暴公所善，亦未知所出。

余謂疏說是也。鄭箋云：「伯仲，喻兄弟。我與女，恩如兄弟，其相應和。如壎篪，乃設言之，非即謂善此器也。」此篇廁《巧言》《巷伯》之間，彼二詩皆刺幽王，則此亦幽王可知。注中「平」，殆「幽」之誤。《周禮・小師》注：「大鄭云：『塤，六孔。』」《說文》《廣雅》及郭注《爾雅》釋文引《世本》竝同。《風俗通》云：「圍五寸半，長三寸半。有四孔，其二通，凡為六孔」，是諸家無異議。宋注云「三孔」，疑誤也。注又引郭注曰：「塤，燒土為之，大如雞卵。」今本《爾雅》注作「大如鵝子，小者如雞子」，亦微異。

40. 叔之離磬

注引《世本》曰：「叔，舜時人。」

案：胡氏《考異》謂「袁本、茶陵本此七字」，惟有「叔未聞」，蓋本之《明堂位》鄭注。則此為後人妄增也。彼鄭注明引《世本・作篇》曰：「無句作磬」，疏云：「皇氏言無句，叔之別名，義或然也。」

余謂《廣雅》云：「毋句氏磬十六枚」，正用《世本》，與「叔」是一是二，無可考。故鄭注不質言之，皇氏亦臆度之辭。

41. 丸挺彫琢

注云：「《韓詩》：『松柏丸丸』。薛君曰：『取松與柏』。然則丸，取也。」

案：《詩》云「松柏丸丸」，又云「松桷有梴」，毛傳：「丸丸，易直也。」「梴，長貌。」鄭箋云：「取彼松柏易直者」，薛君言取松柏，正與箋同。「丸丸」，疊字，不得竟訓「丸」為「取」。此當謂琴瑟等器，必取木之易直而長者加以彫琢，然後成也。

「挺」字，《詩》从木，一本从手。釋文：「俗作埏。」蓋三字同音通用。

注又云：「挺，一作埏。《老子》曰：『埏埴以為器。』河上公注曰：『埏，和也。埴，土也。和土為食飲之器也。』《淮南子》曰：『陶人克埏見《精神篇》。』許重曰：『埏，抒也。埴，土為也。』」

案：注內「許重」當作「許慎」，否則，「重」上脫「叔」字。「抒」為「揉」之誤。此注六臣本所無。胡氏《考異》亦云：「袁本、茶陵本無之。」殆尤氏取他書增入者，所說與善注不合，而義較勝。《讀書雜志》云：「丸之言和也。『和』、『丸』，聲相近。凡字讀若丸者，或讀若和，其讀若和者亦然。《禹貢》『和夷底績』，《水經·桓水》注引鄭注：『和，讀曰桓。』如淳注《漢書·酷吏傳》：『陳宋之俗，言桓聲如和。』《說文》：『萑，鴟屬也。讀若和。』皆其例也。《淮南·俶真訓》『挺捅萬物，揣丸變化』，義與此『丸』字相近。『挺』亦『和』也。《太玄·玄文》『與陰陽挺其化』，蕭該《漢書·敘傳音義》引宋忠注曰：『挺，和也。』《齊策》『桃梗謂土偶人曰：「子西岸之士也，挺子以為人。」』高誘曰：『挺，治也。』義與和竝相近。『丸挺』二字，承上『暴辛為壎』而言。」

余謂善注蓋因「丸挺」字俱見《殷武》詩而強為解。此作「埏埴」義者，賦云：「或鑠金礨石，華睆切錯。丸挺彫琢，刻鏤鑽笮。」四語皆言理器，承上文琴、瑟、簧、壎、鐘、磬諸物。鐘、磬，既屬金石；琴、瑟、簧，則該於彫琢、刻鏤、鑽笮之內。惟「壎，燒土為之」，故必用「丸挺」字也。其以「桓」通「和」而及「丸」者。《詩》「松柏丸丸」，《白帖一百》引作「松柏桓桓」也。「丸」得為「和」者，如彈丸、藥丸，皆搏挍調和而為之，與和土為器同也。「挺」為「和」者，《廣韻》「挺，柔也，和也」，《集韻》「揉也」，與高誘訓「治」，皆得其義。但《說文》無「埏」字。《手部》：「挺，長也。」以其从手，故「埏埴」字亦當作「挺」。若从木之「梴」，見《說文·木部》。然不應復有「挺長」字，段氏疑後人所羼入，當是已。

42. 裁以當簻便易持

注云：「麤者曰檛，細者曰枚。簻，馬策也。」

案：孫氏《補正》引《丹鉛錄》曰：「古謂樂之管曰簻，故潘安仁《笙賦》曰：『脩檛內辟，餘簫外透。』『裁以當簻』者，餘器多裁眾管以成音，笛但裁以簻，五音已具，所以易持也。」注謬此說，全本之沈氏括《夢溪筆談》《西溪叢語》引之。近方氏《通雅》亦引之。

余謂《笙賦》注云：「脩橢，長管也。餘簫，眾管也。」是又存中之所本。「籥」與「橢」同，而善於此別為「馬策」之訓者，據《演繁露》云：「《急就章》：『吹鞭箛筊課後先』，《唐韻》曰：『箛，竹也。』《說文》：『筊，吹箛也。』《玉篇》亦曰：『筊，吹箛也。』以竹為鞭，中空可吹，故曰吹鞭也。籥即馬策，可以策馬，又可為笛，一物兩用，軍旅之便，故云『易持』也。今行陳間皆有笛，即古吹鞭之制。」存中豈不見《急就章》而臆立此難耶？此說是也。蓋「籥」若專屬管言，則與「以當」字不合，殆因吹鞭本兼為馬策之用。「籥」即是管，故安仁遂稱長管為「修橢」。否則，管不應以「籥」明也。李氏兩處注正非自相矛盾，且以此釋「易持」，亦不牽強。

琴賦　嵇叔夜

43. 蒸靈液以播雲

注引《說文》曰：「津，液也。」

案：今《說文‧水部》「津」字云：「水渡也。」又「液，晝也。」《血部》「晝」字云：「氣液也。」是「津液」字當作晝，經傳多借「津」為「晝」。此處正文是「液」字，則當云「液津」也。

44. 徽以鍾山之玉

注引《淮南子》曰：「譬若鍾山之玉。」許慎曰：「鍾山，北陸無日之地，出美玉。」

案：《西山經》云：「黃帝乃取崑山之玉榮，而投之鍾山之陽。」「鍾山」，在崑山西北四百二十里。郝氏謂：「《海外北經》『鍾山之神名曰燭龍』，《淮南子》云：『燭龍在雁門』，是知鍾山即雁門以北大山也。《水經‧河水》注云：『芒干水出塞外，南逕鍾山，山即陰山。』徐廣注《史記》云：『陰山在五原北』是也。」畢氏沅曰：「山在今山西朔平府北塞外，西至陝西榆林府北境，陰山是也。」

余謂《大荒北經》「有鍾山者，有女子衣青衣，名曰赤水女子獻。」又云：「赤山之北有章尾山，即鍾山也。」已見《吳都賦》「龍燭」下。前《舞鶴賦》注引《十洲記》「鍾山在北海之中」，當皆謂此。諸家言「鍾山」，即陰山。而陰山有數處，《西次二經》既列「鍾山」，《三經》《四經》竝有「陰

山」，《中山經》亦有「陰山」，《漢書・地理志》西河縣有「陰山」，此特同名耳，非一地也。

又案：注所引《淮南子》見《俶真訓》，高誘注：「鍾山，崑崙也。」《爾雅》「西北之美者，有崑崙虛之璆琳琅玕焉。」郭注：「璆琳，美玉名。」郭又注《西山經》引《楚辭》「登昆侖兮食玉英」，皆以出玉屬「崑崙」。畢氏沅謂：「《漢書》侯應曰：『陰山東西千餘里』，高誘注：『鍾山，崑崙』者，以其連麓而在東北與？」

余謂《海內西經》「流沙出鍾山，西行又南行昆侖之虛」，可知其相屬，故莊忌《哀時命篇》云：「願至崑崙之懸圃兮，采鍾山之玉英」也。《論衡》云：「鍾山之上以玉抵鵲」，則又但言「鍾山」矣。

45. 華容灼爛

注引《說文》曰：「灼，明也。」又曰：「爛，火光也。」

案：今《說文》：「灼，灸也。」又「焯」字云「明也」，下引《周書》「焯見三有俊心」，今《書・立政》作「灼見」，是「灼」與「焯」通。故此，以「灼」為「明」。「爛」，今《說文》云：「火飛也。」而此注及《景福殿賦》注俱作「火光」，《一切經音義九》亦作「火光」，疑《說文》本作「光」也。

46. 觸搉如志

注引《說文》曰：「批，反手擊也。」與「搉」同。

案：今《說文》正作「搉」。《玉篇》引《左傳》「宋萬遇仇牧于門，搉而殺之。」今《左傳》作「批」，俗字也。此注「批」、「搉」二字，當互易。下文「或摟搉櫟捋」，注引不誤。

47. 或怨嫭而躊躇

注引「《說文》曰：『嫭，嬌也。』或作姐，古字通，假借也。」

案：後《幽憤詩》注亦云：「《說文》：『姐，嬌也。』」「嬌」與「姐」同耳。段氏謂：「《說文》之『嬌』，小徐本作『驕』，不誤。古無『嬌』字，凡云『嬌』即『驕』也。」「姐」，即「嫭」之省，《與魏文帝箋》「塞姐名昌」，「姐」，亦「嫭」字也。」

余謂《說文・女部》別有「姐」字云：「蜀人謂母曰姐。」《淮南》謂之「社」，故此注以為假借。

48. 曲引所宜，則廣陵止息

注云：「《廣陵》等曲，今並存，未詳所起。應璩《與劉孔才書》曰：『聽《廣陵》之清散』。傅玄《琴賦》曰：『馬融譚思於《止息》』。明古有此曲。」

案：《困學紀聞》曰：「韓皐謂：『嵇康為是曲，當魏、晉之際，以魏文武大臣敗散於廣陵始。晉雖暴興，終止息於此。』今以《選》注考之，二者皆古曲，非叔夜始撰也。顧況《廣陵散記》云：『曲有《日宮散》《月宮散》《歸雲引》《華岳引》。』然則『散』猶『引』也，敗散之說，非矣。」今攷《夢溪筆談》亦引韓皐說而辨之曰：「『散』自是曲名，如操、弄、序、引之類。」又宋何氏薳《春渚紀聞》云：「韓皐，初不詳考，漢魏時，揚州刺史治壽春，廣陵自屬徐州，至隋唐，乃屬揚州耳。又劉潛《琴議》稱杜夔妙於《廣陵散》，嵇中散就其子求得此聲。夔在漢為雅樂郎，已妙此曲，則慢商之聲不因廣陵興復之舉不成而製曲明甚。」以上數家皆駁正韓皐說是非。全氏祖望云：「《通考》有《廣陵止息譜》。」

附案：余氏《音義》引《東坡題跋》云：「中散作《廣陵散》，一名《止息》。」

49. 鵾雞遊絃

注云：「古相和歌者有《鵾雞曲》。遊絃，未詳。」

案：孫氏《補正》引朱超之云：「考古人琴式，有所謂一絃者。孫登當魏末時，居白鹿、蘇門二山，彈一絃琴，善嘯，每感風雷。又王太真者，西王母小女也，彈一絃琴，時乘白龍周遊四海。遊絃，當即指此。」然以上文例之，「遊絃」，蓋古曲名。此說因「一絃」傅會「周遊」字，未為的義。

50. 間遼故音庳，絃長故徽鳴

注云：「間遼，謂絃間遼遠也。絃長，謂徽闊而絃長也。」

案：孫氏《補正》引《東坡志林》云：「庳者，猶俗云牧聲也。兩手之間，遠則有牧，故曰間遼音庳；徽鳴者，即今所謂泛聲也。絃虛而不接，乃可按，故云絃長徽鳴。」張氏《膠言》則引王觀國《學林》云：「琴之有牧聲，以琴面不平，或焦尾與徽高低不相應〔1〕，則阻絃，而其聲牧，此琴之病聲。叔夜賦『曰逸、曰清、曰庳、曰鳴』，皆美聲也。蓋琴操弄中自有庳下聲，非病也。」

余謂《玉篇》「牧，散也。」沈存中云：「絃之有十三泛韻，此十二律，自

然之節。」是泛非病聲，則歃當亦非病聲矣。

【校】

〔1〕「徽」，王觀國《學林》作「嶽」。

51. 狄牙喪味

注引《淮南子》曰：「淄、澠之水合，狄牙嘗而知之。」

案：「狄牙」，即「易牙」。《白虎通·禮樂篇》：「狄者，易也。辟易無別也。」《史記·殷本紀》「母曰簡狄」，《索隱》引「舊本作『易』，亦作『逷』。」「逷」、「逖」字同。「逖」省，則為「狄」；「逷」省，則為「易」矣。故《管子·戒篇》「易牙」，《大戴·保傅篇》《論衡·譴告篇》皆作「狄牙」。

笙賦 潘安仁

52. 標題下引 《周禮》笙師注：「鄭眾曰：『笙十三簧。』」又《爾雅》曰：「大笙謂之巢今本巢，誤作簧。」

案：《說文》：「笙，十三簧，象鳳之身也」，與《風俗通》義同。《廣雅》云：「笙，十三管，宮管在左方」，《釋名》同，蓋每管皆有簧也。《三禮圖》亦云：「笙有雅簧十三，上六下七」，是諸家之義竝合。惟郭注《爾雅》「大笙謂之巢」云：「大者十九簧」；「小者謂之和」云：「十三簧」者。其說獨異，但笙有大小，簧宜有多寡，郭氏似非無據。而張氏《膠言》引《宋書·樂志》云：「宮管在中央，三十六簧曰笙。」則以《廣雅》說「竽」之文屬之「笙」，誤矣。至高誘注《呂氏春秋·五月紀》云「笙十七簧」。桂氏《札樸》謂：「高言『十七』，在郭注『十九』、『十三』之間。『笙』，正月之音，陽聲也，故三、七、九皆奇數」，是亦一說。

又案：《說文》云：「古者隨作笙，女媧作簧。」蓋出《世本》，而《名堂位》曰：「女媧之笙簧。」段氏謂：「笙與簧同器，不嫌二人作者。簧之用廣，或先作簧，而後施於笙、竽，未可知也。」

53. 裁熟簧

注無釋。

案：張氏《膠言》引《辟寒錄》云：「趙元父祖母徐氏言吳郡王家，自十

月旦至二月終，日給焙笙炭五十斤，用錦薰籠，藉笙於上，以四和香薰之。蓋笙簧必用高麗銅為之，削以綠蠟，暖則字正而聲清越，其即熟簧之謂與。」

余謂此說在吹笙時，賦則言制器時。《王風》「左執簧」，疏云：「簧者，笙管中金薄鑖也。」金薄必鍊之極熟，乃得和柔，似與「焙笙」不同。

54. 先嘔噧以理氣

注引《說文》曰：「嘔，咽也。」又曰：「噧氣，氣悟也。」

案：段氏謂：「咽當作噎，聲之誤也。」《欠部》：「歑，咽中息不利也。」與「嘔」音義同。

余謂今《說文》「噧，氣牾也。」此注衍一「氣」字，「悟」當作「牾」。「牾」，逆也。《通俗文》云：「氣逆曰噧」，是「嘔」、「噧」皆不順之意。蓋將吹笙，氣未能即順，故須先理之也。注又作別說：「嘔噧，或為溫穢。謂先溫煖去其垢穢也。」則「溫穢」二字連文，頗為不解。

55. 哇咬嘲哳

注引《說文》曰：「哇，詔聲也。」「咬，淫聲也。」

案：此與《舞賦》「吐哇咬則發皓齒」注引同。今《說文》有「哇」字，無「咬」字。則「咬，淫聲也」，非《說文》語。前《東京賦》「咸池不齊，度於鼃咬」，與《漢書·王莽傳》「紫色鼃聲」，皆借「鼃」為「哇」也。「咬」字始見《玉篇》，云：「鳥聲也。」《廣韻》乃云「淫聲」。

56. 況齊瑟與秦箏

注引《楚辭》曰：「扶秦箏而彈徽。」

案：所引出劉向《九歎·愍命章》，今作「挾人箏而彈緯」。「扶」，當為「挾」之形似而訛。「人箏」二字，似不辭。然王逸注云：「持凡人小箏[1]，急張其弦而彈之。」是本作「人箏」矣。洪興祖曰：「人箏，一作介箏。」李善所據作「秦箏」，蓋以「箏」固蒙恬所造也。「緯」與「徽」，字可通用，見後《離騷經》。

【校】

〔1〕王逸《楚辭章句》作「反持凡人小箏。」洪興祖《楚辭補註》引同。

嘯賦　成公子安

57. 冽飄眇而清昶

注引《字林》曰：「冽，寒貌。」

案：後《高唐賦》「冽風過而增悲哀」，注引《字林》曰：「冽，寒風也。」殆因彼正文云「冽風」，故以「風」字足成其義。今《說文》無「冽」字，惟有「瀨」字，云「寒也。从仌，賴聲。」姚、嚴《校議》云：「《詩・大東》疏『二之日栗冽栗，亦當從《說文》作溧』引《說文》『冽，寒貌』，故字从冰。《玉篇》『溧』字下正是『冽』字，無『瀨』字。《廣韻》亦有『冽』無『瀨』，則『瀨』必『冽』之譌。《七月》釋文又引《說文》作『颲颲』。《風部》：『颲，風雨暴疾也。』『颲，烈風也。』不引《詩》，與毛傳『寒氣』亦不合，恐釋文誤也。」

余謂「列」、「賴」聲相近，又與「厲」通。《周禮・宗伯》注有「厲山氏之子曰柱」，釋文：「厲，本作列。」左氏《昭四年傳》「遂城賴」，《公羊》《穀梁》作「遂城厲」，故「冽」亦可作「瀨」。臧氏琳謂「《說文》『瀨』當為『冽』之重文」，是也。今《詩》之「栗烈」，乃「溧冽」之借字。《四月篇》「冬日烈烈」，鄭箋：「烈烈，猶栗栗也。」亦借「烈」為「冽」耳。又前《長笛賦》「正瀏溧今誤作溧以風冽」，注引《說文》：「冽，清也」，是《水部》「洌」字之訓，而字乃作「冽」。下又云「冽，寒貌」，則與《仌部》之字混而為一矣。但《說文》「洌」下引《易》「井洌，寒泉食」，似「洌」即有「寒」義。《詩》「冽彼下泉」、「有冽氿泉」，毛傳皆訓「冽」為「寒」字，不从水，而與从水之「洌」亦可通。此如「滄」、「凔」二字，音義皆同。《說文》亦兩部竝存之也。

58. 發徵則隆冬熙蒸

注引《禮記》鄭注：「喜，蒸也。」又《聲類》曰：「喜，熙字。」

案：鄭訓在《樂記》「天地訢合」下，云：「訢，讀為熹。熹，蒸也。」《說文》：「熹，炙也。」《廣雅》：「熺，熾也。」皆與「蒸」義近。《聲類》「喜」字亦作「熹」，後《歸去來辭》注引之。但「喜」與「熹」、「熙」竝通，見余《尚書廣異・堯典》。

又案：此「發徵」、「騁羽」、「動商」、「奏角」四語，注引《列子》「鄭師

文學琴於師襄」事，下又云：「師襄曰：『雖師曠之清角，鄒衍之吹律，無以加之。』」據《史記·孟荀列傳》，鄒衍在孟子後，而師襄為孔子所嘗學琴，何得轉稱衍名，然此文正見今《列子·湯問篇》。《列子》多寓言，疑借以言之。否則，所稱師襄為別一人與？梁氏《瞥記》云：「諸子之言，往往時代隔越，不相應。莊、列尤甚。如仲尼與孫叔敖；市南宜僚言孔子與柳下季為友；晏平仲問養生於管夷吾；楊朱遇老子；湯臣夏革稱師曠皆是。」然則師襄口中稱鄒衍，正其類也。

59. 甯子檢手而歎息

注引「《史記》春申君曰：『秦、楚臨韓，韓必斂手。』意蓋以斂手即檢手也，而無歟與檢通語。」

案：《說文》：「斂，收也。」《詩·桑扈》疏：「斂者，收攝之名。」《書·伊訓》「檢身若不及」，疏亦云：「檢，自攝斂也」，義正同。《孟子》「狗彘食人食而不知檢」，趙注：「不知以法度檢斂也。」蓋本《蒼頡》本書《演連珠》注引《蒼頡》：「檢，法度也」。與《朱子集注》「檢，制也」訓亦合。《漢書·食貨志贊》引《孟子》文，「檢」作「斂」。「檢」與「斂」，聲近通用也。

高唐賦　宋玉

60. 妾巫山之女也

注引《襄陽耆舊傳》曰：「赤帝女曰姚姬，未行而卒，葬於巫山之陽。」

案：《水經·江水二篇》「又東過巫縣南」，注云：「郭景純謂『丹山在丹陽，屬巴。』丹山西，即巫山也。帝女居焉，宋玉所謂天帝之季女，名曰瑤姬，未行而亡，封於巫山之陽，精魂為草，實為靈芝。所謂巫山之女，高唐之姐。」「高唐」，此處作「高邱」，疑「唐」字是也。但彼下文「旦為行雲」云云，與此同。而上數語，則此賦無之，豈有脫文與？「瑤姬」，即「姚姬」。「瑤」、「姚」音同也。

61. 嚖兮若松榯

注：「嚖，茂貌。如曈曨也。」「榯，直豎貌。」

案：「嚖」字，惟見《集韻》云：「茂也」，即本此注，特望文生義，其字

不應从日,當為「蔚」之借字。《廣雅・釋訓》:「蔚蔚,茂也。」《東京賦》「鬱蓊薆蔚」,注:「草木盛貌。」又《後漢書・馬融傳》「豐彤對蔚」,章懷注云:「皆林木茂也。」「對」,亦「蔚」之省耳。「如曋㘓也」四字,胡氏《考異》謂「袁本、茶陵本無之。」字書不見「曋㘓」。今考「曋」字,見《管子・五行篇》「貨曋神廬」,注:「日所次隅曰曋」,其義絕異。「㘓」,則直無其字,不解後人何以竄入。此語「椔」字,則《玉篇》有之,云:「樹木立也」,與此注合。

62. 潰淡淡而並入

注云:「淡,安流平滿貌一無安流二字。」又「水澹澹而盤紆兮」,注引《說文》:「澹澹,水搖也《東京賦》「淥水澹澹」,注引《說文》作「水搖皃」,今本《說文》繇字,當作搖。」

案:「淡」,本與「澹」別。《說文》:「淡,薄味也。」而《漢書楊雄傳》「秬鬯泔淡」,應劭曰:「泔淡,滿也。」段氏謂「泔淡訓滿者,以淡為贍之假借。」然「贍」字在《說文・新附》中,乃俗字也。「贍」,亦通作「澹」。《荀子・王制篇》「物不能澹則必爭」,楊注:「澹,讀為贍。」又《漢書・食貨志》及司馬遷、東方朔、趙充國《傳》中竝作「澹」,顏注:「澹,古贍字。」蓋今人於「淡泊」字多亦作「澹」,二字遂通用。故本書潘安仁《金谷園詩》「綠池汎淡淡」,注:「澹與淡同。」然則「淡」之訓「滿」,為「贍」之假借,仍是為「澹」之假借耳。

63. 若浮海而望碣石

注引《尚書》孔注曰:「碣石,海畔山也。」

案:胡氏《考異》云:「當『碣』字斷句,『會』、『碣』、『磕』、『属』及以下皆相協,無容失其一韻。『石』字當屬下句首,『石礫礫礫』二句,言小石也;『巨石溺溺』二句,言大石也。善注言『碣石』者,以『碣石』解正文『碣』字,非讀正文於『石』為句也。」張氏《膠言》則云:「『碣石』係一山名,不應單舉一『碣』字。而『碣』與上『會』,下『磕』、『属』,亦未能為韻。」

余謂《考異》說是,但「礫」即石也,不應連言。《讀書志餘》以「石」為衍字,當從之。至於音韻,據顧氏《唐韻正》,凡謁、歇、羯、揭、竭等从曷之字,多有叶去聲者。「碣」字見漢梁竦《悼騷賦》:「歷蒼梧之崇邱兮,宗

虞氏之俊乂。臨眾瀆之神林兮，東勒職於蓬碣。」「碣」與「乂」韻。「蓬碣」，謂蓬萊碣石，皆單舉一字也。此賦可為顧氏補證。若陳氏第《屈宋古音考》謂「石音試而音會為係以相叶」，亦非也。

附案：本書《魏都賦》「恆碣磝碭於青霄」，恆山碣石，蓋亦單舉。

64. 巨石溺溺之瀺灂兮

注云：「瀺灂，石在水中出沒之貌。」又引《埤蒼》曰：「瀺灂，水流聲貌。」

案：《說文》無「瀺」字，惟「灂」字云：「水小聲。」《集韻》則云：「瀺灂，水聲。」前《上林賦》「瀺灂霣墜」，注引《字林》曰：「瀺灂，小水聲也。」皆與《埤蒼》合。而此注自別為說，特就正文言之，實則謂水與石觸而成聲也。又前《閒居賦》「游魚瀺灂」，注云：「瀺灂，出沒貌。」亦謂魚之唼水有聲也。若《集韻·二十陌》有「泎」字云：「瀺泎，水落貌。或作灂。」蓋「水落」則其聲小耳，義竝通也。

65. 飛揚伏竄

注云：「《字林》曰：『竄，逃也，七外切。』非關協韻，一音七玩切。」

案：江氏謂：「《易》『不克訟，歸逋竄也。自下訟上，患至掇也。』『竄』，今在『換』韻；『掇』，今在『末』韻，似不諧。顧亭林收『竄』入『泰』韻，亦未的。詳此賦『竄』與『喙』、『摯』韻，古音當為七芮切。而『掇』當音綴，陟衛切。如此則《易》與賦兩處韻皆得矣。」

余謂此說是也。《說文》「𥷚」字注云：「讀若《虞書》『𥷚三苗』之『𥷚』。」今《書》作「竄」。「𥷚」，為麤最切。而左氏《僖二十六年傳》釋文：「竄，七外反」，音正相近。顧氏收入「泰」韻，亦不誤也。此注既引「七外切」，而又因有「七玩」一音，遂謂無關協韻。蓋唐人不甚知古韻耳。

66. 榛林鬱盛

注云：「榛林，栗林也。」

案：桂氏《札樸》謂此「榛」字當从《字林》訓「木叢生」，注「誤以為亲栗之亲」。引本書《天台山賦》「披荒榛之蒙籠」，《蕪城賦》「崩榛塞路」，王粲《從軍詩》「城郭生榛棘」，左思《招隱詩》「果下自成榛」，潘岳《關中詩》「荊棘成榛」，《七啟》「榛藪平夷」，趙景真《與嵇茂齊書》「披榛覓路」，皆為「叢」義。

余謂「榛」與「亲」異字，已附見《蜀都賦》。但注意殆因下「雙椅垂房」，「椅」乃木名，此當從其類，故不渾言叢林。且《說文》本云：「榛，木也」，而蒥別一義。《周禮‧籩人》《曲禮‧內則》《毛詩》《左傳》於「亲栗」竝假借作「榛」，然則注說，義亦可通矣。

67. 五變四會

注云：「五變，五音皆變也。四會，四懸俱會也。」又云：「與四夷之樂聲相會也。」

案：五音為正聲，別有「變宮」、「變徵」，似不得言「五音皆變」。疑此「五變」，即左氏《昭元年傳》之「五降變則降矣。」彼所謂君子弗聽者，乃在「五降」以後耳。「四會」，則孫氏《補正》引許云：「《楚辭》『四上競氣，極聲變只。』四會與四上同義」，當是也。然《尚書大傳》於《堯典》已云並論「八音四會」，是「四會」之名，非至後世始有。

又案：方氏《通雅》云：「四會，上壽曲也。杜佑曰：『漢故事：上壽，四會曲，有鐘鼓，無歌詩。孔光奏有齊、楚、巴、銚韋昭云：銚國名，音姚四會員。魏初作四會，有琴筑，無詩。』」據此知，四會之曲，漢魏猶相傳不廢，蓋亦因於古。

附案：漢《郊祀歌‧景星章》云：「雜變竝會」，與此正同。

68. 蕭何千千

注云：「《說文》曰：『俗，望山谷芊芊青也。』千、芊古字通。」

案：今《說文‧谷部》「谾」字云：「望山谷谾谾青也。」注中「俗」字乃「谾」之誤。《說文》「谾谾」字，此作「芊芊」，而袁本、茶陵本則作「千千」，蓋古「芊」字祇作「千」。前《藉田賦》「碧色肅其千千」，正與此處同。又即《楚辭》及陸士衡《文賦》之「千眠」字也。《南都賦》作「肝眠」，注引《楚辭》「遠望兮芊眠」，云「芊眠」與「肝眠」音義同。《廣雅‧釋訓》：「芊芊，茂也。」王氏《疏證》謂：「潘岳《懷縣》詩『稻栽肅仟仟』，謝朓《遊東田》詩『遠樹曖仟仟』，五臣本作『阡阡』，竝字異而義同。」

69. 窅寥窈冥

注云：「窅寥，空深貌。窅，苦交切。」

案：《讀書志餘》云：「『窅』字，從穴，圭聲，不得有『苦交』之音。蓋

其字本作『窯』，從穴，羔聲。『窒窔』，疊韻字。《集韻》：『窒，邱交切。窒窔，空寂。』是其明證。《長笛賦》『窲窌巧老』，李注：『深空之貌。窲，苦交切。窌，郎交切。』『窲窌』與『窒窔』同。『窯』、『窒』二字，草書相似，故誤。《墨子·備突篇》『置窯竈』，《後漢書·袁紹傳》注引之，誤作『窒』，其證也。《玉篇》《廣韻》『窒』字皆無苦交之音。《集韻·爻部》收『窯』字，乃又收『窒』字，音於交切，云：『窒窔，深遠貌。』則已為誤本《文選》所惑。」

余謂《說文》：「窯，燒瓦竈也。」與《缶部》「匋」為古今字。「窯」，从穴，蓋取空中之義，故「窯窔」連文。惟《說文》亦云：「窒，空也。」此處即作「窒窔」，非不可通，但不應音「窒」為「苦交切」耳。胡氏《考異》未嘗及。

70. 縰縰莘莘

注云：「眾多之貌。《說文》曰：『縰，冠織也。』縰與纚同。」

案：《士昏禮》「姆纚笄宵衣」，注：「纚，縚髮。」《內則》「櫛縰」，注：「縰，韜髮者也。」是「縰」、「纚」通。故《漢書·元帝紀》「齊三服官」，注云：「纚與縰同，即今之方目紗也。」「纚」之為「縰」，猶「躧」之為「縱」矣。纚以韜髮，髮至多，遂借為「眾多」之義。若《上林賦》「輦道纚屬」，注引司馬彪曰：「纚屬，連屬也。」《景福殿賦》「若幽星之纚連」，注：「纚，相連之貌。」則「纚」又為「邐」之借字，故小顏注《上林賦》云「邐迤，相連屬也。」

注又引《詩》：「魚在在藻，有莘其尾。」毛萇曰：「莘，眾多也。」

案：《魚藻》傳云：「莘，長貌。」其「眾多」之訓在《皇華篇》「駪駪征夫」下。「駪」與「莘」通，別見後《招魂》。

71. 楚鳩

注引《廣雅》曰：「楚鳩，一名嘩唒。」

案：今《廣雅》無此文。惟《水經·濟水篇》注引《廣志》云：「楚鳩，一名嘩唒。」則《廣雅》為《廣志》之誤。「嘩」與「嘽」，又字形相似而誤也。「嘽」，亦作「鵭」，《廣雅》：「鳹鵭，鳩也。一作鵰鵭。」《方言》「鵖鳩謂之鵰鵭」，是也。《爾雅》：「隹其，鳺鴀。」《詩正義》引李巡曰：「夫不，一名雝，今楚鳩也。」郭注《方言》曰：「鵖鳩，今荊鳩也。」「荊」猶「楚」

耳，餘已見《東京賦》。

72. 當年遨遊

注云：「一本〔1〕：子當千年，萬世遨遊，未詳。」

案：《讀書志餘》云：「『年』，當為『羊』，草書之誤也。『當羊』，即尚羊。『尚』，讀如『常』，古字假借耳。《楚辭·惜誓》『託回飆乎尚羊』，王注：『尚羊，遊戲也。』正與『遨遊』同義。或作『常羊』，或作『徜徉』，竝字異而義同。其『一本』，詞理甚紕繆，且賦文兩句一韻，多一句則儳互不齊，蓋後人妄改之也。」

余謂「常羊」，疊韻字。古「尤」部字與「肴」、「豪」部通，故此處「鳩」、「遊」、「流」與「巢」為韻。則「遨遊」亦疊韻，四字相稱。胡氏《考異》於此不及，是各本皆同。善所云「一本」，不知何據。

【校】

〔1〕據胡刻本《文選》，「一本」下脫「云」字。

73. 上成鬱林，公樂聚穀

注云：「蓋亦方士也。未詳所見。」

案：注於上「羨門高谿」下引《漢書·郊祀志》：「充尚、羨門高、最後，皆燕人。」據《史記·封禪書》及《漢志》，充尚之上有宋毋忌、正伯僑二人。《索隱》曰：「最後，猶言甚後也。」服虔說止有四人，而小顏以為自宋毋忌至最後，凡五人。劉伯莊亦同。非也。《讀書雜志》云：「以最後為人名者，是也。『皆燕人』三字，乃總承上文之詞。若以『最後』為『甚後』，則與上下文氣不相屬。『最』，疑『冣』字之誤。《說文》：『冣，積也。』徐鍇曰：『古以聚物之聚為冣。』《殷本紀》『大冣樂』，徐廣曰：『冣，一作聚。』《周本紀》『則固有周聚以收齊』，徐廣曰：『聚，一作冣。』今本『冣』字竝誤作『最』。此賦『聚穀』，『聚』與『冣』通。『穀』有『彀』音，『彀』與『後』聲相近。疑《史》《漢》之『最後』，即此『聚穀』也。」此說似近是。《左傳》「鬭穀於菟」，釋文：「穀作彀。」「彀」、「後」同韻，可與上「遊」、「流」等字協。而注下別為說曰：「鬱然仙人盛多如林木。公，共也。人在山上作巢巢，當作樂。穀，食也。聚食於山阿。」則不以為人名，祇望文生義。古書不可考，無以定之。

74. 醮諸神

注云：「醮，祭也。」

案：《廣雅·釋天》「醮」訓祭，此注當本之。《說文》：「醮，冠娶禮祭也。」段氏據鄭注《士冠禮》《士昏禮》祗以酌酒不酬酢為醮，而不及祭，因謂「詳經文不言祭。《說文》古本蓋作『冠娶妻禮也』。一曰祭也。祭者，別一義，不蒙冠、婚」，意固通。但考《冠禮》《昏禮》前後文「執觶」、「執爵」下皆云祭冠之醴辭曰：「拜受祭之」，醮辭曰：「祭此嘉爵」，昏之「坐祭」、「振祭」，猶古人飲酒必祭之常。而《冠禮》「三醮，加俎，嚌之。」鄭注：「嚌，當為祭。」賈疏以為「祭先」。《昏禮》「贊洗爵」下云「皆祭」，鄭注：「祭先也。」古者冠、昏皆於廟，《禮記·昏義》「教成，祭之。」鄭注：「祭其所出之祖」，蓋以告事。則《冠義》云「所以尊先祖」，自無不告祭者。左氏《襄九年傳》「君冠，必以祼享之禮行之。」杜注：「享，祭先君也。」《昭元年傳》「楚公子圍娶於鄭公孫段氏，曰：『圍布几筵，告於莊、共之廟而來。』」尤冠、昏有祭之確證。

余疑祭而酌酒，始得有「醮」之名。鄭專釋「醮」字，故第就酌酒言之，亦承經上文已言「祭」可知，許則兼言之也。必謂《說文》轉寫有奪，恐未然。至「醮祀」，始見此賦，段說是。《漢書·郊祀志》「益州有金馬、碧雞之神，可醮祭而致。」後世遂於凡祀神禱祈多稱之曰「醮」矣。

75. 馳苹苹

注引《爾雅》：「苹，藾蕭。」郭璞曰：「今藾蒿也。邪生，亦可食。」《說文》曰：「苹苹，草貌。」

案：此與上「涉瀄瀄」為類，一言其曠遠，一言其寬平也。「苹」為「平」之同音借字，即《書》之「平平」也。詳見余《尚書廣異·堯典》。注所引皆失其義，但謂羽獵馳騁於長林豐草之間，尚為可通，乃證以「藾蕭」，尤非矣。

76. 九竅通鬱，精神察滯

注引《呂氏春秋》曰：「凡人九竅五藏，惡之精氣鬱。」高誘曰：「鬱，滯不通也。」

案：所引見《達鬱篇》，云：「凡人三百六十節，九竅五藏六府，病之留，惡之生也，精氣鬱也。」此有脫文，義既未備，且「惡之精氣鬱」，亦不可通。《讀書志餘》云：「『察』下本無『滯』字，與下句『延年益壽千萬歲』皆七字

為句。後人以『察』字與上下文韻不協，又見注內有『鬱滯不通』之語，因加「滯」字以協韻耳。不知李注自解『鬱』字，非解『滯』字。又不知『察』字古讀若『際』，《繫辭傳》『萬民以察』，與『契』韻。《越語》『先無陽察』，與『蔽』、『藝』韻。《淮南・原道篇》「施四海，際天地」，《文子・道原篇》『際』作『察』。則此『察』字，正與『施』、『蓋』、『逝』、『會』、『害』、『逮』、『歲』為韻也。『精神察』者，《爾雅》：『察，清也。』《禮器》鄭注：『察，明也。』若云『精神察滯』，不詞甚矣。五臣本無『滯』字。」

余謂「察」從祭聲，據《唐韻正》，「察」之去聲，為初例反，即以本書證之。《幽通賦》「心蒙蒙猶未察」，與「寐」、「髴」、「墜」、「對」韻。《長笛賦》「申韓之察也」，與「介」、「氣」、「制」、「說」、「惠」韻。《西征賦》「明不能察」，與「替」、「竊」、「戾」、「哲」韻。「竊」，音砌。「哲」，音制也。可見晉時猶作此音。胡氏《考異》亦以「滯」字為傳寫者妄添，非善舊也。

神女賦 宋玉

77. 其夜王寢，果夢與神女遇，其狀甚麗。王異之，明日以白玉。玉曰：「其夢若何」，王曰：「晡夕之後」云云

案：此處「王」、「玉」二字，俱宜彼此互易。賦內「他人莫覩，王覽其狀」，「王」亦「玉」之誤。何氏焯以張鳳翼《纂註》改定「玉夢」為當，實本姚氏《西溪叢語》。張氏《膠言》則云：「《叢語》又襲沈存中《補筆談》，而《筆談》較詳。」今即其說核之，蓋謂從來言楚襄王夢與神女遇，觀《高唐賦序》曰「先王」，則前日夢神女者，懷王也。此為玉夢，則其夜夢神女者，宋玉也。襄王無預焉。

余謂訂正此誤，沈在姚前，固然。但姚引《古樂府》云：「本自巫山來，無人覩容色。惟有楚懷王，曾言夢相識。」李義山詩亦云：「襄王枕上元無夢，莫枉陽臺一片雲。」是昔人早已見到，並不始於存中也。且《序》於「王曰晡夕之後」，下無玉對語，何又接稱「王曰狀何如也」？其誤顯然，而他家乃未之及。

78. 嫷被服

注引《方言》曰：「嫷，美也。」

案：《說文》云：「南楚之外謂好曰嬹」，亦本《方言》。彼郭注：「言孆也。」本書《七啟》「形嬌服兮揚幽若」，「嬌」，即「嬹」之省。若《心部》「憪」字云「不敬也」，古文作「嬹」。《漢書・張敞傳》「被輕嬌之名」，《谷永傳》「車馬嬌游之具」。段氏於《女部》謂皆引伸之義，是也。而《心部》乃云「訓美者，方俗殊語耳。」則許書何以兩部竝載之，似未免矛盾。

79. 俀薄裝

注云：「《說文》曰：『俀，好也。』與娩同。」

案：《說文》無「俀」字，其「好也」之訓，正在「娩」下。《集韻》云：「娩娩，舒遲皃。」又「俀」字云「舒緩皃」。是謂「俀」即「娩」矣。「娩娩」，《詩・召南》作「脫脫」，毛傳：「舒皃。」蓋以「脫」為「娩」之假借字。而《蜀志》「彭羕《獄中與孔明書》云：『頗以被酒俀失』」，則「俀」又為「脫」之假借也。注下又云：「俀，可也。言薄裝正相堪可。」蓋「俀」亦訓「可」，本之《廣雅・釋詁》。又《法言・君子篇》「荀卿非數家之書，俀也。至於子思、孟軻，詭哉。」《音義》云：「俀，可也。」「薄裝」，注無所指。

余謂此句與上「嬌被服」相耦，當是「裝」為「妝」之借音字。

80. 既婑㜵於幽靜兮

注引《說文》曰：「婑，靖好貌。」

案：「靖」與「靜」通，「靜好」為《說文》「㜵」字之訓，疑注因此誤引。今《說文》「婑」字云：「閑體行婑婑也。从女，危聲。」《廣雅》：「婑，好也。」王氏《疏證》曰：「《說文》：『頠，頭閑習也。』義與『婑』同。」

余謂「婑」與姽字形相似。《說文》：「姽，嫷姽也。一曰弱也。从女，厄聲。」與「婑」字義亦相近，而其音各異。「婑」為過委切，「姽」為奴果切。今本《廣雅》無「姽」字，乃於「婑」下有「牛委」、「牛果」二音，則是混「婑」、「姽」為一字矣。「㜵」，已見前《魏都賦》。

81. 頯薄怒以自持兮

注引《方言》曰：「頯，怒色青貌。」

案：今《方言》無此語。「頯」，《說文》作「靤」，云：「縹色也。」「縹者，帛青白色。」段氏云：「《玉篇》引《楚辭》『玉色靤以脕顏』，今《遠遊》

作『頩』，『頩』與『牶』同也。許不云『怒色』，但云『縹色』者，人或色青，不必怒也。《楚辭》語蓋謂光澤鮮好，不謂怒也。《大招》說美人亦云『青色直眉』。」

余謂「頩」亦作「姘」。《淮南子・齊俗訓》「仁發姘以見容」，高誘注：「姘，色也。」《集韻》《類篇》引《廣雅》「牶、牶，色也。」與《說文》「牶」、「牶」相廁同。「牶」為怒，則「牶」亦怒色。戴氏震注《遠游》云：「氣上充於色曰牶」，正以怒為盛氣之稱。此注又引《切韻》云：「斂容也。」《切韻》，即今《廣韻》。「斂容」，亦含怒意，故賦言「薄怒」也。

登徒子好色賦　宋玉

82. 惑陽城，迷下蔡

注云：「陽城、下蔡，二縣名，蓋楚之貴介公子所封，故取以喻焉。」

案：《方輿紀要》「今汝寧府汝陽縣有陽城，縣城府境在戰國時屬楚」，則「陽城」當即此。若今登封縣之「陽城」，《史記》所云「韓伐鄭，取陽城」者，戰國屬韓，乃別一地矣。《漢志》下蔡屬沛郡，注云：「故州來國，後為楚所滅。」《續志》屬九江郡，曰「下蔡」者，以汝南郡有上蔡故也。《紀要》云：「下蔡城在今壽州北三十里，州為漢九江郡之壽春邑。」

洛神賦　曹子建

83. 陵景山

注引《河南郡圖經》曰：「景山，緱氏縣南七里。」

案：今偃師縣南二十里有緱氏城，漢之緱氏縣也。縣有緱山，緱山之西北為景山。《方輿紀要》謂《商頌》「景員維河」，即此山。但毛、鄭，「景」皆訓「大」，不以為山。即《殷武篇》「陟彼景山」，疏亦云：「升彼大山。」《鄘風》「景山與京」，「鄘」，正殷墟，而傳云「大山」，不言何處，殆後人因詩語而名之與？若《中山經》「荊山之首曰景山」，郭注：「在南郡界中。」郝氏謂「今湖北房縣西南二百里，俗名馬塞山」者，則非此也。又《淮南子》所云「滏出景」，亦與此「景山」同名，而其地各異，見前《魏都賦》。

84. 屏翳收風

注引王逸言雨師，韋昭言雷師。又引子建《詰咎咎‧今誤洛文》「屏翳司風」，謂植皆為風師。

案：《廣雅》：「風師謂之飛廉，雨師謂之荓翳。」「荓」字或作「蓱」《楚辭‧天問》「蓱號起雨」，王注：「蓱，蓱翳，雨師名也。」而其注《九歌‧雲中君》又云：「雲神，豐隆也。一曰屏翳。」是一人之說，已兩處互異，知相傳本無定論也。

余疑宋玉《風賦》「風起於青萍之末」，「萍」，即「蓱」也。《天問》之「蓱」，一作「萍」。以為「風師」者，當出於此。「號」字本讀平音，作虛用。王注：「號，呼也。」然風可云「號」，雨不得云「號」。蓋謂風之號而起雨，則屈子之意亦正指風。「屏」與「萍」同聲相通，似「屏翳」為風師近是。叔師殆因下言起雨，望文生義，遂目為「雨師」。而《廣雅》從之耳。其或以為雲師、雷師者，雲、雷皆所以致雨，故有此異說與？

又案：《漢書‧司馬相如傳‧大人賦》云：「召屏翳，誅風伯，刑雨師。」觀此語，則不以「屏翳」屬風雨可知。顏注引應劭曰：「屏翳，天神使也。」是又渾言之，而無所專繫，其參差各出如此。

附案：顏師古注《郊祀志》「雨師」云：「屏翳，一曰屏號。」與王注異，恐非。

85. 悵神宵而蔽光

注引《漢書音義》孟康曰：「宵，化也。」

案：所引見《刑法志》注，「宵」訓「化」，當為「消」之借字。《史記‧歷書》「陰死為消」，「消」有「化」義。《淮南‧精神訓》注：「化，猶死也」，人死則盡矣，故《說文》云：「消，盡也。」但「宵」字義亦通「消」。《爾雅‧釋言》：「宵，夜也。」舍人注：「宵，陽氣消也。」此處特訓為「化」，蓋不以「宵」作「夜」字解耳。

《文選集釋》卷十六

補亡詩 束廣微

1. 南陔

注引《聲類》曰：「陔，隴也。」

案：賈氏昌朝《羣經音辨》云：「序言『孝子相戒以養』，陔當訓戒。《鄉飲·酒燕禮》『賓醉而出，奏《陔夏》。』鄭注：『陔之言戒也。』以陔為節，明無失禮，與詩序義合。」《困學紀聞》論此《補亡詩》引之。全氏祖望謂：「相戒以養之說精矣。然云『南戒』，頗難通，恐束氏亦有所本。」翁氏元圻則據五臣呂向注「南方長養萬物之方，此以戒養，故取為名」，可釋謝山之疑。

余謂《詩·湛露》箋：「謂《陔夏》也。」釋文：「陔，本作祴。」「祴」，從戒，故有戒義。《說文》「祴」字云：「宗廟奏祴樂。」「陔」字云：「階次也。」二字異義。而《周禮》「鍾師祴夏」，注：「杜子春讀祴為陔鼓之陔」，後鄭從之。《正義》云：「賓醉將出，恐其失禮，故陔切之。」「陔切」，即戒切也。蓋賓出必歷階，因其有次序，即以為戒，防醉而失儀。廣微詩「循彼南陔，言采其蘭」，正用「階次」之義，則於「戒」訓自可通。《玉篇》：「陔，階也。隴也。」注不當以為「隴」。蘭可生於庭階，豈必采之在邱隴乎？不言東西而言「南」，或如五臣注義與？

2. 彼居之子

注云：「居，謂未仕者。」

案：「居處」字，《說文》作「凥」。《廣雅·釋詁》：「曹憲音謂《說文》从尸，几聲。」今「居」字，乃「箕居」字也今箕倨字加人。

余謂「居」與「其」通。《書·微子篇》「若之何其」，鄭注：「其，語助也。齊魯之間聲如姬。」《禮記·檀弓》：「何居，我未之前聞也。」鄭注亦云：「居，讀為姬姓之姬，齊魯之間語助也。」《詩》「彼其之子」，「其」，或作「己」，或作「記」。與此「居」字皆同音通用。注以為「未仕」，非也。

3. 粲粲門子

注引《周禮》曰：「正室，謂之門子。」鄭玄曰：「正室適子，將代父當門者。」

案：此所引見「小宗伯之職」。賈疏云：「還據九族之內，但是適子正體主，皆是正室，亦謂之門子。」王氏昭禹謂《曲禮》「孤子當室」，《文王世子》「正室守太廟」，皆指「適」而言。惠氏士奇云：「《周書·皇門篇》曰：『其有大門宗子，茂揚肅德，以助厥辟。』《古大名堂之禮》曰：『日中出南門，見九侯門子』，則門子學於虎門矣。《春秋》武氏子、仍叔之子，皆門子也。鄭伯盟于戲，六卿及門子皆從；子孔為載書，大夫與門子弗順。晉悼公即位，善政畢舉，而以育門子為先，且曰：『膏粱之性難正也，故使惇惠者教之，文敏者道之，果敢者諗之，鎮靜者修之。』可見先王育門子之遺意。」又云：「《燕義》有諸子官，鄭謂『門子將代父當門』；庶子，猶諸子副代父者。諸子職云：『國子存游倅』，游者，貴游；倅者，副倅。然則門子為正，國子副之。」

余謂鄭注國子，諸子也，亦稱庶子者。孔疏云：「庶，眾也。」以適子眾多，故總謂之庶子，非適子庶弟而稱庶子也。據惠說，殆門子為適長子，而國子即諸子，亦即庶子，乃適眾子與？或曰國子即門子，在家曰門，在朝曰國，未知其審。

4. 如磨如錯

注引《毛詩》曰：「如琢如磨」。

案：《太平御覽》引《韓詩》作「如錯如磨」。「琢」、「錯」，音相近。此處正用《韓詩》，非改毛字也，注宜引韓。下又引《爾雅》「謂之剒」，見《釋

器》「犀謂之剒」。釋文作「斵」，云：「本或作厝。」《說文》：「厝，礪石也。」引《詩》「佗山之石，可以為厝。」今《詩》亦作「錯」。然則「厝」、「剒」、「斵」、「錯」字體異而音義皆同。

5. 輯輯和風

注云：「《詩》：『習習谷風。』毛萇曰：『習習，和舒之貌。』輯與習同。」

案：胡氏《考異》謂袁、茶二本校語云：「輯輯，善作揖揖。今本蓋尤氏所改。」

余謂據《爾雅‧釋詁》「輯，和也。」《詩‧板篇》《抑篇》毛傳竝同。尤殆以「揖」無「和」訓，故必易為「輯」，乃與「習」通。不知《尚書》「輯五瑞」，《史記》《漢書》「輯」皆作「揖」。則「輯」、「揖」二字原同音通用耳。

6. 由庚

注云：「庚，道也。蕩蕩夷庚，注引《詩毛傳》曰：『夷，常也。』」

案：「夷庚」字，本左氏《成十八年傳》「披其地以塞夷庚」。彼注云：「吳晉往來之要道」，故此亦訓「庚」為「道」。承上「蕩蕩」字，則「夷」訓「平」，非「常」義。《左傳》疏亦曰：「夷，平也。」後《辨亡論》「旋皇輿於夷庚」，注引繁欽《辨惑》曰：「吳人者，以船檝為輿馬，以巨海為夷庚。」義皆同。下又引臧榮緒《晉書》司徒王謐議曰：「夷庚未入乘輿旅館」，當亦本《左傳》。而李氏因下句望文生義云：「夷庚者，藏車之所」，殊不合，故《困學紀聞》議其誤。萬氏《集證》云：「李周翰《補亡詩》注：『夷，平也。蕩蕩平道，萬物從之而生也。』呂延濟《辨亡論》注：『皇輿，帝車也。夷，平。庚，道也。』五臣注與《左傳》正義同。」

述祖德詩 謝靈運

7. 弦高犒晉師

注引《呂氏春秋》：「秦三帥對弦高曰：『寡君使丙也、術也、視也，於邊候晻之道也。』」高誘曰：「晻，國名也，音晉。今為晉字之誤也。」

案：弦高所犒者，秦師也。而謝詩避下句「魯連卻秦軍」之複，改作「晉師」，本誤。《日知錄》云：「趙至《與嵇茂齊書》『梁生適越，登岳長謠。』梁

鴻本適吳，而以為越者，吳為越所滅也。」若此詩之改為「晉」，則舛矣。

余謂李注欲曲全之，不引《左傳》而引《呂覽》，因其詭言暗道可稱暗師，故以晉為誤。然今字書固別無「暗」字也。

8. 黿暴資神理

注引《書》孔傳曰：「黿，勝也。」

案：袁、茶本無此注，似非善舊。然「黿」字不應無訓。「黿」，自是「戡」之借字，故《法言·重黎篇》有劉黿南陽語。本書《辨命論》「覿湯武之龍躍，謂黿亂在神功。」注引《墨子》曰：「湯時，有神告曰：『夏德大亂，往攻之，予必使汝大戡之。』」武王見三神語同。「戡」皆作「勝」義，與「黿」同音通用。故後《褚淵碑文》「黿亂寧民之德」，《安陸昭王碑文》「黿世拯亂之情」，大抵相似。

諷諫詩　韋孟

9. 蕭蕭我祖，國自豕韋

注引應劭曰：「《左氏傳》：『在商為豕韋氏。』杜預曰：「國名。」

案：「豕韋」之國有二姓，一彭，一劉。彭姓之豕韋，《通志·氏族略》以為風姓，因其本顓帝後也。《左傳正義》曰：「《鄭語》云：『祝融之後八姓，大彭豕韋為商伯。』」又曰：「彭姓，彭祖豕韋，則商滅之。」然則商之初豕韋，國君為彭姓也。此風姓後為彭姓之證，蓋與大彭同祖。《唐書·宰輔世系表》云：「顓帝孫大彭為夏諸侯，少康之世，封其別孫玄哲于豕韋，大彭豕韋迭為商伯。」《氏族略》謂：「玄哲之名，無所經見。然其封在少康時，或有所據，以後興廢不一。」以《竹書紀年》考之，孔甲元年，廢豕韋氏，使劉累豢龍，是其國已失。帝昊元年，使豕韋氏復國。夏衰、昆吾豕韋相繼為伯。帝癸二十八年，商師取韋，遂征顧，即《商頌》所云「韋顧既伐」也。是豕韋於商初為湯所滅矣。傳至河亶甲三年，彭伯克邳。五年，姺人入于班方。彭伯、韋伯伐班方，姺人來賓。祖乙元年，命彭伯、韋伯，是滅而復興，即《鄭語》所云：「大彭豕韋為商伯也。」此詩下言「彤弓斯征，撫寧遐方。揔齊羣邦，以翼大商。迭彼大彭，勳績惟光」，亦正合。至武丁五十年，征豕韋，克之，後遂無所見。則豕韋之國滅於武丁時明甚。此彭姓豕韋之始終也。

若劉姓之豕韋，始自孔甲時。《昭二十九年傳》「劉累事孔甲。夏后嘉之，賜氏曰御龍。以更豕韋之後」是也。《竹書》「孔甲七年，劉累遷於魯陽。」《傳》所謂「懼而遷魯縣」也。杜預云：「累遷魯縣，豕韋復國，至商而滅。累之後世復承其國為豕韋氏。」故《傳》云「在商為豕韋氏也」，當在武丁以後。杜又云：「殷末，豕韋國於唐。周成王滅唐，遷之於杜，為杜伯。」故《傳》云「在周為唐杜氏也。」《竹書》宣王四十三年殺杜伯，其子隰叔出奔晉，則豕韋之改為唐杜者，亦滅矣。《氏族略》云：「周之季世，又封劉累裔孫在魯縣者為唐侯，以奉堯祀。不知何王，後亦無考。」而春秋時，有唐侯，《氏族略》謂別是楚之唐，此說本未確。余曩作《唐氏宗譜序》曾辨之，疑即為堯後。然其國於定公五年為楚所滅，尚在春秋之末，此劉姓豕韋之始終也。

此詩上言「彤弓斯征」云云，敘豕韋為商伯事，則韋孟自謂系彭姓後可知。乃下又云「至于有周，歷世會同」，竟合劉累之後而一之，並云「王赧聽譖，寔絕我邦」，更屬無據。《唐表》亦云：「周赧王時，始失國，徙居彭城，以國為氏」，蓋本之此詩。《氏族略》謂春秋時，無韋國，何得至赧王是也。即認為劉累後裔之唐國，亦不應至赧王。故洪氏邁《容齋四筆》云：「周至赧王，僅存七邑。救亡不暇，豈能絕侯邦乎。孟之自敘乃祖，乖疏如是。而應劭又從而實之，尤為可笑矣。」

注又引杜預曰：「東郡白馬縣南有韋城。」

案：《方輿紀要》：「今大名府滑縣有白馬廢縣，蓋古豕韋氏國。漢置白馬縣，屬東郡也。」又有「韋城廢縣，戰國時亦曰垝津。信陵君曰：『秦有垝津以臨河內』，是也。《史記》：『曹參渡圍津。』徐廣曰：『東郡白馬有圍津。』『圍』與『韋』同。」又《氏族略》云：「韋城古城內有豢龍井，今尚存。」

10. 殆其茲怙

注云：「茲，此，謂此親也。王怙恃漢戚，不自勗慎，以致危殆。」

案：「茲怙」，當作「怙茲」，與下「思」字為韻。胡氏《考異》已及之。但謂「怙恃漢戚」，則必以「不自勗慎」增成其義，似稍迂。不如作「怙過」、「怙終」之訓，較為直截。

勵志詩　張茂先

11. 暉光日新

注引《易》曰：「君子之光暉吉。」又曰：「日新之謂盛德。」

案：上所引為《未濟·象辭》「君子之光，其暉，吉也。」「暉光」二字不連。此文乃用《大畜·象辭》，以「剛健篤實」為句，「暉光日新」自為句，「其德」屬下讀。李氏《集解》所載鄭康成、虞翻本皆如此。張華，晉人，尚不誤。至唐，已失其句讀，故不知引，而兩引他語以明之。

上責躬應詔詩表　曹子建

12. 則犯詩人胡顏之譏

注云：即上「胡不遄死」之義。《毛詩》謂「何顏而不速死也。」

案：胡氏《考異》因傳箋皆無此文，疑毛字傳寫有誤。所引或在三家詩，特臆為之說。本書凡引三家，多出《韓詩》，必稱《薛君章句》。即引《毛傳》亦必稱「毛萇曰」云云。詳此文法，似李氏自釋之詞，非引成語也。且偶句「違古賢夕改之勸」，不承上文，此亦何必定承上而言，當是用《巧言篇》「顏之厚矣」。觀下引殷仲文《表》，亦「胡顏之厚」。雖以後證前，可知其意同耳。

關中詩　潘安仁

13. 威彼好時

注引干寶《晉紀》曰：「梁王肜為大都督，督關中諸軍，屯好時。」

案：《漢志》「右扶風好時縣有梁山宮，秦始皇起，莽曰好邑。」《水經·渭水中篇》注云：「莢水出好時縣梁山大嶺，東南逕梁山宮西，水東有好時縣故城。」錢氏坫曰：「好時，在今乾州東北七里。」《通典》及《元和志》並云：「故城在好時縣東南十三里。」《寰宇記》作「四十三里」。《長安志》：「漢好時故城，在奉天縣東北七里。」《郊祀志》「雍東有好時」，故縣得名。《方輿紀要》云：「古以雍州為神明之奧，故立時以郊，上帝諸神祠皆在焉。好時，蓋秦文公時作。」

余謂詩後文云「雍門不啟，陳汧危逼。」「雍」，蓋今之鳳翔府，故城在府南。「陳」，即陳倉，今寶雞縣也。「汧」，為今隴州地，亦秦鳳之衝。《紀要》以乾州為「控長安之近郊，當鳳翔之孔道」，故當日屯軍於此矣。

14. 虛畾湳德

注引《說文》曰：「湳水出西河美稷縣。」

案：今《說文》「湳」字云：「西河美稷保東北水。」《漢志》美稷，屬西河郡。即郭汲為並州牧，行部至美稷，諸小兒騎竹馬以迎者也。段氏謂今蒙古鄂爾多斯左翼中旗東南有漢美稷，故城在故勝州之西南。《檀弓》注：「保，縣邑小城。」「保」、「堡」，古今字。《水經注‧河水三篇》曰：「河水又左得湳水口。水出西河郡美稷縣，東南流。」又云：「東逕西河富昌縣故城南。」漢富昌城在鄂爾多斯左翼前旗界。「湳水」，未審今何水也。

余謂善注又云：「羌人因水為姓。漢沖帝時，羌湳狐奴歸化，是其先也」，此亦酈注語。

15. 謬彰甲吉

注引《左傳》：「晉人滅赤狄甲氏。」杜注：「甲氏，赤狄別種。」

案：此注所引見《宣十六年傳》，下云「及留吁」者，邑名，後為晉之「純留」。《漢志》作「屯留」，屬上黨郡。《水經‧濁漳水篇》注云：「絳水逕屯留縣故城南，故留吁國也。潞氏之屬。」今潞安府屯留縣東南十三里有純留故城。

余謂此與上句似借擬而非實指，其地甚遠。善注「言孟觀虛明誅二羌之功」，又云「德吉」是其名，未明所據。

16. 如熙春陽

注引《爾雅》：「熙，興也。」《說文》曰：「興，悅也。」

案：後顏延年《和謝監靈運》詩注亦引《說文》「興，悅也。」今《說文》「興，起也。」與「悅」義不近。惟《女部》「娛」字云：「說也。」「悅」，今之「說」字。李注殆據此。但當云「興與娛，古通。」此疑有脫文。然「熙」字，本可有「悅」訓。「熙」，蓋「娭」之借字。《說文‧火部》：「熙，燥也。」《女部》：「娭，說樂也。」段氏謂：「《老子》《史記》『天下熙熙』字皆當為『娭娭』，今『熙』行而『娭』廢耳。」

大將軍讌會被命作詩　陸士龍

17. 于河之沂

注引文穎《漢書注》曰:「沂,水上橋也。」

案:「沂」,本水名,似不應有「橋」訓。據《集韻》,「垠」字與「沂」通。「沂」,從斤聲,與「垠」音近。《楚辭·怨思篇》「山峻高以無垠兮」,注:「垠,岸涯也。」本書《答賓戲》「漢良受書于邳垠」,《漢書·敘傳》「垠」作「沂」,顏注引晉灼曰:「沂,崖也。」是「沂」即「垠」也。凡「垠堮」字亦作「沂鄂」,其以為「橋」者,殆因「垠」訓「限」,「橋」正水之限。故《漢書音義》引韋昭曰:「垠,限也,謂橋也。」此處注引臧榮緒《晉書》成都王穎拒趙王倫,倫軍奔潰。穎過河,入于京師。蓋謂戰勝于河之橋上。故《讀書雜志》釋後「邳垠」云:「即《張良轉》所云『下邳汜上』也。服虔曰:『汜,音頤。』楚人謂橋曰汜汜,一作坅。『汜』、『垠』,語之轉。作『沂』者,借字耳。」據此則知文穎之以「沂」為「橋」矣。

晉武帝華林園集詩　應吉甫

18. 嘉禾重穎

注引《孝經援神契》曰:「王者德至地則嘉禾生。」《東觀漢記》曰:「濟陽縣嘉禾生一莖九穗。」

案:孫氏《補正》引何云:「『嘉禾』句,乃用唐叔歸禾事。司馬氏開國於晉,即陶唐遺壤,故曰『嘉禾重穎』,與下句用堯階『蓂莢』意同。」

余謂《逸書》有「歸禾」、有「嘉禾」。《序》云:「異畝同穎」,鄭注:「二苗同為一穗。」善以「重穎」為穎之重疊而生,本當引《書序》文。如何說,則下句言「載芬」,「載」,亦「再」之同音通用字也。但後陸士衡《答張士然》詩云:「嘉穀垂重穎」,則「重穎」字亦不定從何解矣。

19. 發彼五的

注引《周禮》曰:「王射三侯五正。」

案:《射人》鄭注云:「《考工·梓人職》『張五采之侯,即五正之侯也。五正者,中朱,次白,次蒼,次黃,玄居外。』」此處言「的」,「的」,即「侯」,

謂「五采之侯」耳，非其「的」有五也。彼屬「賓射」，與此亦合。

20. 示武懼荒，過亦為失

案：「失」，與上下文「墜」、「器」、「位」，去、入為韻。即《東山》詩「我征律至」，韻「垤」、「室」、「窒」。《生民》詩「牛羊腓字之」，「字」韻「翼」之例也。《楚辭·橘頌篇》：「閉心自慎，終不過失兮。秉德無私，參天地兮。」「地」與「失」韻正同。又《詩·七月》首章「何以卒歲」，韻「發」、「烈」。《蕩》八章「在夏後之世」，韻「揭」、「害」、「撥」。《後漢·靈帝記贊》：「徵亡備兆，《小雅》盡缺。麋鹿霜露，遂棲宮衛。」「衛」與「缺」韻。本書曹子建《責躬詩》：「危軀授命，知足免戾。甘赴江湘，奮戈吳越。」「戾」與「越」韻亦然，可以互證。

樂游應詔詩　范蔚宗

21. 探己謝丹黻，感事懷長林

注引《詩》：「赤芾在股」。云：「黻與芾古字通。」

案：「丹黻」，李氏冶引作「丹膡」，而云：「此處與後顏延年《和謝監》詩『雖慙丹膡施，未謂玄素揆』，五臣注皆以『丹膡』為『榮祿』，而李善於顏詩又以為『君恩』，皆非也。丹膡所以為國家之光華也，范意謂揣己空疏不足以華國，故感事思歸。顏意謂雖無文章可以華國為慙，亦未至始素終玄如絲之改色也。」

余謂顏詩本是「丹膡」，李氏說為合。若此「丹黻」，即易之「朱黻」，正作「榮祿」解。「黻」與「膡」字形相近，李氏蓋據誤本。

九日從宋公戲馬臺集送孔令詩　謝靈運

22. 淒淒陽卉腓

注引「毛萇曰：『痱，病也。』今本作腓字，非。」

案：胡氏《攷異》謂注中「痱、腓二字當互易。詳文義，謝詩作『痱』，善引毛作『腓』，而訂之曰『作痱，非也。』」

余謂《說文》「腓，脛腨也。」「痱，風病也。」「痱」，從非聲，有平音。

而釋文引《說文》「蒲愷反」者。《一切經音義》引《字略》云：「痱瘟，小腫也。」蓋本「風病」，而即為凡病之稱。故《爾雅·釋詁》「痱，病也。」「腓」則「痱」之同音借字。此注引《韓詩》薛君曰：「腓，變也。」與釋文同。「變」、「病」義近，音又相轉，亦「痱」之義也。郝氏以為《玉篇》引《詩》正作「百卉俱痱」，可知「腓」，古本作「痱」矣。本書鮑明遠《苦熱行》「渡瀘寧具腓」，注引《詩》及傳俱作「腓」，此處從其正字，何妨作「痱」，不得轉議其非也。

應詔讌曲水作詩　顏延年

23. 肇褱踰障

注引《爾雅》曰：「上正，嶂也。」

案：「嶂」，當依正文作「障」。今《爾雅·釋邱》云：「上正，章邱。」又《釋山》云：「上正，章。」「障」乃「章」之假借字。《禮記·王制》注「不得章管」，釋文：「本亦作障。」後謝靈運《晚出西射堂》詩引作「山正，郭。」邱希範《旦發漁浦潭》詩注引作「山正曰障。」「山」宜作「上」字，形之誤也。「郭」與「障」同。若「嶂」字，則《說文》所無，蓋即「障」之俗。胡氏《考異》轉以袁、茶二本作「嶂」為是，何耶？

24. 每惟洛宴

注引東陽無疑《齊諧記》束皙對武帝曰：「昔周公卜洛邑，因流水以汎酒，故《逸詩》曰：『羽觴隨流波』。」

案：束皙事，亦見《晉書》皙本傳。此引《齊諧記》者，汪氏師韓《談書錄》云：「《漢魏叢書》有梁奉朝請吳均《續齊諧記》一卷，後附元陸友跋曰：『《齊諧》者，志怪者也。』蓋莊生寓言，均所續，特取義云爾，前無其書也。今觀《文選》《讌曲水》詩及謝惠連《詠牛女》詩二注所引，皆即《續齊諧記》，而李善冠以東陽之名，豈東陽無疑即均之隱名耶？」

余謂《隋書·經籍志·雜傳類》均書之前有宋散騎侍郎東陽無疑《齊諧記》七卷，《唐書·藝文志·小說家》亦竝載之，是實有二書也。《四庫提要》云「劉阮天台」一事，徐子光注李瀚《蒙求》引《續齊諧記》之文，述其始末甚備。而今本無此條，豈原書久佚，後人於《太平廣記》諸書內鈔合成編，

故偶有遺漏歟？然則東陽書今不傳，僅見於此注所引。均書亦非原本，或鈔合者。即以此條竄入均書，其《詠牛女》詩所引「成武丁」一條，善注竝未言東陽者，正係均書也。惟《提要》又云：「後陸機《豫章行》注引『田氏三荊樹』一條」，今尤氏《文選》但引《古上留田行》而未及《續齊諧記》，殆所據別本耳。

皇太子釋奠會作詩 　顏延年

25. 巾卷充街

注云：「巾，巾箱也，所以盛書。」

案：注語無所據，蓋李氏自為說。桂氏《札樸》云：「巾是頭巾。《後漢·韋彪傳》『解巾之郡』，《北史·高柔傳》『解巾司空行參軍』，顏延年《秋胡詩》：『脫巾千里外，結綬登王畿。』善注：『巾，處士所服。綬，仕者所佩。』故《南齊書·王儉傳》亦云：『監試諸生，巾卷在庭』。」

余謂本書《宋孝武宣貴妃誄》「巾見餘軸」，善注與此處同。彼下句云「匣有遺絃」，是「巾」與「匣」類，固可以為「巾箱」。然巾所以覆物，如《國語·周語》之言「巾幕」，亦不必定是箱也。若此處則何氏焯引《宋書·禮志》云：「國子太學生，冠葛巾。服單衣，以為朝服，執一卷經，以代手板，此謂巾卷也」，所據為是。

又案：「巾卷」連言，「卷」亦可作「服」。上句「縹笏巾序」，謂朝臣之服，本句乃言士子之服也。「卷」或為「褾」之省。《方言》「襥褾謂之襪」。郭注：「即帊襥也。」《廣雅·釋器》：「襪、帊、襥褾、帍，襥也。」王氏《疏證》以為「皆巾屬。《管子·小稱篇》『援素襪以裹首』。《廣韻》引《通俗文》『帊，衣襥也。』《玉篇》：『帍，巾也。』」然則「巾卷」猶「巾襥」，即以「服」言之，可備一義。

侍讌樂遊苑送張徐州應詔詩 　丘希範

26. 標題下注引　劉璠《梁典》曰：「張謖，字公喬，齊明帝時為北徐州刺史。」

案：何氏焯云：「此『徐』字从人作『俆』，與『邻』同，乃魯國薛縣，

與南北兩徐州無涉。」考《說文》:「邾,郑下邑地。」魯東有郑城,讀若塗。段氏謂《周禮‧雍氏》注:「伯禽以王師征徐戎」。劉本作「郑」,音徐。今《尚書》作「徐夷」、「徐戎」,蓋許、鄭所據作「郑」也。《史記‧魯世家》集解引徐廣曰:「徐州在魯東,今薛縣。」引《後志》曰:「魯國薛縣,本國,六國時曰徐州。」《方輿紀要》云:「今滕縣南四十里有薛城,本薛國,後為齊所滅,田嬰封於此。漢置薛縣,屬魯國。晉屬魯郡,劉宋屬彭城郡。《後漢志》:『薛城在春秋之季,或曰舒州,亦名為徐州。』《史記》:『勾踐平吳,以兵北渡淮,與齊晉諸侯會于徐州。』《齊世家》:『田氏之徒追執齊簡公於舒州』,即徐州也。」

余謂《說文》有「郑」無「徐」。《玉篇》《集韻》「徐」並與「徐」同。《集韻》又云:「徐州,地名,在齊,通作舒。」「徐」、「徐」形近,「徐」、「舒」音同也。然則「郑」或作「徐」,或作「徐」,皆從余聲,特偏旁異耳。古徐州本為彭城,自劉宋以京口為南徐州,而彭城遂有北徐州之稱。此亦屬彭城郡,而非即彭城,故何氏云然。然「郑」、「徐」本別,後人混之,遂與徐州為一。漢以後仍祇稱薛縣,不為徐州。且彼時已入北魏,當非齊境所屬。後又有范彥龍《贈張徐州稷》詩,「稷」,蓋「謖」之形似而誤也。詩末云:「寄書雲間鴈,為我西北飛。」李注:「西北,謂徐州也。在揚州之西北。《輿地志》曰:『宋以鍾離置徐州,齊以荊州為北徐州也。』」據《方輿紀要》,今之鳳陽府,「春秋時為鍾離子國。漢屬九江郡,晉屬南郡。鍾離郡,劉宋明帝時僑置徐州於此。泰始末,改屬南兗州。玄徽初,復置徐州,亦為重鎮,蕭齊為北徐州。」然則張謖之為北徐州刺史,正鍾離地,不得如何氏所云矣。惟彼注「荊州」二字,誤衍。胡氏《考異》已及之。若本詩云「實惟北門重」,注引《史記》「齊威王曰:『吾吏有黔夫者,使守徐州,則燕人祭北門。』」裴駰曰:「齊之北門也。」此特借齊地為言,而實亦不指薛縣也。

應詔樂遊苑餞呂僧珍詩　沈休文

27. 嶢武稍披襟

注引《漢書音義》應劭曰:「嶢,山之闕也。」李奇曰:「在上洛北。」

案:《史記》:「秦孝公十一年,城商塞,曰嶢關。」商為今商州,本上洛地也。《方輿紀要》云:「藍田縣本漢縣,屬京兆尹,今屬西安府南二十里有嶢山,

亦謂之嶢嶺，秦因以名關。又東南五里有蕡山，漢高入武關，引兵繞嶢關，踰蕡山，擊秦軍至藍田，遂西入咸陽是也。」杜篤《論都賦》云：「關函守嶢，山東道窮。」「嶢」，謂嶢關也。此與「武關」並稱險阨，故連舉之。「武關」，已見《南都賦》。

28. 伐罪芒山曲

注引郭緣生《述征記》曰：「洛陽北芒嶺，靡迤長阜，自滎陽山連嶺脩亘，暨于東垣。」

案：滎陽縣，漢屬河南郡，今屬開封府。又新安縣有東垣城。《說文》：「邙，河南洛陽北亡山上邑。」段氏謂「亡，當作芒。左氏《昭二十二年傳》『王田北山』，杜注：『北山，洛北芒也。』是山本名芒，山上之邑，則作邙矣。」《水經·穀水篇》注云：「廣莫門北對芒阜，連嶺脩亘，苞總眾山。始自洛口，西踰平陰，悉芒壟也。」《方輿紀要》云：「北邙山，在河南府北十里，山連偃師、鞏、孟津三縣，綿亘四百餘里，古陵寢多在其上。」

余謂後張孟陽《七哀詩》：「北芒何壘壘，高陵有四五。借問誰家墳，皆云漢世主。恭文遙相望，原陵鬱膴膴。」蓋安帝恭陵、靈帝文陵、光武原陵也，餘未悉舉。段氏又云：「《逸周書》所言『南繫於洛水，北因乎郟山，以為天下之大湊。』郟山，即北邙山也。王城謂之郟，以山名之。」據《河南府志》「穀城山東為平逢山，即郟山」，則別是一山。而《紀要》又謂：「郟山，即郟鄏陌。《圖經》：『在河南郡西南，迤邐至城北二里，曰邙山。』」是邙山與郟山，固支麓相連耳。又案：本書應休璉《與從弟君苗君冑書》曰：「登芒濟河」，注引《說文》「芒，洛北大阜也。」與今本異，殆彼所引非《說文》語也。

征西官屬送於陟陽候作詩　孫子荊

29. 三命皆有極

注引《禮記》鄭注曰：「司命主督察三命。」

案：鄭語見《祭法》。《困學紀聞》云：「《孝經援神契》謂『命有三科，有受命以保慶，有遭命以讁暴，有隨命以督行。』《孟子》注云：『命有三名，行善得善曰受命，行善得惡曰遭命，行惡得惡曰隨命。』與子荊詩皆本《援

神契》。」萬氏《集證》又引《白虎通‧壽命篇》:「命有三科以記驗」,「受命」作「壽命」。《論衡‧命義篇》:「說命有三」,「受命」作「正命」,餘「遭命」、「隨命」俱同。

余謂諸所引,固「三命」字之所自出。而孔疏既引《援神契》,又云:「受命,謂年壽也;遭命,謂行善而遇凶也;隨命,謂隨其善惡而報之。」義與《孟子注》有異。若此詩意,則似祗主年壽說,故善注先引《養生經》:「黃帝曰:『上壽百二十,中壽百年,下壽八十。』」「三命」,指此三等之壽命,合之下文「咄嗟安可保,莫大於殤子,彭聃猶為夭」,意正相貫也。

金谷集作詩　潘安仁

30. 標題下注引　《水經注》曰:「金谷水出河南太白原,東南流,歷金谷,謂之金谷水。東南流,經石崇故居。」

案:此所引見《穀水篇》,下引崇《詩集序》,而今本脫佚。本詩注亦引之,蓋裁取數語耳。《寰宇記》「河南縣」下引郭緣生《述征記》云:「金谷,谷也。地有金水,流經此谷。晉衛尉石崇因即川阜而造為園館。其《詩序》云:『余以元康六年,從太僕卿出為征虜將軍。有別廬在河南縣界金谷澗中,有清泉茂樹,眾果、竹、栢、藥物備具。又有水碓、魚池焉。時與諸賢登高臨下,列坐水湄。遂各賦詩,感性命之不永,懼凋落之無期』云。」又本書石季倫《思歸引序》曰:「遂肥遁于河陽別業。其制宅也,卻阻長堤,前臨清渠。栢木幾於萬株,流水周於舍下。有觀閣池沼,多養魚鳥」,與此正可相參。崇,渤海人。河陽,晉屬河內郡,為今懷慶府孟縣,當是其僑居之地。而金谷,又洛中別業矣。《方輿紀要》云:「金谷澗,在今河南府東北七里。太白原,在城西北六十里,即邙山之別阜也。」

新亭渚別范零陵詩　謝玄暉

31. 標題下注引　《十洲記》曰:「丹陽郡新亭在中興里,吳舊亭也。」

案:《方輿紀要》云:「元嘉末,武陵王駿討逆劭至新亭,即帝位,因改新亭曰中興堂,此里所由名也。」程氏大昌曰:「今建康新亭,在朱雀航西五里許,南傍小山,北枕小浦,俗呼為鵝項,蕭衍之入建康也。東昏命李居

士屯新亭，拒之，請燒南岸邑屋，以開戰場。自大航以西，新亭以北皆盡。梁師自上流而下，居士出新亭，當在建康西。然則新亭之北，當大有邑屋。今之新亭北據鵝項，外去大江不遠，安得更有邑屋。以此考審，晉之新亭計當在長干寺南，不當在鵝項河側矣。晉劉氏《世說》：『新亭，吳之舊基，先已淪隳。隆安中，丹陽尹司馬恢之徒創今地。』乃王導正色言『克復神州』處是已，非吳舊。則今亭，又異於昔，不足怪也。」

余謂《紀要》又云：「新亭，在今江寧縣南十五里，近江渚。洪氏《圖志》引《建康志》：『自石頭南上十里，至查浦，又南上十里，至新亭。』」自如程說「在長干寺南」為近之。若《寰宇記》言朱雀里，即晉元帝立懷德縣處，其故城在上元縣西北九里，則鵝項之新亭，殊不合。殆宋時所訛傳耶？

三良詩　曹子建

32. 秦穆先下世，三臣皆自殘。生時等榮樂，既沒同憂患

注引應劭《漢書注》：「秦穆與羣臣飲酒酣，公曰：『生共此樂，死共此哀。』奄息等許諾。及公薨，皆從死。」

案：所引見《匡衡傳》「秦穆貴信，而士多死」注。此上王仲宣《詠史》即詠「三良」，云：「臨沒要之死，焉得不追隨。」注引劉德《漢書注》：「《黃鳥》之詩，刺秦穆公要之從死。」皆與《詩》鄭箋「自殺以從死」義同。陶淵明詩「厚恩固難忘，君命安可違」亦然。至李德裕始「謂君為社稷死則死之，不可許之。死欲與梁邱據、安陵君同譏。」柳子厚則云：「疾病命固亂，魏氏言有章。從邪陷厥父，吾欲討彼狂。」蓋罪康公從亂命也，論見葛立方《韻語陽秋》。蘇長公晚年《和陶詩》亦援魏顆為比，略似子厚，而云：「三子死一言，所死良已微」，復似衛公，與少年在鳳翔詠秦穆公墓相反。胡氏仔《苕溪漁隱叢話》以為所見益高，《困學紀聞》亦同。

余謂詩序明云「以人從死」，以者何？穆公命以之，康公遂從而以之也。諒不止子車氏之三子，而三子隸其中，因其為良，特著之耳。當時直是驅生人，納墓門，故臨穴而惴惴。若已自殺，無所為惴惴矣。秦之酷虐，固不待始皇也。且親暱從死，或出近倖，安得稱良？國人又何為思百其身以贖之耶？《左傳》亦以死而棄民責穆公，不得轉以罪三良。

詠史 左太沖

33. 七葉珥漢貂

注引董巴《輿服志》曰：「侍中、中常侍冠武弁，貂尾為飾。」

案：董巴書，今無考。《續漢志・輿服》云：「武冠，一曰武弁，大冠。侍中、中常侍加黃金璫，附蟬為文，貂尾為飾，謂之趙惠文冠。」胡廣說曰：「趙武靈王效胡服，以金璫飾首，前插貂尾為貴職。秦滅趙，以其君冠賜近臣。」注引應劭《漢官》曰：「蟬居高飲潔，貂內勁悍而外溫潤，此因物生義也。」胡廣又曰：「北方寒涼，本以貂皮暖額，附施於冠，因遂變成首飾。」

余謂《志》以「貂蟬」竝稱，故後張景陽《詠史》詩「咄此蟬冕客」注亦引。蔡邕《獨斷》曰：「太尉以下，冠惠文；侍中，加貂蟬也。」此注釋「珥」為「插」，《通典》云：「漢侍中插左，常侍插右。」則亦微有別。

34. 峩峩高門內

注引「《廣雅》曰：『峩峩，容也。』峩與娥同，古字通。」

案：《廣雅・釋訓》前有「峩峩，高也。」後有「娥娥，容也。」詩言「高門」，似「峩峩」當從「高」義。注從「容」義者，蓋即以門內之人言之。則所引《廣雅》宜作「娥娥」，此從山，字之誤也。但「峩」與「娥」本通，宋玉《神女賦》「其狀峩峩，何可極言」，謂美容也。德容亦謂之「峩峩」，《大雅・棫樸篇》「奉璋峩峩」是也。

張子房詩 謝宣遠

標題下引王儉《七志》：「宋高祖游張良廟，命僚佐賦詩。」

35. 苛慝暴三殤

注引《禮記・檀弓》「孔子過泰山側，婦人哭於墓曰：『吾舅死於虎，吾夫又死焉，今吾子又死焉。』夫子曰：『何不去也。』曰：『無苛政』云云。」

案：孫氏《補正》引「《東坡志林》云：『此謂上中下殤，言秦無道，戮及孥稚也。』姚氏寬《西溪叢語》曰：『恐為秦穆公殺三良，不使終其天年。此《黃鳥》之詩所以作也。』殉葬乃始於秦，其苛慝可知。」

余謂姚以「三殤」為「三良」，未免強合。且上句「力政吞九鼎」，謂秦之

虐於使民，當在始皇時，何忽遠及穆公，轉不如《志林》之說。但《志林》亦泥看「殤」字。據《小爾雅・廣名》「無主之鬼謂之殤。」本書鮑明遠《出自薊北門行》「身死為國殤」，則「殤」亦非專為未成人之稱。此殆言秦之「苛慝」視彼舅與夫與子三人之死於虎，尤酷也。似仍從舊注為順。

36. 明兩燭河陰，慶霄薄汾陽

注云：「河陰、汾陽，堯、舜二帝所居也。言以高祖譬舜，則高祖光明；又以方堯，則堯可輕薄也。《孟子》曰：『舜避丹朱於南河之南。』河南，則河陰也。」

案：古相傳堯都平陽，舜都蒲坂。平陽，今山西平陽府治蒲坂城，在蒲州府東南五里。舜，不言其都而言避居之地，偶變文耳。閻氏若璩《四書釋地》云：「古帝王皆都冀州，在大河之北。其河之南則豫州地，非帝畿矣。舜避堯之子於此，殆左氏所云『越境，乃免』之意。」水南曰陰，故河陰即河南也。劉熙謂「南河，九河之最在南者」，義亦可通。「平陽」，本因地在平水之陽而名，見《帝王世紀》。此云「汾陽」者，《水經》「汾水過平陽縣」，注云：「汾水南與平水合」。今平陽附郭為臨汾縣，以臨汾水故也。又臨汾故城亦府屬，有汾陽山。《方輿紀要》引胡氏云：「汾曲在平陽南，則平陽在汾曲北可知。水北曰陽，故亦可稱汾陽也。」若《史記正義》引《括地誌》云：「故堯城在濮州鄄城縣東北十里。」此山東地，彼處下引《竹書》堯為舜所囚事，其誕妄不足信明矣。詳此詩語，乃以堯、舜比高祖，宋為漢後，實祖堯，何得以堯為可輕薄，且如此則「薄」字與上「燭」字不相稱。《廣雅・釋詁》：「薄，聚也。」蓋離之照慶雲之聚，即屬堯、舜，而謂高祖同其德，正頌揚之義，注解非。

詠霍將軍北伐　虞子陽

37. 飛狐白日晚

注引《漢書》酈食其曰：「距飛狐之口。」臣瓚曰：「飛狐在代郡西南，塞名。」

案：《水經・灅水篇》注云：「祁夷水又東北得飛狐谷，即廣野君所謂杜飛狐之口也。」蘇林據酈公之說言在上黨，實非也。如淳言在代，是矣。晉

建興中，劉琨自代出飛狐口，奔於安次，即於此道。《魏土地記》曰：「代城南四十里有飛狐關。」又《方輿紀要》云：「飛狐口在今大同府蔚州廣昌縣北二十里，其地兩崖峭立，一線微通，迤邐宛延百有餘里。」《地道記》：「自常山北行四百五十里，得常峪，號飛狐口是也。東走宣府，南趨大同，商賈轉輸，畢集於此。紫荊、倒馬兩關恃此為外險，誠邊陲重地矣。」

38. 瀚海愁雲生

注引《漢書》：「霍去病率師登臨瀚海。」如淳曰：「瀚海，海名。」

案：「瀚」，《史記》作「翰」。《集韻》：「瀚，北海名。或从幹，作澣。」《方輿紀要》云：「瀚海，在今火州柳陳城東城，即柳中城也。地皆沙磧，若大風，則行者人馬相失。《宋史》言『沙深三丈，不育五穀。沙中生草名登，相取之以食。』」

遊仙詩　郭景純

39. 未若託蓬萊

注引《史記·封禪書》：「安期生仙者，通蓬萊中。」

案：《讀書志餘》云：「蓬萊，本作蓬藜。後人以此是遊仙詩，故改之也。不知此章但言仕不如隱，未及神仙之事。『朱門何足榮』，承上『京華遊俠窟』而言。『未若託蓬藜』，承上『山林隱遯棲』而言。蓬藜，隱者所居，《鹽鐵論·毀學論》『包邱子飯麻蓬藜』是也。下文『登雲梯』，猶言致身青雲耳。李注：『仙人升天，因雲而上，故曰雲梯』，非是。且此章『藜』字與『棲』、『羹』、『梯』、『妻』、『羝』、『齊』為韻，於古音屬脂部。第六章『高浪駕蓬萊』，與『災』、『臺』、『杯』、『頤』、『垓』、『孩』、『才』為韻，於古韻屬之部。二部不相通用。」據此，言韻部不通者，顧氏《表》以五支之半及脂之微、齊、佳、皆、灰、咍通為一韻。然所引如《詩·南山》首章，祗用脂、微、皆、灰；《出車》六章，《烝民》八章，祗用脂、微、齊、皆，其餘不及。段氏《表》則之、咍為第一部，而脂、微、齊、皆、灰為第十五部也。

40. 靈谿可潛盤

注引庾仲雍《荊州記》曰：「大城西九里有靈溪水。」

案：《水經・江水二篇》「南過江陵縣南」，注云：「江水東逕鸚尾洲北，合靈溪水，水無泉源，上承散水，合成大溪，南流注江。江溪之會有靈溪戍，背阿面江，西帶靈溪，故戍得其名。」又《沔水下篇》「東過荊城東」，注云：「揚水又東入華容縣，有靈溪水，西通赤湖水口，已下多湖，周五十里。城下陂池，皆來會同」，竝謂此也。《方輿紀要》云：「靈谿水，在今遠安縣東北六十里，亦流合於沮水。遠安，本漢臨沮縣地，曩屬荊州府，今改屬荊門州。」

41. 青谿千餘仞，中有一道士

注云：「庾仲雍《荊州記》曰：『臨沮縣有青谿山，山東有泉，泉側有道士精舍。郭景純嘗作臨沮縣，故《遊仙詩》嗟青溪之美。』」

案：劉昭注《郡國志》亦引《荊州記》「臨沮西北三十里有清谿，谿北即荊山。」則是清谿非山名，與此注所引異。《方輿紀要》云：「清溪在遠安縣西南六十里，流經縣南，東合于沮水。」

余謂此與上「靈谿」，皆在荊州。詩當是其為縣時作，即所在言之。否則，詠游仙無緣專及此地也。

南州桓公九井作 殷仲文

42. 標題下注引 《水經注》曰：「淮南郡之于湖縣南，所謂姑孰，即南州矣。」

案：此文為今本所無。趙氏云：「姑孰于湖，今太平府當塗縣地。晉咸和初，僑置淮南郡於此。九井山在龍山之南，桓溫所鑿。元興二年，桓玄築禪位壇於九井山北見《金陵志》，大江在西北。梁承聖初，王僧辨討侯景至姑孰，景將侯子鑒度南州，于岸挑戰，即此處也。」《方輿紀要》云：「東晉以後，嘗謂京口為北府，歷陽為西府，姑孰為南州，而南州關要比二方尤切。」又引《北征記》：「九井山五井已堙，四井通大江。」

余謂此注下引庾仲雍《江圖》曰：「姑孰至直瀆十里，東通丹陽湖，有銅山，一名九井山。」今考姑孰無「銅山」之名，惟《紀要》有「金山」，在府北十里。昔時出銅與金類，古所謂丹陽銅也。疑「銅山」，即指此，但在府北。而九井山與龍山近，乃在府南。又洪氏《圖志》：「江寧有銅山，在縣東南七十里，周十九里，昔人采銅於此，故名。」江寧西南與當塗接壤，亦非東南。且

九井山總不相連，不得為一山，殆庾氏誤與？

泛湖歸出樓中翫月　　謝惠連

43. 悲猨響山椒

　　注引《廣雅》曰：「土高四墮曰椒丘。」

　　案：今《廣雅·釋邱》無此語。王氏《疏證》即援此注以補，又引《楚辭》「馳椒邱且焉止息」，王逸注：「土高四墮曰椒邱」，則此固相傳古義也。但《爾雅》無「椒邱」之名。《楚辭》之「椒邱」與上「蘭皋」竝言，釋者以為皋中有蘭，故曰「蘭皋」；邱上有椒，故曰「椒邱」。五臣注：「行息依蘭椒，不忘芳香以自潔也。」不作「土高四墮」之訓，義亦可通。王注未知何據。《廣雅》或即本叔師，然與此「山椒」似不甚合。前《月賦》「菊散芳於山椒」，注云：「山椒，山頂也」，已兩處互異。「椒」，本木名。言山椒者，當為「嶕」之借字。《廣雅》：「嶕，高也。」《說文》：「焦嶢，山高貌。」

遊赤石進帆海　　謝靈運

44. 揚帆采石華，挂席拾海月

　　注引《臨海志》曰：「石華附石，肉可啖。海月大如鏡，白色。」

　　案：汪氏質疑云：「據註，則石華乃苔類，海月乃蚌類。方密之《通雅》曰：『使風帆而拾蚌，是何況耶。』此言誠為解頤。竊疑『石華』猶云『嵐翠』，而上言『水宿』，則夜中詠月，益可知『采』、『拾』字不妨活用。」

　　余謂前《江賦》「玉珧海月，土肉石華。」注已引《臨海志》，此處亦以二者為對，似本意竟作物類，而語近拙。論詩境，則汪說得之。然「揚帆」、「挂席」，終不免雷同也。

於南山往北山經湖中瞻眺　　謝靈運

45. 新蒲含紫茸

　　注云：「茸謂蒲華也。」

案：謝朓《詠蒲》詩「暮蕊雜椒塗」，與此詩語同。《廣雅》「蒲穗謂之薵。」王氏《疏證》謂：「《廣韻》云：『薵，蒲秀也。』秀，亦穗也。《爾雅》：『莞，苻蘺，其上薵。』郭注：『今西方呼蒲為莞蒲。薵，謂其頭臺首也。臺首，即其作穗處矣。』《玉篇》云：『薵，謂今蒲頭有臺，臺上有重臺，中出黃，即蒲黃也。』蘇頌《圖經》云：『蒲，春初生嫩葉，未出水時紅白，色茸茸然；至夏抽梗於叢葉中，花抱梗端，謂之蒲釐花。』黃，即花中蕊屑也。蒲穗形圓，故謂之薵。薵之為言團團然叢聚也。《說文》：『薵，蒲叢也。』蒲草叢生於水，則謂之薵。蒲穗叢生莖末，亦謂之薵。訓雖異，義實相近。」

余謂「薵」即今之「蓴菜」字，《說文》有「薵」無「蓴」。《集韻·二十六桓》「薵」字云：「草叢生，徒官切。」《十八諄》「薵」字引《說文》：「蒲叢也。一曰蒲中秀，殊倫切。」又「蓴」字云：「水葵，通作薵。」蓋一字兼數義矣。

46. 天雞弄和風

注引《爾雅》曰：「鶾，天雞。」

案：釋文：「鶾，本又作翰。」《說文·羽部》：「翰，天雞，赤羽也。」《逸周書》曰：「文翰若翬雉，周成王時，蜀人獻之。」郭注《爾雅》亦用其文。惟「翬雉」作「彩雞」為異。今本《王會篇》作「皇雞」。《太平御覽》「皇」作「皇」，蓋字形相似。段氏疑許書「翬雉」有誤也。《說文·鳥部》別有「鶾」字云：「雞本作雉肥翰本作鶾音者也此從段改。魯郊以丹雞祝曰：『以斯翰音赤羽，去魯侯之咎。』」郝氏謂：「據此則翰是天雞，鶾是丹雞。《爾雅》亦作『鶾』，假借字耳。徐鍇《繫傳》引謝詩為證。唐江南進士試此題，以《爾雅》『天雞』有二，問之主司。因《釋蟲》亦有『翰，天雞釋文云：翰，《字林》作輪』，與此相亂故也。」見《困學紀聞》。

余謂《說文·鳥部》與《隹部》字往往互通，而《隹部》復有「鶾」字云「鶾，鶯也」，與此不相涉。

從斤竹澗越嶺溪行　謝靈運

47. 苕遞陟陘峴

注引《爾雅》：「山絕陘。」郭璞曰：「連山中斷。」

案：今本「斷」下有「絕」字。《說文》：「陘，山絕坎也。」《史記·趙

世家》云「與之陘」,《集解》引徐廣曰:「陘者,山絕之名。」常山有井陘,中山有苦陘。《元和志》:「懷州河內縣太行陘在西北三十里,連山中斷曰陘。」引《述征記》「太行山首始於河內,北至幽州,凡八陘。」郝氏謂「是山凡中斷皆曰陘,通作硜。《說文》:『硜,谷也。』《法言·吾子篇》云:『山硜之蹊』,吳秘注:『山中絕也。』」據此,則諸家皆同。段氏獨以郭注為非,而云:「陘者,領也。《孟子》作『徑』,『山徑之蹊』,趙注:『山徑,山領也。』楊子作『硜』,皆即『陘』字。凡至聲之字,皆訓直而長者。天下地勢,兩山之間必有川焉,則兩川之間必有山焉,是為坎象。坎者,陷也。陷者,高下也。高在下間為陷。陘者,一山在兩川之間,故曰山絕坎。絕,猶如絕流而渡之絕,其莖理互於陷中也。」

余竊謂不然。山之中斷,不能直至平地,必有陂陀高下以通行道,是之為嶺,今人語猶如此。《孟子》所謂「山徑之蹊,間介然用之而成路也。」段氏言「兩川之間必有山」,本無所據。坎訓陷,謂中深也。《易》曰:「入于坎窞」。《說文》:「窞,坎中小坎也」,即中深之義。故《檀弓》云「其坎深不至于泉」。而《漢書·楊雄傳》「瀷南巢之坎坷兮」,注:「坎坷,不平貌」,此又嶺之說也。兩山中斷而為嶺路,正是「莖理互於陷中」矣。且段引戴氏《水地記》論太行八陘,謂其最為明析。然戴氏明云「此皆兩山中隔以成隘道也」,非連山中斷之義乎?然則釋「陘」字,宜仍舊說為長。

注又云:「《聲類》曰:『峴,山嶺小高也。』峴與現同。」

案:《說文》無「峴」、「現」二字。《玉篇》:「峴,山名,在今襄陽。」蓋即羊祜所登而立碑者。《集韻》:「現或作峴,山名。一曰山小而險,一曰嶺上平。」後二義與《聲類》合。此詩為「越嶺」作,故云「陘峴」也。

鍾山詩應西陽王教　沈休文

48. 氣與三山壯

注引《漢書》:「蓬萊、方丈、瀛州三神山。」

案:此「三山」,疑指金陵之山。後謝玄暉有《晚登三山還望京邑》詩注引山謙之《丹陽記》:「江寧縣十二里濱江有三山相接,即名三山,舊時津濟道也。」《方輿紀要》云:「三山,在今江寧府城西南五十七里舊縣,即今之江寧鎮,故與《丹陽記》所稱異。晉王濬伐吳,順流而下,直指三山,即此。」與

詩上句「九疑」，一言其遠，一言其近，似可通。不必及海上之虛無也。

又案：《紀要》引《江乘記》：「石頭城山嶺嶂十里相重，若一遊歷者，以為吳之石城猶楚之九疑」，此正相類。

宿東園　沈休文

49. 驚麏去不息

注引《毛詩》曰：「野有死麏。」

案：「麏」，今《詩》作「麕」。《說文》：「麇，麏也。從囷，省聲。」籀文作「麕」，不省，別無「麏」字。《廣韻》：「麏音頵，鹿屬。」《詩》釋文引《草木疏》云：「麏，麇也。青州人謂之麏。」「麕」作「麏」者，當因「囷」、「君」同音，遂有此別體耳。

古意詶到長史溉登琅邪城詩　徐敬業

50. 甘泉警烽候，上谷拒樓蘭

注引《漢書》楊雄疏曰：「孝文時匈奴侵暴北邊，候騎至雍，烽火通甘泉。」又曰：「上谷郡，秦置。」又曰：「鄯善國，本名樓蘭，王治扜泥城。」

案：《日知錄》云：「上谷，在居庸之北。而樓蘭為西域國，在玉門關外。此句文理不可通，其不切琅邪城，又無論也。」

余謂「樓蘭」見《西域傳》，云「去陽關千六百里。」漢之上谷郡為今宣化府保安州、延慶州等處，相距遠甚。琅邪城則即白下城，在今江寧府治西北十四里。故顧氏云。然惟匈奴在北邊，而樓蘭服屬之，嘗為遮殺漢使，則烽火達甘泉，樓蘭亦與焉。且當南北分據時，往往彼此相詆，詩亦特借擬之耳。觀下文「灞滻」、「函谷」、「霸上」諸語，皆不關「琅邪城」也。

詠懷詩　阮嗣宗

51. 蘇子狹三河

沈約注曰：「河南、河東、河北，秦之三川郡。古人呼水皆為河耳。」

案：五臣注云：「蘇秦，洛陽人。洛陽三川之地，則三河也。」又注後首「反顧望三河」云：「晉文王，河內人，故託稱三河。」李氏冶曰：「是則河內、洛陽、河東、河南、河北，皆得稱之為三河。而沈約乃取三川以釋三河，疎矣。其意蓋以三川郡專屬洛陽，且三川謂伊水、洛水竝河為三，不得專指河耳。」

余謂伊、洛本皆入河，故休文據河為說。河內即河北，洛陽即河南，則以河南、河東、河北為三河，本無不合。惟不必單指洛陽一郡。李氏顧渾言之，未晰其數，又將以何者為三河乎？若五臣援及晉文王，殊覺附會。

附案：《史記·貨殖傳》言「三河」正同。

52. 趙李相經過

顏延年注云：「趙，漢成帝趙后飛燕也；李，武帝李夫人也。」

案：《日知錄》云：「成帝時，自有趙李。《漢書·谷永傳》言『趙李從微賤專寵』，《外戚傳》：『班倢伃進侍者李平為倢伃。』〔1〕『而趙飛燕為皇后。自大將軍王鳳薨後，定陵侯張放、淳于長等始愛幸，出為微行，行則同輿執轡。入侍禁中，設宴飲。及趙、李諸侍中皆飲滿舉白，談笑大噱。』〔2〕史傳明白如此，而以為李夫人，何哉？」《丹鉛錄》則云：「趙李謂游俠、近幸之儔。如顏說，豈可言經過？劉會孟謂當時實有此人。然唐王維詩有云『日夜經過趙李家』，豈唐時亦實有此人乎？」

余謂如亭林說，趙李在漢時自實有其人。故此上句云「西游咸陽中」，確指其地。若右丞詩，當即用嗣宗語，不得以相例也。否則，游俠近幸亦多矣，何以單言趙李，升庵說非是。

【校】

〔1〕《日知錄》引作「班倢伃進侍者李平，平得幸，亦為倢伃。」

〔2〕據《日知錄》，「而趙飛燕為皇后」前脫「《敘傳》班倢伃進養東宮，進侍者李平為倢伃」；「定陵侯」前脫「富平」；「設宴飲」下脫「之會」。

53. 昔聞東陵瓜，近在青門外。連畛距阡陌，子母相拘帶

注引《史記》邵平種瓜事。

案：「青門」，已見《西都賦》。《水經·渭水下篇》注亦引平事及此詩語，「畛」作「畛」，「拘」作「鉤」。此注云：「畛當為畛」，則「畛」者，偏傍之

誤也。《周禮・巾車》「金路鉤」，注云：「故書鉤為拘，杜子春讀為鉤」，是二字通用。

54. 步出上東門

注引《河南郡圖經》曰：「東有三門，最北頭曰上東門。」

案：《水經・穀水篇》注云：「穀水又東，出屈南，逕建春門石橋下，即上東門也。一曰上升門，晉曰建陽門。」蓋即《東觀漢紀》所稱「光武出獵，夜還，郅惲拒關不內」者是也。酈氏既於此引阮詩為證，下文言「運渠從洛口入注九曲至東陽門」，復引之。然「上東門」在東之北，而「東陽門」為正東，一曰「東中門」，實非一處也。

55. 北望首陽岑

注引《河南郡境界簿》曰：「城東北十里首陽山上有首陽祠。」

案：《水經・河水五篇》注云：「河水東逕平縣故城北，南對首陽山，春秋所謂首戴也，夷齊之歌所矣。」附案：錢氏坫曰：漢平縣故城在今鞏縣西北。閻氏若璩曰：山今在偃師縣。戴延之《西征記》：「洛陽東北去首陽山二十里，上有伯夷、叔齊祠。」本書曹子建《贈白馬王彪》詩注引陸機《洛陽記》同。《方輿紀要》則謂：「首陽山在偃師縣西北二十里，杜佑曰：『夷齊葬於此。』數者道里雖稍差，實一山耳。」

又案：「首陽」，諸說不同。《史記正義》以為凡五所：一即偃師；一馬融《論語注》在河東蒲坂；一曹大家《幽通賦》注在隴西《選》注未采此語；一引《孟子》「居北海之濱首陽山」；一引《說文》在遼西。今核之，《孟子》未嘗言「首陽」，其云「居」，當在歸周之先，即孤竹國，則與遼西非二地。《說文》本作「崵山」，《廣韻》引同。《玉篇》及《漢書・王貢兩龔傳》注引皆有「首」字，則許書「崵山」即「首陽」，尚未敢決。且二子逃去，已非故國；《盧龍縣志》以子臧反曹、季札反吳為比，不知果反國，何至於餓？此說非。至《寰宇記》和順縣別有「首陽」，殆指遼州為遼西，尤誤。

在蒲坂者，《水經注》云：「河北縣雷首山有夷齊廟」，與在平縣者竝舉，蓋莫能定。近宋氏翔鳳駁云：「《漢志》河東蒲坂縣有堯山首山祠。雷首在南，則蒲坂之山乃雷首，非首陽也。又在蒲坂南，安得有西山之目？」王伯厚據曾子言「二子居河濟之間」，以蒲坂為得實。考《漢志》河東郡垣縣，《禹貢》：「王屋山在東北，沇水所出。東南至武德入河，此濟源也。」垣縣故城在今

絳州垣曲縣西北二十里，王屋山在今懷慶府濟源縣西八十里，蒲坂故城在今蒲州府城東五里，計王屋西至蒲坂四百餘里。使以蒲坂首陽為夷齊所隱，則與河濟之間渺不相涉。或並引石曼卿詩：「恥生湯武干戈日，甯死唐虞揖遜區。」此宋人詩空議論，豈足證地理耶？

在偃師者，宋氏主之。謂《元和志》：「首陽山與孟津俱在偃師縣西北，夷齊叩馬，正當在盟津，後隱首陽，亦當不甚遠。又尸鄉為湯都，在今偃師縣西北二十五里，首陽亦在尸鄉之西北，蓋本尸鄉名西山也。」說亦通，但於《詩·唐風》之首陽，亦指偃師為鄭地，云「晉欲圖霸必先結鄭，故設言登首陽以望鄭」，太覺迂曲矣。

若在隴西者，為《史記正義》所主。引《莊子》云：「伯夷、叔齊至岐陽，見武王伐殷，曰：『吾聞古之士，遭治世不避其任，遇亂世不為苟存。今天下闇，周德衰，其並乎周以塗吾身，不若避之以絜吾行。』遂北至首陽山，饑餓而死。」又下《詩》「登彼西山」，在岐陽西北，明即夷、齊餓處也。宋云《漢志》隴西首陽縣，《禹貢》鳥鼠同穴山在西南，今甘肅蘭州府渭原縣東北有首陽故城，東距河濟之間，幾二千里，不可牽合。而王氏鎏曰：「言居河濟，謂其諫伐耳，非必指其餓地也。」

余謂居河濟，當亦是前事。莊周書在秦火前，較可依據，如所言，疑無諫伐事。即《史記》夷、齊往歸西伯，及至西伯卒，武王伐紂，夷、齊扣馬而諫。是伐紂時，二子在周，安見其必至盟津始諫乎？諫既不行，超然遠遯，何必在周之近地？則託迹渭原之首陽，似無不可。考古宜從其朔，「首陽」最先見《漢志》，蓋以山氏縣。班昭實補《漢書》，故援以為說。錢氏亦云：「以在周之西論之，作隴西者是。」惟自唐以後皆本馬融，建祠定祀，殊難辨其真正焉。

56. 徘徊蓬池上，還顧望大梁

注引《漢書·地理志》曰：「河南開封縣東北有蓬池，或曰即宋蓬澤也。又陳留郡有浚儀縣，故大梁也。」

案：「蓬」，今《漢志》作「逢」。左氏《哀十四年傳》「宋皇野語向巢，逢澤有介麇焉。」注亦引《漢志》而疑之。《正義》云：「土地名。宋都睢陽，計去開封四百餘里，非輕行可到，故杜以遠疑，非也。蓋於宋都之旁別有近地，名逢澤耳。」是孔氏謂宋之逢澤與開封異處，但無所指實。《方輿紀要》

則謂「或曰逢猶遇也，澤即宋之孟諸。」然傳語明是地名，若作「遇」字訓，殊為不辭。豈皇野本以誆巢，不妨舉其稍遠地歟？故《漢志》亦不質言也。至開封之逢澤，固屬可據。《漢書》注：「臣瓚曰：『《汲郡古文》：「梁惠王發逢忌之藪以賜民」，今浚儀有逢陂、忌澤是也。』」《水經‧渠水篇》注云：「渠水東南流，逕開封縣，新溝水注之。其水出逢池，池上承役水于苑陵縣，別為魯溝水，東南流逕開封縣故城北。魯溝南際富城，東南入百尺陂，即古之逢澤也。徐廣《史記音義》曰：『秦孝公會諸侯于逢澤陂，斯其處也。』故應德璉《西征賦》曰：『鸞衡東指，弭節逢澤。』」《紀要》又云：「逢澤，在今開封府東南二十四里。《唐志》：『逢澤，亦為蓬池。天寶六載，改為福源池，禁漁採。』開封廢縣在府南五十里，又城西北有浚儀廢縣。漢縣治此，屬陳留郡。《晉地道記》：『衛儀邑也。』蘇林曰：『故大梁城，梁惠王始都此。』」

又案：江氏《考實》云：「今開封府祥符縣南有蓬池，與尉氏縣接壤，亦去宋遠，疑非古逢澤。蓋宋有大澤藪曰孟豬，在虞城縣北十里，周迴五十里，與商邱縣相接。逢澤，或孟豬旁別名。漢初，梁孝王大治宮室，築東苑，方三百里，則孟豬、逢澤皆在其中。孟豬屢被黃河衝決，故迹已失，則逢澤亦不可考。求之於開封，非也。」

余謂江說近是。《文十年傳》「遂道以田孟諸」，是其地廣闊可田獵，皇野語當即指此。而阮詩於蓬池望大梁，乃浚儀之蓬池，與《左傳》所稱異矣。蓋「逢」者，大也。「逢澤」，猶大澤耳，與「蓬池」二字本別。後人因「澤」與「池」可通稱，而「逢」與「蓬」又音近通用，遂致混兩地而一之，不知其相去實遠也。

57. 周周尚銜羽

注引《韓子》曰：「鳥有周周者，首重而屈尾，欲飲於河則必顛，乃銜羽而飲。」

案：方氏《通雅》云：「《轉註略》：『周音誅。』《莊子》曰：『周周銜羽以濟。』《太平御覽》引《禽經》曰：『鶺鶺之信不如雀，周周之智不如鴻。』今《禽經》無此語，止有『鶗雀啁啁』。或亦《衝波傳》子路所云『熒熒、周周之鳥，不必有其物乎？』然鳥銜羽有之，曾見平西猺中白鷳時自銜尾，蓋自愛其羽也。」

余謂「周周」，固不知何鳥。惟《爾雅》「鶠周」，或以為燕，或以為子

規。《說文》釋「崔周」云：「从隹，中象其冠也。」鳥頭有冠，與所稱「首重」者似合，豈「周周」即「崔周」而重言之與？特燕與子規亦不聞銜羽而飲耳。方氏以目見銜尾證「銜羽」。然「曲尾」即短尾，見後《招魂》。短尾非可銜，羽當謂其翅。《詩》「差池其羽」是已。若愛其羽，如孔雀之愛尾，鱗魚之愛鱗，物理常有，不必畏顛仆也。

附案：銜羽不能飲，《御覽》引《莊子》司馬彪注：「銜他鳥羽過河」為得之。今《莊子》逸。

幽憤詩　嵇叔夜

58. 怛若創痏

注引《蒼頡篇》曰：「痏，毆傷也。」《說文》曰：「痏，瘢也。」《漢書音義》曰：「以杖毆擊人，剝其皮膚，起青黑無創者，謂痕痏。」

案：今《說文》：「痕，毆傷也。」「痏，痕痏也。」又「瘢，痍也。」無「痏，瘢也」之訓。所引《漢書音義》本應劭語，段氏謂有譌脫。據《急就篇》顏注云：「毆人皮膚腫起曰痕，毆傷曰痏。」蓋應注當作「無創瘢者謂痕今《漢書》注有瘢字，其有創瘢者謂痏。」此注引《說文》「痏，瘢也」，正與應語合，皆本漢律也。

悼亡詩　潘安仁

59. 獨無李氏靈，髣髴覩爾容

注引桓譚《新論》曰：「武帝所幸李夫人死，方士李少君言能致其神。」

案：《史記·封禪書》：「上有所幸王夫人卒，少翁以方蓋夜致王夫人。」少翁即以致神，拜為文成將軍者也。《漢書·郊祀志》全本《史記》，而此獨作李夫人，當是明正其誤。考《史記·外戚世家》《漢書·外戚傳》並云：「衛后色衰，趙之王夫人、中山李夫人有寵，又皆早卒」，因之相傳有參差。但《世家》甚略，《傳》於王夫人祇附見。敘李夫人獨詳其病篤，蒙被不見帝，猶宛轉開說，許錄其兄弟，不能忘情如是。而王夫人無有，及卒，後見神，帝為悲感，作詩作賦。詩有「立而望之，姍姍來遲」之語，賦云「何靈魂之紛紛兮，哀裴回以躊躇。」顯言此事，則致神之確為李夫人可知。外此，若晉王

嘉《拾遺記》、宋孝武帝《擬漢武帝李夫人賦》、唐陳鴻《長恨歌傳》、白居易《新樂府・李夫人篇》、陳山甫・康僚、謝觀之賦，率無異詞。乃梁氏《志疑》轉以《漢書》為誤，何也？惟諸書及此注多作李少君者，蓋誤以少翁為李少君耳。李少君亦方士，已前死。《索隱》稱李少翁，謂出《漢書》。然史書《漢志》少翁，但云齊人，未著其姓。是《索隱》又以少君姓李，而誤屬之少翁矣。梁氏謂「李夫人卒時，少翁之死已久。」《史》世家、《漢》傳於王、李二夫人卒並不著年，豈亦以少君之死為少翁耶？至《新論》當從此注所引。《集解》於《補武帝紀》、《索隱》於《外戚世家》並引《新論》作「王夫人」。

余謂《集解》特因《史記》而然，猶《封禪書》引徐廣，即以趙之王夫人為證也。小司馬之生則後於李善，所見《新論》或已經後人依《史記》改之，遂致延誤，如稱李少翁之不足憑與。

同謝諮議銅雀臺詩　　謝玄暉

60. 繐帷飄井幹

注云：「司馬彪《莊子注》曰：『幹，井欄。』然井幹，臺之通稱也。」

案：孫氏奕《示兒編》引「《史記》：『始皇幽母咸陽宮，諫者，殺之於井幹、闕下。』又楊子《重黎篇》『或問茅焦歷井幹之死。』司馬曰：『幹音韓。謂始皇殺諫者二十七人，積尸闕下，如井幹之狀。』」據此知「井幹」已見秦時。前《西都賦》「攀井幹而未半」，注引《漢書》「武帝立井幹樓，高五十丈，輦道相屬焉」，與《三輔黃圖》同。顏師古曰：「井幹樓積木而高，於樓若井幹之形。井幹者，井上木欄也。其形或四角，或八角，又謂之銀牀。」然則「井幹」者，本言井之欄，漢武乃因樓形而以為名，非自魏始。五臣注云：「銅雀臺，一名井幹樓」，恐是臆為之說。

余謂此處殆即指臺上之藻井木縱橫如欄，故繐帷飄拂其上。注先引《淮南》許注，以為「屋構飭」是也。「飭」與「飾」通。

出郡傳舍哭范僕射　　任彥昇

61. 夫子值狂生

注云：「《淮南子》曰：『臺無所鑒，謂之狂生。』高誘曰：『臺，持也。』」

所鑒者玄德，故為狂生。臺，古握字也。」

案：《說文》：「握，搤持也。」重文為「臺」，云：「古文握。」注作「臺」，蓋字形相似而誤。此所引《淮南》見《詮言訓》，今本高注於「玄德也」下云：「持無所鑒，所持者非玄德，故謂之狂生。」李注刪其文則義不貫。又《俶真訓》曰：「其所居神者，臺簡以游大清。」段氏謂「此臺亦疑臺之誤」，是也。

又案：《釋名》：「臺，持也。築土堅高，能自勝持也。」段氏又謂：「古『臺』讀同『持』，心曰靈臺，謂能持物。」則《淮南》語即作「臺」，亦可通。

余謂《說文》「臺」字無他訓，《釋名》每近於鑿，似不如從「臺」字為得。

贈士孫文始　王仲宣

62. 悠悠澹澧，鬱彼唐林

注云：「《荊州圖》曰：『漢壽縣城南一百步有澹水，出縣西陽山。』又曰：『澧陽縣，蓋即澧水為名也，在郡西南接澧水。』《晉書》曰：『天門有零陽縣，南平郡有作唐縣。』盛弘之《荊州記》曰：『零陵東接作唐。』然此三縣連延相接。唐林，即唐地之林也。」

案：漢壽縣為漢葭萌縣，屬廣漢郡，已見《蜀都賦》。《方輿紀要》云：「澧陽廢縣，即今澧州治，本漢零陽縣地，屬武陵郡。晉太康四年，析置澧陽縣，屬天門郡。又今安鄉縣東北有作唐城。安鄉，本漢孱陵縣地，亦屬武陵郡。後漢建武中，分孱陵置作唐縣。晉初，又分孱陵縣地，置南安縣，俱屬南平郡。」《水經·澧水篇》注云：「澧水出武陵充縣西，歷山東過其縣南。又東過零陽縣之北。又東過作唐縣北。」酈注云：「澧水又東，澹水出焉。澧水又南逕故郡城東，東轉逕作唐縣南。又東逕南安縣南，澹水注之，水上承澧水於作唐縣，東逕其縣北，又東注于澧，謂之澹口」，下即引此詩語。趙氏云：「澹水，三國時亦曰誕水。《吳書·黃蓋傳》所謂『巴、醴、由、誕』，由即油水，誕即澹水也。」《紀要》又謂「澧水在今澧州南三里，源出慈利縣之歷山，東至州城下，而州東二十五里之澹水流合焉。」慈利，本漢充縣地。

贈五官中郎將　劉公幹

63. 竄身清漳濱

注引《漢書》曰：「魏郡武始縣漳水至邯鄲入漳。」又《山海經》：「少山，清漳水出焉，東流于濁漳之水。」

案：《方輿紀要》云：「今廣平府邯鄲縣西南二十里有邯鄲城，即漢舊縣，屬趙國。又西南五十里有武始城，本韓地。秦昭襄王十三年伐韓，取武始，漢因置縣，屬魏郡。」考漳水，本分清、濁。《漢志》言漳水入漳，未免於紊，疑今本有脫字。《志》又於上黨郡長子縣下云：「鹿谷山，濁漳水所出。東至鄴，入清漳。」「沾縣」下云：「大黽谷，清漳水所出。東北至邑成，入大河。」「黽」，當作「黽」，即「要」字。「邑成」，蓋「阜成」之訛。據《志》，是濁漳入清漳。《山海經》乃言「清漳入濁漳」者《水經・濁漳水篇》注云：「漳水於武安縣東，清漳水自涉縣東南來流注之，世謂決入之所為交漳口。」合於《山海經》而異於《漢志》。全氏謂杜君卿曰：「清漳，今為濁漳所奪故也。」《紀要》則云：「漳水有二源，俱至臨漳縣西而合。」竊意兩水相會，彼此可稱入，或各隨所見言之歟？即「決入之所」亦稍別。《水經》云：「又東過武安縣南，又東出山，過鄴縣西。」「武安」，今屬彰德府，府正鄴地也。是二漳之合，實在鄴中。《漢志》長子縣下所云是也。《水經》又於「過鄴縣」下云：「又東過列人縣南」，注云：「漳水又東，右逕斥邱縣北，即裴縣故城南。又東北逕列人縣故城南，于縣右合白渠故瀆。白渠水出魏郡武安縣，東南流逕邯鄲縣南，又東與拘澗水合。水導源武始東山，入白渠《漢志》武始下同。白渠水又東，有牛首水入焉，其水東入邯鄲城。」然則《志》所紀武始下至邯鄲入漳者，已在合流以後矣。且《漢志》言濁漳入清漳，清漳入河。則濁漳自鄴以下，皆清漳之流。而酈注皆以為濁漳，至後文東北過平舒縣下，忽敘入清漳。趙氏謂其欲應《漢志》之說。然不云入河，而云東注于海，是仍與《漢志》戾也。《紀要》又据《通釋》云：「漳水舊從德州長河縣，東北流經瀛州平舒縣，入于河。周定王五年，河徙而南。故漳水不入河而自達于海。」

余謂果周時已自入海，孟堅在東漢時何以尚言入河，恐此說未的。酈氏，北魏人，與漢時不同，或有變更。但桑欽亦漢人，《水經》先言入海，又似《漢志》誤也，俟明者再審之。若其從出之處，《志》云「鹿谷山」，《水經》以為「發鳩山」，注云：「漳水出鹿谷山，與發鳩連麓而在南。」《淮南子》

謂之「發苞山」，故異名互見也。《水經》云「清漳出少山大黽谷」，即《山海經》所謂「少山」。而大黽，則山之谷名，亦與《漢志》不異耳。

又贈丁儀王粲　曹子建

64. 從軍度函谷，驅馬過西京

注引《魏志》曰：「建安二十年，公西征張魯。」

案：何氏焯云：「《魏志》：『建安二十三年秋七月，西征劉備，九月至長安。』此其事也。征魯，未嘗至長安，自陳倉以出散關，注誤。李氏云然者，蓋《魏志·王粲傳》：『粲以建安二十一年，從征吳。二十二年春，道病卒。』若二十三年西征，為粲已亡故也。考文帝《書》『徐、陳、應、劉，一時俱逝。』獨不言粲，則粲之亡在二十二年後矣。」

余謂陳倉在長安之西，《志》言至陳倉，當為過長安以後事。計自三月出兵，五月已屠氐人，是疾趨而進，過長安無事，故不書與？二十三年九月至長安，次年三月，始自長安出斜谷，中間有事者異，不得謂征魯，竟未過長安也。粲之卒，《傳》有明文，況本書後有子建《王仲宣誄序》云：「建安二十二年正月二十四日戊申，魏故侍中關內侯王君卒。」《誄》內「嗟彼東夷，憑江阻湖。」注：「東夷，謂吳也。」下云「寢疾彌留，吉往凶歸。」是粲實卒於征吳之役，與《魏志》正合。即以子建文證之尤確，且何所引文帝《書》，亦非。據《志》，幹、琳、瑒、楨之卒，俱二十二年，蓋前後不久，竝死於疫。故二十三年，帝《與吳質書》云：「昔年疾疫，親故多離其災。徐、陳、應、劉，一時俱逝。」而粲之卒，則在從征，不得竝言耳。然《書》下文云：「仲宣獨自善於詞賦，惜其體弱，不足起其文。」下又云：「昔伯牙絕絃於鐘期，仲尼覆醢於子路。痛知音之難遇，傷門人之莫逮。諸子但為未及古人，自一時之儁也。今之存者，已不逮矣。」「諸子」，正兼粲言之。然則粲已前卒可知，豈得謂於作此《書》時猶在乎？何說甚疎，宜從注。

贈秀才入軍　嵇叔夜

65. 微風動袿

注引《方言》曰：「袿謂之裾。」又云：「袿或為幃。」

案：前《思玄賦》「揚雜錯之袿徽」，注亦引《方言》。而《廣雅》云：「袿，袖也。」又曰：「長襦也。」《禮記》「素紗」注：「如今袿袍襈重繒也。」疏曰：「漢有袿袍，其袍下之襈以裏繒為之。」此正所謂長襦矣。《釋名》云：「婦人上服曰袿，其下垂者，上廣下狹，如刀圭也。」既言「下垂」，即是「裾」。《禮·深衣》「續衽鉤邊」，賈逵謂之「衣圭」，亦「袿」字之義，則「袿」非袖也。本書《神女賦》「被袿裳」，枚乘《梁王菟園賦》「袿褐錯紆」，《晉書·夏統傳》「服袿襦」，似皆謂「長襦」。《說文》「襦」訓「短衣」，而曰「長襦」，固言其裾之垂也。然則此「動袿」，即「動裾」耳。若「幃」乃香囊之屬，見《思玄賦》「風不應動」之注下說「帷帳」，或以「幃通帷」，又與下「組帳高褰」複，知作「幃」者，非也。

贈馮文羆遷斥邱令　陸士衡

66. 標題下注引　闞駰《十三州記》曰：「斥邱縣在魏郡東八十里。」

案：《漢志》「斥邱」屬魏郡。《水經·洹水篇》注云：「白溝，上承洹水，北逕斥邱縣故城西，縣西南角有斥邱，因以氏縣，故春秋之乾侯。漢高帝封唐厲為侯國，王莽之利邱矣。」錢氏坫曰：「斥邱，在今廣平府成安縣東南三十里。」應劭云：「地多斥鹵，故曰斥邱。」

余謂《方輿紀要》言「成安縣西南至臨漳縣八十里」，蓋在鄴都之東北，故詩內云「陟彼朔垂」，後又有贈馮詩亦云「佇立望朔塗」也。

於承明作與士龍　陸士衡

67. 婉孌居人思

注云：「《方言》曰：『惋，歡也。』惋與婉同，古字通。《說文》曰：『孌，慕也。』」

案：《詩》之「婉孌」，毛傳云：「少好皃。」《說文》作「婉」、「嬿」二字，俱云：「順也。」《人部》無「惋」字。惟《集韻》云：「惋，歡樂也」，蓋本《方言》。《說文》「孌」為「嬿」之籀文，別有「孌」字，即今之「戀」字。《廣韻》分為二，「孌」在《二十八獮》，訓「美好」。「戀」在《三十三線》，云：「慕也。」此處若從「婉孌」本訓，則與「居人思」不合，故李氏

圓其義。後潘正叔《贈陸機》詩「婉孌兩宮」亦同，蓋六朝人率如是用矣。

答張士然　陸士衡

68. 駕言巡明祀

注引《詩》：「敬恭明祀今本恭，或誤祭。」

案：《雲漢》詩「敬恭明神」，《釋文》云：「明祀，或作明神。」是陸作「明祀」，而《正義》則用「或作」本也。盧氏考證謂「作明祀者，又見《隸釋西嶽華山亭碑》。」胡墨莊云：「《箋》言『肅事明神，如是明神，宜不恨怒於我。』則鄭所據《毛詩》自作『明神』。《東京賦》『盛夏后之致美，爰敬恭于明神。』李注引《詩》『恭敬明神敬恭誤倒』，知張平子所據《詩》亦作『明神』，即有一本作『明祀』，要不得據以輕改。」

余謂善注兩引，一同《釋文》本，一同《正義》本，蓋各就其正文，故異耳。

為賈謐作贈陸機　潘安仁

69. 神農更王，軒轅承紀

注引《史紀》曰：「軒轅為天子，代神農氏，是為黃帝，順天地之紀。」《家語》孔子曰：「古之王者易代改號，取法五行。五行更王，終始相生也。」

案：何氏焯云：「神農更黃，黃當作皇，謂五帝更三皇也。古黃、皇通用。」

余謂何校作「皇」，亦非。注中明引《家語》言「五行更王」，非謂帝皇之分，今本作「王」，是也。張氏《膠言》又因上引《史記》，遂以黃為黃帝。然黃帝即軒轅，不應累疊。注意蓋以黃帝承神農之後，為「承紀」二字作證耳。若作「更黃」，殊為不辭。果爾，則注引《家語》豈非贅乎？

70. 在南稱甘，度北則橙

注引《淮南子》曰：「江南橘，樹之江北，而化為橙。」

案：所引見《原道訓》。今本「橙」作「枳」。《讀書雜志》以為「後人依《考工記》改之也。《埤雅》引亦作『枳』，則所見本已誤，宜以此注正之。

《藝文類聚》《太平御覽・果部》竝引《考工》為『枳』，引《淮南》為『橙』，義各不同。晉王子升《柑橘贊》：「異分南域，北則枳橙。」此兼用二書也。」

余謂《說文》「橘果，出江南。」「橙，橘屬。」「枳，木似橘。」《楚辭・橘頌》：「受命不遷，生南國兮。」故《禹貢》「揚州厥包橘柚」，正南國也。「荊州包匭菁茅」，鄭注：「包匭下屬」，而王肅截「包」字為句，云「橘柚」也，非是。然云「出江南」者，乃言其與北地異耳，非必定以江為界。《南都賦》「穰橙鄧橘」，「穰」、「鄧」，俱荊州南陽郡，何嘗不在江之北耶。陳藏器曰：「今江南枳、橘皆有，江北有枳無橘。此自別種，非關變易。惟穰距鄧僅二里，而橙、橘各擅稱，則地氣之分，固有不可知者。」

注又引《博物志》曰：「橘柚類甚多，甘、橙、枳皆是。」

案：「甘」，俗從木作「柑」。《禹貢》某氏傳：「小曰橘，大曰柚」，皆為柑也。《上林賦》「黃甘橙楱」，郭璞注：「黃甘，橘屬而味精。」若《大荒南經》「甘木是食」，注：「甘木，即不死樹，食之不老」，則別為一物矣。

贈何劭王濟　傅長虞

71. 二離揚清暉

注云：「《漢書》曰：『長麗前掞光耀明。』臣瓚曰：『長離，靈鳥也。二離，日、月也。』」

案：注引《漢書》及瓚說，義已晰。下復增一解，蓋本《易・離卦》「日月麗乎天」，故云「二離」。但詩上文以「日月光太清」頌晉之興，不應又以日、月喻何、王。且「長離」與上「雙鸞」正相稱，此解未允。孫氏《補正》轉謂「上注宜刪」，非也。

又案：潘安仁為賈謐詩：「婉婉長離，凌江而翔。」注亦引《漢書》語，見《禮樂志》，「麗」與「離」通。方氏《通雅》云：「司馬相如《大人賦》『前長離而後矞皇』，此中央雌雄二鳳也。或曰長離謂禽之長，古禽、离字通。《元命包》曰：『火離為鳳』。」

余謂《漢志》注釋「長離」引舊說云「鸞也。」又本書《思玄賦》「前長離使拂羽」，注引如淳曰：「長離，朱鳥也。」《說文》：「鸞，亦神靈之精也。」段氏引「《元命包》曰：『離為鸞。』或謂朱鳥者，鸞也。後漢太史令蔡衡曰：『多赤色者鳳，多青色者鸞。』」說雖稍異，要之，「離」與「鸞」竝鳳屬。

此處上言「鸞」，則不以為「離」即「鸞」矣。

為顧彥先贈婦　陸士龍

72. 總章饒清彈

注引孫盛《晉陽秋》傅隆議曰：「其總章技，即古之女樂。」

案：孫氏《補正》引何云：「後漢《獻帝紀》『總章始復備八佾之舞』，注：『總章，樂官名。古之《安世樂》，是女伎兼領於總章耳。』」又王僧虔《論三調歌》曰：『今之清商，實由銅雀，然清彈謂清商也。』」此說為注作證更晰。

73. 問此玄龍煥

注云：「《石氏星讚》曰：『軒轅，龍體，主后姬疑當作妃。』然此即指上西城總章宮人，不論於后也。龍色多玄，故取以喻。」

案：注以龍喻美女，則「玄」字，疑本左氏《昭二十八年傳》：「昔有仍氏生女黰黑而甚美，名曰玄妻。」此云「龍色多玄」，似未合。

答盧諶詩　劉越石

74. 二族偕覆，三孽並根

注引《晉書》《晉錄》證二族已明。又云：「三孽，謂琨之兄子也。一曰謂劉聰、劉曜、劉粲也。」

案：後說是也。此敘琨、諶父母俱為劉害，謂劉、盧二族之覆，由於「三孽」。注引《漢書》「三孽之起，本根既朽」，以詩有「竝根」字也。原其始造，固本之《商頌》「苞有三蘗」耳。詩下云「長慙舊孤，永負冤魂。」注以為「結上二句。舊孤，謂三孽。冤魂，謂二族。」

余謂此方敘兄子演事，非複衍。上文二語一氣，演之領郡，琨實遣之，乃至陷沒，故曰慙、曰負。若謂「三孽」，則祇有少子及演，無三人也。孫氏《補正》於此從後說。又上「嬿婉新婚」引呂向注「諶妹嫁琨弟」，故盧贈劉云「申以婚姻」，可補李氏所未詳，皆得之。

贈劉琨　盧子諒

75. 三台摛朗

注引「《漢書》曰：『北斗魁下六星，兩兩而比，曰三能。』又《春秋漢含孳》曰：『三公法三能。』台與能同。」

案：此所引《漢書》在《天文志》，而《後漢書・郎顗傳》注：「魁下六星曰三台」，是「能」或作「台」也。《禮記・樂記》疏云：「古時以今『能』字為『三台』之字，而以『耐』字為今之『能』字；後世廢古『耐』字，以三台之『能』替『耐』字，又更作『三台』之字，是今古變也。」故李氏於《月賦》注云：「能，古台字。」《皇太子釋奠會詩》注：「能與台同。」於此處及《王文憲集序》《王仲宣誄》《褚淵碑文》諸注又云：「台與能同。」今人則鮮知「三能」者矣。

西陵遇風獻康樂　謝惠連

76. 昨發浦陽汭，今宿浙江湄

注引《水經注》曰：「浦陽江導源烏傷縣，而經上虞縣。」

案：此所引見《漸江水篇》，僅略舉首尾，而未分浦陽江之有二派。據酈注云：「浙江水逕永興縣南，東合浦陽江。江水導源烏傷縣，又東逕諸暨縣，與洩溪合。」蓋至永興始合浙江。永興，本《漢志》之餘暨，吳改為永興，即今之蕭山縣也。此一派，後世謂之錢清江。酈又云：「浦陽江東迴北轉，逕剡縣東《方輿紀要》謂此為剡溪之下流，北逕嵊山，又東北逕始寧縣東，逕上虞縣南，亦謂是水為上虞江。江之道南，有曹娥碑，江東逕周市而注永興。」此一派，後世謂之曹娥江，但酈氏祇連綴言之。全氏祖望云：「浦陽江水發源義烏即烏傷縣，分于諸暨，是為曹娥、錢清二口。其自義烏山南出者，道由蒿壩，所謂東小江也，下流斯為曹娥。其自山北出者，道由義橋，所謂西小江也，下流斯為錢清。考浦陽之名，漢時所未有，故班《志》不錄。然《志》於浦陽東道之水則曰柯水，而係之上虞，即曹娥也。西道之水則有潘水，而系之餘暨，即錢清也。《續志》有潘水而失柯水，至韋昭始以浦陽為三江之一。六朝時，合曹娥、錢清二江總曰浦陽，故謝康樂《山居賦》所云皆指曹娥，而《南史》爭戰之地，則皆在錢清。歷唐、五代作志乘者，尚無曹娥、錢清之

名，故《九域志》以曹娥鎮屬會稽，錢清鎮屬山陰可證也。道元注《水經》以上虞江稱曹娥，而錢清則否，是知曹娥為浦陽江經流無疑。蓋浦陽之水東行者，當隄堰未興之日，直自餘姚達于句章之境，非猶夫今之曹娥也。道元言之不明，遂啟後人之疑。」

余謂《方輿紀要》以錢清江為即浦陽江，而曹娥江為支流，與全說異，其分二派則同。此詩係西陵遇風作。「西陵」，本曰固陵，有西陵湖，亦謂之西城湖，亦見酈注。今在蕭山縣西十二里，正惠連由浦陽江來之所經。曰「昨發」、「今宿」，言其相近也。《紀要》即引此詩為證。

還舊園作見顏范二中書　謝靈運

77. 久欲還東山

注云：「東山，謂會稽始寧也。」

案：《方輿紀要》：「故始寧城在今上虞縣西南五十里，後漢永建四年，分上虞南鄉置縣，吳晉以後因之。東山在縣西南四十五里。登陟幽阻為絕勝，即晉謝安所居。又縣西南五十里曰壇讙山，有成功嶠，以謝玄破苻堅歸會稽而名。」靈運為玄之孫，《宋書》本傳云：「靈運父祖竝葬始寧縣，有故宅及墅。遂移籍會稽，脩營別業，傍山帶江，盡幽居之美。」即後《過始寧墅》詩注所引者。《南史》亦同，蓋謂此舊園矣。

78. 閩中安可處

注引《漢書》曰：「故越王無諸世奉越祀，身帥閩中兵，以佐滅秦。」韋昭曰：「東越之別名也。」

案：如注所引，蓋閩越本通稱。康樂為永嘉太守，永嘉於春秋、戰國時竝屬越，秦為閩中郡，即今之溫州府治，府境尚多與福建接壤。故宋雖仍晉舊郡，易名永嘉，而亦可稱閩中也。

登臨海嶠初發疆中作與從弟惠連　謝靈運

79. 顧望脰未悁

注云：「《說文》曰：『悁，疲也。』痌與悁通。」

案：今《說文・疒部》無「痟」字，其《心部》「悄」字云：「恖也。」「恖」非「痍」義。注云通者，蓋同音假借字耳。《玉篇》《廣韻》皆云：「痟，骨節疼也。」訓正與「痍」近。殆今本《說文》有佚脫也。

暫使下都夜發新林至京邑贈西府同僚　謝玄暉

80. 驅車鼎門外

注引《帝王世紀》曰：「春秋，成王定鼎于郟鄏，其南門名定鼎門，蓋九鼎所從入也。」

案：《方輿紀要》云：「周之王城，即今河南府，本十二門，南城門曰圉門。《左傳・莊二十一年》『子頹之亂，鄭虢定王室，鄭伯將王自圉門入』是也。東城門曰鼎門，以九鼎自此而入也。」蓋本之《玉海》，與《世紀》異。《河南府志》謂：「左氏《桓二年傳》『武王克商，遷九鼎於洛邑。』《宣三年傳》『成王定鼎於郟、鄏。』二者不同，蓋武王遷之，成王定之也。」其遷也，必先於下都，下都即成周，今洛陽也洛陽故城，本在府東北二十里，至隋改營東京城，始合而為一。迨王城既營，乃定郟鄏，故王城東門曰鼎門，想當然也。

余謂鼎從殷遷，殷自盤庚以後都亳，今偃師縣地。紂都朝歌，今衛輝府淇縣地，鼎於二都何屬，無可考。然亳在河南府東，朝歌在府東北，與由下都遷，皆入東門為順，不應轉逾東而入南門，似《玉海》近是。但自皇甫謐以為南門，而趙宋稱西京，亦以南門為定鼎門，殆因古而名之。此詩係發新林至京邑作，彼時京邑，固建康也。新林浦在建康城西南十八里，則宜入南門。玄暉當是用謐說，而借河南之南門比建康之南門，猶之西漢都長安，東漢都洛陽，而後世稱京師者，遂或曰長安，或曰京洛也。下句「思見昭邱陽」，則指同僚之在荊州者而言矣。

《文選集釋》卷十七

河陽縣作　潘安仁

1. 潁如槁石火

注引《詩》:「弗擊弗考。」毛萇曰:「考,亦擊也。」又云:「槁與考,古字通。」

案:今《詩》「擊」作「鼓」。釋文:「鼓如字,本或作擊,非。」《正義》曰:「今定本云『弗鼓弗考』,注云:『考,擊也。』無『亦』字,義竝通。」而《御覽・樂部》「鼓」引《詩》「不擊不考」,與此注皆同。「或作」本,胡墨莊云:「《毛傳》:『考,亦擊也。』與上文『婁,亦曳也』同例。陸必以『或作』為非,恐未然。」

余謂今《傳》「考,擊也」,蓋脫「亦」字。觀善注所引可知。「槁」與「考」通者,音本相近。《考工記・輪人》注:「揉,謂以火槁之。」疏云:「槁,就也。」左氏《隱五年經》「考仲子之宮」,疏云:「考是成就之義。」《釋名・釋喪制》曰:「考,成也。亦言槁也,槁於義為成,凡五材,膠漆陶冶皮革乾槁乃成也。」是二字義通,故「考」之為「擊」,亦可借作「槁」矣。

迎大駕　潘正叔

2. 狐狸夾兩轅,豺狼當路立

注引《漢書》侯文謂孫寶曰:「豺狼橫路,不宜復問狐狸。」

案：此所引見寶本傳。又《後漢書·張綱傳》：「綱與人同受命巡察州郡，獨埋其車輪於洛陽都亭，曰：『豺狼當道，安問狐狸。』」注云：「前書京兆督郵侯文之辭。」是綱語，實本於文。然世多知綱，不知文。殆以文欲寶窮治大俠杜稚季而未行，綱則奏彈梁冀風節較著也。

赴洛　陸士衡

3. 撫劍遵銅輦

注云：「銅輦，太子車飾，未詳所見。」

案：此詩本士衡為太子洗馬時作，故注云。然據《續漢書·輿服志》云：「皇太子、皇子皆安車，朱班輪，青蓋，金華蚤，黑櫨文，畫幡文輈〔1〕，金塗五末。」彼注引「魏武帝令問東平王：『有金路何意，為是特賜否〔2〕？』侍中鄭稱對曰：『天子五路，金以封同姓，諸侯得乘金路，與天子同。其自得有〔3〕，非特賜也。』」銅為金三品之一，然則「銅輦」亦金路耳。

【校】

〔1〕「幡」，《後漢書》作「轓」。

〔2〕「否」，《後漢書》作「非」。

〔3〕「其」，《後漢書》作「此」。

辛丑歲七月赴假還江陵夜行塗口　陶淵明

4. 標題下注引　《宋書》曰：「潛自以曾祖晉世宰輔，恥復屈身後代，自高祖王業漸隆，不復肯仕。所著文章，皆題年月。義熙以前，則書晉氏年號；自永初以來，惟云甲子而已。」

案：汲古閣摹刻蘇文忠手書《淵明集》後有宋虎邱僧思悅跋云：「淵明之詩，有題甲子者，始庚子，距丙辰，凡十七年，祇九首，皆晉安帝時作。中有《乙巳歲三月為建威參軍使都經前溪》，作此年秋。乃為彭澤令，在官八十餘日，即解印綬，賦《歸去來辭》。後十六年庚申，晉禪宋，恭帝元熙二年也。」蕭德施《淵明傳》云：「自宋高祖王業漸隆，不復肯仕，於淵明之出處，得其實矣。甯容晉未禪宋前二十年，輒云恥事二姓。所作詩，但題

甲子而自取異哉。矧詩中又無有標晉年號者，首所題甲子，但偶記一事耳。後人類而取之，亦非淵明之意也。」余同邑趙琴士徵君《讀書偶記》云：「淵明文章，晉標年號，宋書甲子。《宋書》實為此說，《南史》亦同惟《晉書》刪此語，而李善取以注《文選》。夫沈約工詩，既去淵明不遠；李善最博，未必耳食為言。此二公當非不見《淵明集》者，使集中書甲子僅此九首，又皆在晉時，而無標晉年號者，此亦開卷可得，而何作此言。」意集中所書年號、甲子，轉相傳寫，必為後人所刪去，而此數首特刪之未盡耳。未可便以為《宋書》《文選注》之失也。且淵明未必首首題年號、甲子，不過於一年所作之前題之，如《飲酒》《讀山海經》等。使題云某年號，某甲子，《飲酒》《讀山海經》成何等語耶？此數首特記一事，故書甲子於題首。而是歲中所標年號，必在前矣。後人刪去之，而此數首之甲子，以在題上，故不刪，此情理自然可想而知。乃何義門欲改《文選注》，以為當云：『自永初以來，不書甲子。』鑿空為說，殊可異也。」

余謂如思悅之論，殆因此詩題辛丑，即庚子後一年，去禪宋時尚遠，故為此說。但於宋業漸隆，不復肯仕，亦以為得其實。而近人閻氏詠並辨淵明之先，非出士行，據《宋書》所載《命子》詩為證。今觀其詩，五章言長沙勳德，謂侃也。六章即言其祖考，其云「惠和千里」者，淵明祖茂為武昌太守也。然則茂當是侃十七子中之一，層遞而下，正相聯貫，何得云昭明作《淵明傳》，誤讀此詩。又引集內《贈長沙公》詩序云：「長沙公與余為族祖，同出大司馬。昭穆既遠，已為路人。」而謂大司馬當作右司馬，即漢高時功臣陶舍丞相青之父，惟誤稱大司馬侃贈大司馬者也。

余考侃封長沙郡公，此《贈長沙公》詩，蓋襲爵者。《宋書》紀侃之卒，在晉成帝咸和七年《綱目》作九年。淵明卒於宋文帝元嘉四年，年六十三。上溯之，為晉哀帝興寧三年。是淵明之生，距侃卒尚三十餘年，以為曾祖世次正合。侃多子，族屬本繁，且傳數代，閱時甚久，中更喪亂，各有轉徙。其云「昭穆既遠，已為路人」，固情理所有。閻氏自謂援正史及所自著詩正之。然《晉書》《宋書》《南史》皆正史也，言侃為淵明曾祖無異詞，乃不之信，豈非矛盾？既據詩序，序明云「同出大司馬」，顧又改「大」為「右」，以就其說，何耶？又王氏昶《書陶淵明傳後》云：「侃子十七人，見於史者九人。惟瞻子宏襲侃長沙公爵，傳子綽之孫延壽。及宋受禪，降為吳昌侯，淵明所稱族祖長沙公，必延壽也。」延壽係侃四世孫，淵明尚謂之族祖，序復稱為「路人」，是服已

盡者。淵明當為侃七世孫,各傳稱侃曾孫,恐誤也。吳仁傑撰年譜謂「當稱族孫,稱族祖者,乃字之誤」,亦恐臆斷。此說世次雖異,而以為侃後則同。本書顏延之有《陶徵士誄》,延之,宋人,與淵明相契,為之稱曰「有晉徵士」,不待《綱目》之書。知淵明恥事二姓,確然無疑。至流傳陶集,於年號、甲子未免參差,則趙說最通達,特備錄,以俟後人論定云。

又案:此詩之辛丑,當為晉安帝隆安五年,時淵明三十七歲,不應詩云「閑居三十載」,疑「三十」乃「二十」之誤。詩又云「投冠旋舊墟」,「養真衡茅下」,蓋已懷退遯之志。閱四歲,乙巳,遂踐其言矣。若集內別有辛丑正月五日《遊斜川》詩云「開歲倏五十」,則王氏鳴盛《十七史商榷》謂「曾見宋板陶集,丑,一作酉;十,一作日。」是彼辛丑為辛酉之誤可知。

5. 標題下注又引 《江圖》曰:「自沙陽縣下流一百一十里,至赤圻,赤圻二十里,至塗口。」

案:《水經·江水三篇》注云:「江中有沙陽洲,沙陽縣治也。縣本江夏之沙羨,晉太康中,改曰沙陽縣。」又云:「江水左逕百人山南,右逕赤壁山北。昔周瑜與黃蓋詐魏武大軍處也。」又云:「右則塗水注之,水出江州武昌郡武昌縣泰山〔1〕,西北流逕汝南僑郡故城南。咸和中,寇難南逼,戶口南渡,因置斯郡,治于塗口。」《方輿紀要》云:「今嘉魚縣北有沙陽城,赤壁山在縣西北。《元和志》『山在蒲圻縣西百二十里』,時未置嘉魚也。」

余謂今之蒲圻,本漢沙羨縣地。《元和志》所云與《江圖》僅差十里,則此注赤圻,即嘉魚之赤壁矣。《紀要》於今江夏縣之赤壁山云:「一作赤圻,亦曰赤磯。俗言周瑜破曹操處,誤也。」是殆非此注之赤圻。附案:今江夏間言赤壁有五:漢陽、漢川、黃州、嘉魚、江夏也。孫曹鏖兵處,當以嘉魚為可據,亦見《紀要》。

《紀要》又云:「塗水,一名金水,西北流入大江。亦曰塗口,亦曰金口。張舜民曰:『金口在鄂州西南六十里』。」

【校】

〔1〕「泰山」,《水經注校證》作「金山」。

6. 不為好爵縈

注引《易》曰:「我有好爵,吾與子縻之。」

案:今《易》「靡」字,《漢上易傳》引子夏作「縻」,「縻」與「靡」,古

通用。釋文引陸績作「纗」,「纗」即「麼」也。《廣雅‧釋詁》:「麼,係也。」蓋謂係戀也。此正文「縈」字,何氏校本依陶集改「縈」,是也。《玉篇》:「縈,旋也。」《廣韻》:「縈,繞也。」皆與「係」義近。胡氏《考異》乃云:「當作『營』,引《易》『不可營以祿』。虞翻本『縈』作『營』。」然是《否卦‧象辭》,與《中孚卦》無涉。注意似亦以「麼」釋「縈」,若作「營」,則上「為」字文義未合。《考異》又云:「陶集《詠貧士》第四首『好爵吾不縈』」,可見「縈」未必非又「縈」之誤。

余謂彼處「縈」當亦「縈」之誤,且「吾不縈」原可通,而此「不為好爵縈」,固「縈」字較長。今本《蘇詩施注》引陶《貧士》詩,則作「好爵吾不麼」,益知《考異》所見之本作「縈」者非矣。

富春渚　謝靈運

7. 定山緬雲霧,赤亭無淹薄

注引「《吳郡記》:『錢唐西南五十里有定山,橫出江中。』赤亭,定山東十餘里。」

案:《方輿紀要》:「定山,一名獅子山,錢唐縣東南四十里」,洪氏《圖志》同。《水經注》:「縣東定已諸山,西臨浙江」,是已。此注「西南」,疑誤。《紀要》引《南征記》:「赤山埠西走富陽,南出江灘,有六和塔,殆即赤亭也。」又「浙江於蕭山縣西曰定山江,蓋以山得名。相距二十許里,有漁浦,對岸為錢塘之六和塔。」詩上聯所云「宵濟漁浦潭」者也。

登江中孤嶼　謝靈運

8. 孤嶼媚中川

注引《吳都賦注》曰:「嶼,海中洲上有山石。」

案:《說文》「嶼」字在《新附》中,云:「島也。」《玉篇》:「嶼,海中洲。」《廣韻》同。此注本無指實,而《寰宇記》云:「孤嶼在溫州南四里,永嘉江中。渚長三百丈,闊七十步,嶼有二峰。」《方輿紀要》遂以為山名,云:「山與城對,兩峰上各有塔,山麓有江心寺。」當是後人因康樂此詩以名之耳。

又案：「嶼」為俗體，前《上林賦》「行乎洲淤之浦」，注引《方言》曰：「水中可居者曰洲。」《三輔》謂之「淤」，與「於」同聲，則「嶼」當作「淤」。

初去郡　謝靈運

9. 獲我擊壤聲

注引周處《風土記》曰：「擊壤者，以木為之，前廣後銳，長四尺三寸，其形如履。將戲，先側一壤於地，遙於三四十步，以手中壤擊之，中者為上部。」

案：羅泌《路史·帝堯紀》「蒼髫巷歌，黃髮擊壤」，乃用張景陽《七命》文，其子苹注云：「《藝經》曰：『壤，以木為之，前廣後狹。』此後世依託者。又《風俗通》曰：『形如履，長三四寸，下僮以為戲，俱妄要是敲擊土壤爾。』據此，則云「壤，木為者」，羅苹已駁之，但苹誤以《風土記》為《風俗通》耳。觀此注下引《論衡》「擊壤於塗」，《高士傳》亦曰「擊壤於道中」，安有行道塗而預攜木壤以為戲乎？而謂堯時已有之乎？至《御覽》引《風土記》作「壤尺三四寸」，《困學紀聞》引作「長尺三寸」，《路史》注「長」下亦應有「尺」字，此注作「四尺三寸」，則張氏淏《雲谷雜記》以為傳寫之誤，是已。

余謂《名堂位》「土鼓蕢籥，伊耆氏之樂也。」鄭注：「蕢讀為凷。」蓋上古以土為樂器，故「擊壤」而歌，即擊土壤以為節也。

入彭蠡湖口　謝靈運

10. 攀崖照石鏡，牽葉入松門

注引張僧鑒《潯陽記》曰：「石鏡山東，有一圓石，懸崖明淨，照人見形。」顧野王《輿地志》曰：「自入湖三百三十里，窮於松門東西四十里，青松遍於兩岸。」

案：如注語，似「石鏡」、「松門」為二山。據《一統志》，「松門山，在南昌府北二百十五里，上有石鏡。」則是一地也。《方輿紀要》云：「松門山，在今都昌縣南二十里，俗呼峇嵳山。都昌，本彭澤縣地，鄱陽湖亦在縣東南二十里，故入湖口，即近松門山矣。」

又案:《水經・廬江水篇》注云:「廬山之北有石門水,水生嶺端,嶺南有大道,順山而下,若畫焉。山東有一圓石,懸崖明淨,照見人影。晨光初散,則延曜入石,豪細必察,故名石鏡。」據此,則石鏡山亦廬山之支麓,別言之耳。

始安郡還都與張湘州登巴陵城樓作　顏延年

11. 清氛霽岳陽

注引《說文》曰:「氛亦雰字也。」

案:注中上「氛」字,胡氏《考異》謂「茶陵本作『雰』,是也。」《說文・氣部》:「氛,祥气也。」重文為「雰」。段氏謂:「雰為《小雅》『雨雪雰雰』之字,《月令》『雰霧冥冥』,《釋名》:『氛,粉也。潤氣箸艸木,因凍則凝,色白若粉也。』皆當作『雰』,與祥氣之『氛』各物,不當混而一之。」但「雰」既為「氛」之重文,《一切經音義》十三古文「氛」、「雰」同。前《西京賦》「消雰埃於中宸」,薛注:「雰埃,塵穢也。」蓋亦以「雰」為「氛」矣。

注又引《左傳》杜註:「氛,氣也。」

案:此見《襄廿七年傳》「楚氛甚惡」注。而《昭十五年傳》云:「非祭祥也,喪氛也。」杜注:「氛,惡氣也。」《晉語》:「獻公田,見翟柤之氛。」韋註:「氛,祲氛,凶象也。凶曰氛,吉曰祥。」段氏謂「統言則祥氛二字皆兼吉凶,析言則祥吉氛凶。」《說文》云「祥氣」是統言之。此詩「清氛」正屬「祥氣」,《考異》謂「善引《說文》『雰』字為注,其正文作『雰』明甚。」而今本作「氛」,則與本義尤合。

還都道中作　鮑明遠

12. 昨夜宿南陵,今旦入蘆洲

注引「《宣城郡圖經》曰:『南陵縣西南水路一百三十里。』庾仲雍《江圖》曰:『蘆洲至樊口二十里,伍子胥初所渡處。樊口至武昌十里。』然此蘆洲在下,非子胥所渡處也。」

案:《方輿紀要》:「今繁昌縣有南陵戍,在縣西南,下臨江渚。」胡氏

曰：『六朝時，江州東界，盡於南陵。』蓋謂江津要處，非今之南陵縣梁置南陵縣治，赭圻亦在繁昌界，非今治。義熙六年，盧循攻建康，不克。南還尋陽，留其黨范崇民據南陵。」據此，則南陵在尋陽之下，而《江圖》之蘆洲在武昌縣西三十里。《水經・江水三篇》注云：「邾縣故城即今之黃州府南對蘆洲，亦謂之羅洲是也。」蓋在尋陽上流，不應先宿南陵，而後入蘆洲，故注辨之。今亦未能指其處。若亳州東，別有蘆洲，乃渦水之北岸，不臨江渚，明非此矣。

望荊山　<small>江文通</small>

13. 荊山

下無注。

案：《漢志》「左馮翊褱德」下云：「《禹貢》北條荊山在南，所謂導岍及岐，至于荊山」者也。又「南郡臨沮」下云：「《禹貢》南條荊山在東北，所謂荊及衡陽維荊州」者也。《山海經》：「荊山，在景山東北百里。」胡氏《錐指》謂「即卞和得玉處。」本詩首句云「奉義至江漢」，則正臨沮之荊山矣。若今懷遠縣治，西南別有荊山。蕭梁於山下立堰，以遏淮流。《水經注》「淮水過塗山而後至荊山」者。又《方輿紀要》云：「今河南禹州，古之陽翟也。州西北五十里有荊山。」《洛陽記》「齊武帝於此採玉」者，蓋皆非此。

附案：卞和抱璞，語見《續漢志》，注引《荊州記》。

14. 始知楚塞長

注引盛弘之《荊州記》曰：「魯陽縣，其地重險，楚之北塞也。」

案：《方輿紀要》：「今汝州魯山縣，本漢魯陽縣地，治南有魯陽城，縣東北八十里為魯山。」又「魯陽關在縣西南九十里，與南陽府南召縣分界，即三鴉路口也。」《淮南子》：「魯陽公與韓戰酣，日暮揮戈，日返三舍」，即此。關控據要險，自昔為必爭之地矣。

余謂詩下文「南關繞桐柏，西嶽出魯陽。」注引《漢書》曰：「南陽郡魯陽縣有魯陽山。」今《漢志》但云「魯山」，無「陽」字，縣以山名，謂魯山之陽耳。注殆因魯陽與桐柏為對，故增其字，實則魯陽言其地，非必言其山，「陽」字當衍。

又案：後張景陽《雜詩》云：「朝登魯陽關，狹路峭且深。流澗萬餘丈，圍木數千尋。」《水經·清水篇》注曰：「清水又東，魯陽關水注之，水出魯陽縣南分水嶺，南水自嶺南流，北水從嶺北注，故世俗謂此嶺為分頭也。其水南流逕魯陽關，左右連山插漢，秀木干雲」，下即引張詩為證。則關之險阻，斯亦可見，故此詩以為「楚塞」也。

從軍詩　王仲宣

15. 標題下　注云：《魏志》：「建安二十年三月，公西征張魯。十二月，至自南鄭。侍中王粲作詩以美其事。」

案：王氏昶書此詩後云：「曹操於建安二十一年，方以公進爵為王。第一首稱相公，良是。第四首不應即稱聖君也。且《三國志》：『獻帝二十年七月，操軍入南鄭。十二月，自南鄭還。』而第五首云『朝入譙郡界』。考《漢書》譙在沛郡，《後漢書》同。竊謂操本以征張魯至陽平，魯破，回至南郡，去譙絕遠，不當至譙。惟二十一年十一月，以征孫權，至譙。二十二年正月，軍居巢。三月，引軍還。仲宣似兩次從征，征西一首，征吳四首。裴松之專取第一首，注于二十年之下是也。觀第一首中『西收邊地』及『歌舞入鄴』，實已意盡語竭。而第二首起句『涼風厲秋節，司典告詳刑』，自屬別起之勢。昭明取兩次詩並於一題，善注因之，則裴注不誤，而善誤耳。且後詩中又有『桓桓東南征』，『討彼東南夷』，其為征權而非征魯之作無疑。」

余謂王說固然，然善註於次首起二句下明云：「《魏志》曰：『建安二十一年，粲從征吳，作此四篇。』」於「桓桓東南征」下注又云：「東南，謂吳也。」則善未嘗誤，特於總題下少分別耳。王氏但見題下之注，而失檢詩中之注，亦疎。至兩次詩合為題，與後魏文帝《雜詩》二首非一時作正同。

16. 朝發鄴都橋，暮濟白馬津

注引《漢書》酈食其曰：「塞白馬之津。」

案：此見《食其傳》，「塞」作「守」。《方輿紀要》云：「今大名府滑縣，本漢白馬津，有白馬山，縣以山名。津去山可二十里許，即大渡河處。胡氏曰：『河自黎陽遮害亭決，而東北流過黎陽縣南。河之西岸為黎陽界，東岸為滑臺界，其津口曰白馬津。』《水經注》：『津在白馬城西北，因名。』」

余謂如《紀要》所載，今之魏縣與滑，皆大名所屬。魏縣至臨漳僅五十里，臨漳即鄴都也。白馬津亦在滑縣西，普泰三年，爾朱兆攻高歡於鄴，敗走滑臺，知其接壤矣。故詩言「朝發鄴都」，而暮即濟此津也。

17. 許歷為完士

注引許歷說趙奢事。完，謂全具也。

案：孫氏《補正》引何云：「《史記》『軍士許歷請以軍事諫』。『完』，當作『軍』，傳寫誤也。」

余謂注又引《論衡》曰：「西門豹、董安于，誠為完具之人，能納韋絃之教。」則作「完」亦通，不必如何之改字。但如注說，則「完士」是美詞，與下句「一言猶敗秦」「猶」字，語意不合。據《史記索隱》引江遂曰：「漢令稱完而不髡曰耐。」《說文》「耏」下云：「罪不至髡也。」「耏」之重文為「耐」。應劭注《高帝紀》曰：「輕罪不至於髡，完其耏鬢。」段氏云：「髡者，鬀髮也。不鬀其髮，僅去須鬢，是曰耐，亦曰完，謂之完者，言完其髮也。」《刑法志》：「當髡者，完為城旦舂。」然則此詩意蓋謂許歷係城旦之人，有罪從軍，而猶能出一言以敗秦也。何氏以為過於紆曲，殆未識古義矣。

附案：《漢舊儀》云：「秦制，凡有罪，男髡鉗為城旦，女為舂，皆作五歲，完四歲，鬼薪三歲。」此尤是「完」字明證。

飲馬長城窟行　古辭

18. 標題下注引　酈善長《水經》曰：「余至長城，其下往往有泉窟，可飲馬。古詩《飲馬長城窟行》，信不虛也。」

案：《水經》下脫「注」字，此見《河水三篇》。今本云：「武泉水入荒干水〔1〕，西南逕白道南谷口，有城在右，側帶長城〔2〕，背山面澤，謂之白道城。自城北出有高阪，謂之白道嶺。沿路惟土穴，出泉，挹之不窮。余每讀《琴操》，見《琴慎相和雅歌錄》云『飲馬長城窟』。及其扳陟斯途〔3〕，遠懷古事，始知信矣。」李注蓋櫽括其辭，以酈語觀之，可知其地所在。且李氏標為「古辭，云不知作者姓名。」《玉臺新詠》謂此詩蔡邕所作，而酈引《琴操》有是名，《琴操》正邕譔也。

【校】

〔1〕「荒干水」,《水經注校證》作「芒干水」。

〔2〕「側」,《水經注校證》作「縈」。

〔3〕「扳」,《水經注校證》作「跋」。

短歌行　*魏武帝*

19. 唯有杜康

　　注引《博物志》:「杜康作酒。」王著《與杜康絕交書》:「康字仲寧。或云皇帝時宰人,號酒泉太守。」

　　案:《說文‧巾部》「帚」下云:「古者少康初作箕、帚、秫酒。少康,杜康也。葑長垣。」段氏謂「嫌〔1〕,即夏少康,故釋之。」「酒」下又云:「儀狄作酒醪,杜康作秫酒」,見《世本》。在《博物志》前,而注失引。若王著語,則段云「以文為戲,未可為典要」,是已。

【校】

〔1〕據段玉裁《說文解字注》,「嫌」下脫「少康」。

苦寒行　*魏武帝*

20. 北上太行山,艱哉何巍巍。羊腸坂詰屈,車輪為之摧

　　注云:「高誘《呂覽注》:『太行山在河內野王縣北。』羊腸,其山盤紆如羊腸,在太原晉陽北。高誘注《淮南子》曰:『羊腸坂是太行孟門之限。』然則坂在太行,山在晉陽也。」

　　案:《漢志》「河內郡山陽」下云:「東太行山在西北」。「壄王」下云:「太行山在西北」。胡氏《錐指》曰:「太行,《列子》作『太形』。」則「行」,讀如字亦可。「太行」,一名五行山。《淮南子》「武王欲築宮於五行之山」,高誘注:「太行山也。」《漢志》以在壄王者為太行,而在山陽者為東太行。其太行之支峯乎。

　　余謂此注舉野王而遺山陽,《尚書》孔疏則舉山陽而遺野王野王,今河內縣,皆得其一偏。若《方輿紀要》云:「太行山亦曰王母山,又名女媧山在河南懷慶府

城北二十里，山西澤州南三十里。」又云：「太行山西垂在平陽府絳州絳縣東二十里。」又云：「太行山亦曰西山，在順天府西三十里。」蓋以太行首起河內，北至幽川，延袤二千餘里此說胡東樵不然之，詳見《錐指》，故隨所在得言之也。《漢志》「上黨郡壺關」下云有羊腸坂，而「太原郡晉陽」下不及。據《紀要》引《通釋》，則羊腸有三：一在懷、澤間，即太行阪道。《括地志》：「河內縣北有羊腸阪。」《元和志》：「太行陘在懷州北，闊三步，長四十里。羊腸所經，瀑布懸流，實為險隘」是也。一在潞安府壺關縣東南百六里。《戰國策》樊餘謂楚王：「韓兼兩上黨以臨趙，即趙羊腸以上危。」蘇厲遺趙王書：「秦以三郡攻王之上黨，羊腸之西非王有。」又王莽謂左威將軍王嘉曰：「羊頭之阸北當燕趙」。杜佑曰：「羊頭阸，即羊腸阪。」正《漢志》所稱也。一在太原西北九十里。吳起曰：「夏桀之居伊闕在南，羊腸在北。」《淮南子》注：「太原西北有羊腸阪，通河西上郡。」《隋書》：「煬帝登太行問崔賾：『何處有羊腸阪？』對曰：『《漢書志》在上黨壺關縣。』帝曰：『不是。』又答曰：『皇甫士安撰《地書》云：「太原北九十里有羊腸阪。」』帝曰：『是也。』」則即此注所云「晉陽」者矣。「晉陽」，今之太原縣也。注又云：「太行，孟門之限者。」《史記》吳起謂魏武侯：「殷紂之國，左孟門，右太行。」左氏《襄二十三年傳》：「齊侯伐晉，取朝歌，為二隊入孟門，登太行。」杜注：「孟門，晉隘道。」《史記》載此事亦同。《索隱》曰：「孟門山在朝歌東北。」《錐指》云：「蓋即所謂白陘。」《紀要》於今衛輝府輝縣云：「太行山在縣西五十里，連懷慶府界，有白陘，太行第三陘也輝縣為漢共縣，屬河內郡。」

又案：何氏以此詩為征高幹時作。張氏《膠言》據《魏志》：「漢建安十年，高幹以并州復叛，執上黨太守，舉兵守壺關口。公征幹，圍壺關，拔之。」於情事頗合，則詩中所言「羊腸阪」，宜指「壺關」也。

箜篌引　曹子建

21. 標題下注引 《漢書》曰：「塞南越，禱祠太一、后土，作坎侯。坎，聲也。」應劭曰：「使樂人侯調作之，取其坎坎應節也，因以其姓號名曰坎侯。」蘇林曰：「作箜篌。」

案：所引《漢書》見《郊祀志》。其文云：「武帝既滅南越，嬖臣李延年以好音見。上善之，下公卿議，曰：『民間祠有鼓舞樂，今郊祀而無樂，豈

稱乎？」公卿曰：『古者祠天地皆有樂，而神祇可得而禮。』或曰：『泰帝使素女鼓五十弦瑟，悲，帝禁不止，故破其瑟為二十五弦。』於是塞南越，禱祠泰一、後土，始用樂舞。益召歌兒，作二十五弦及空侯瑟〔1〕。《史記‧孝武紀》文同。而「空侯」字作「箜篌」，皆不云「坎侯」也。惟《風俗通》云：「箜篌，一曰坎侯，或曰空侯，取其空中。」是「坎侯」之說，實出應劭。《樂府解題》云：「漢武令樂工侯暉依琴造坎。坎或作竷，侯，工人之姓，因名坎侯，後譌為箜篌。」蓋即本劭說。而侯暉與侯調名異，其云「譌為箜篌」，與《史記》《漢書》不合。且應劭既云「取其坎坎應節」，又云「取其空中」，固二義竝用。

余謂「坎」宜作「竷」。《說文》：「竷，繇也。舞也。樂有章也。」正合祠用鼓舞樂之義。「竷，从夂，从章，夆聲此從段本，《校議》亦同。」「夆」，即降字。「降」，可讀若「洪」，與「空」音相近，亦形隨聲變也。乃《宋書‧樂志》亦以後言「空」者為訛。錢氏《攷異》云：「《說文》引《詩》『竷竷舞我』，『竷竷』，即『坎坎』也。而『贛』即從『竷』得聲。『贛』與『貢』通，則『坎』之為『空』，又何疑焉。」若《廣韻》云「箜篌，樂器」下引《釋名》曰：「師延所作靡靡之音，出桑間濮上。」《集韻》亦云：「師延作。」蓋空國之侯所好，則以為非起於漢武。而「空國」，尤屬無據。《廣韻》又引《續漢書》「靈帝胡服、作箜篌」，此更在後矣。

【校】

〔1〕《漢書》「瑟」下有「自此起」三字。

名都篇　曹子建

22. 膾鯉臇胎鰕

注引《蒼頡解詁》曰：「臇，少汁臛也。」

案：《廣雅》：「臇、膗、膜，臛也。」「臛」，俗「臛」字。《說文》：「臇，臛也。」「臛，肉羹也。」《爾雅》：「肉謂之羹。」郭注：「肉臛也。」段氏云：「羹有二：實於銅者，用菜芼之謂之羹。實於庶羞之豆者，不用芼，亦謂之羹。《禮經》「牛𦝫」、「羊臑」、「豕膮」，鄭云：「今時臛也。」是今謂之「臛」，古謂之「羹」。

余謂《說文》「膗，肥肉也。」「膗」與「臇」聲義相近。後《七啟》云：

「騰漢南之鳴鶉」，是以「鶉」為「脤」。《楚辭‧招魂》云：「酸鵠臇鳧」，是以「鳧」為「脤」。又云：「露雞臇蠵」，「蠵」乃大龜，則龜亦可為脤。《七啟》又云：「寒芳苓之巢龜」，彼注謂「今之胜寒也。〔1〕」「胜」與「鯖」同，醬類也。本詩下句云「寒鼈」，正與《七啟》語相似。醬稱寒者，《廣雅》：「醶，醬也。」「醶」與「涼」通。《周禮‧漿人》鄭注：「涼，今寒粥。」《膳夫》注：「涼作醶」。「寒」，正涼之義。此注謂「寒、韓古字通」，引《釋名》「韓羊、韓雞，本出韓國所為」，蓋失之。詩云「寒鼈炙熊蹯」，「寒」與「膾」為對文，若作「韓」，則不稱矣。

【校】

〔1〕胡刻本《文選》李善注作：「寒，今胜肉也。」

齊謳行　陸士衡

23. 崇山入高冥

注云：「崇或為嵩，非也。」

案：《說文》：「崇，山大而高也。」《釋名》作「山大而高曰嵩。」《詩‧大雅》「崧高維嶽」，毛傳及《爾雅》皆云：「山大而高曰崧。」《孔子閒居》引《詩》「崧」作「嵩」。段氏謂「崧、嵩二形，皆即崇之異體。」今之中嶽，《禹貢》曰「外方」，《左傳》曰「太室」，《國語》曰「崇山」。韋注：「古通用崇字。」《太平御覽》及徐鉉竝引其語。《河東賦》「瞰帝唐之嵩高」，即崇高也。漢武帝始改「大室」為「崇高山」。「崇」字，《地理志》作「窑」，體之小異耳。《史》《漢》或「崇」、「嵩」錯出，要無礙為一字。蓋「崇高」，本非中嶽之專稱，後人以崇為氾辭。嵩為中嶽，強生分別，許造《說文》則不取「嵩」、「崧」字矣。

余謂此詩「崇山」亦泛言之。唐時，「崇」、「嵩」已別，故注以作「嵩」為非耳。

吳趨行　陸士衡

24. 泠泠祥風過

案：孫氏《補正》引何云：「江淹《擬許徵君‧自序》詩引此作『鮮風』。

《吳郡志》及樂府同。鮮風，猶西風。兌為閶闔風，閶門應之，故曰鮮。或如《詩》『度其鮮原』之鮮，詁為善。善風，亦與『泠泠』相貫。」

余謂《書大傳》云：「西方者何，鮮方也。」《易·隨卦》虞注：「兌為西」，故何氏云然。若以「鮮」為「善」，合於「列子御風，泠然善也」之義，未免傅會，且「祥」何嘗不訓「善」乎？則作「祥」亦可通。

苦熱行　鮑明遠

25. 菵露夜沾衣

注云：「宋永初《山川記》曰：『寧州郡氣菵露，四時不絕。』菵，草名，有毒，其上露觸之，肉即潰爛。」

案：陳藏器《本草》云：「菵米可為飯，生水田中，苗子似小麥而小，四月熟。」蓋即《爾雅》之「皇，守田」也。「皇」、「菵」聲相轉。然米既可食，不得有毒。又有「莽草」，一名「菵草」。陶注云：「莽，本作菵，俗訛呼爾。人用擣以和米，內水中，魚吞，即死浮出。」故《太平御覽》引萬華術曰：「莽草浮魚」，即《爾雅》之「葴，春草。」《本草衍義》引孫炎云：「藥草也。俗呼為菵草。」郭注：「一名芒草。《中山經》『葽山有芒草，可以毒魚』是也。」「芒」與「菵」聲近，「芒」、「莽」、「葴」又俱一聲之轉。李時珍曰：「此物有毒，食之令人迷罔，故名菵草。山人以毒鼠，亦謂之鼠莽。」然則菵草誠毒，而生於炎方，受瘴癘之氣，其毒愈重耳。張氏《膠言》但知別一草，而無所指實，未免失考。

26. 戈船榮既薄

注引《漢書》曰：「歸義侯嚴為戈船將軍，出零陵，下離水。」

案：所引見《武帝紀》元鼎五年討呂嘉事，亦見《南越傳》。又《史記·東越傳》：「越侯為戈船、下瀨將軍，出若邪、白沙。」二役，戈船皆無功，後封賞不及，故云「榮既薄」也。「戈船」者，《漢紀》注引張晏曰：「越人於水中負人船，又有蛟龍之害，故置戈船下，因以為名。」臣瓚曰：「伍子胥書有戈船，以載干戈，因謂之戈船。」師古曰：「以樓船例之，則非謂載干戈也。蓋船下安戈戟以御蛟鼉水蟲之害，張說近之。」而王氏《學林》則云：「離水在漢屬零陵郡，南過桂林，入蒼梧。石灘延亙，屈曲湍瀧，舟之

行也，縈迴避石，阻礙萬端。然則船下不可安戈，信矣。」「戈船者，將軍之號也。言能乘船而用戈以戰，故謂之戈船將軍，非載干戈者也。載干戈者，載任器之舟耳。」

余謂船下安戈，萬不能施之於戰，王說是已。但尋常江湖置戈以避患害，似不得謂竟無其事。且王氏云「載任器之舟」，豈干戈別載一舟，而戰船反不具？語亦未合。惟張氏溴引《吳越春秋》云：「樓船之卒三千人」，又云「戈船三百艘」。《西京雜記》云：「昆明池中有戈船、樓船各數百艘。樓船上建樓櫓，戈船上建戈矛。四角悉垂旛旄、旍葆、麾蓋，照灼涯涘。」據此知，因戈戟為長兵，列之於船，以著威武，遂有戈船之名，所證益明矣。

附案：前《吳都賦》「戈船掩於江湖」，注亦引《越絕書》。

27. 伏波賞亦微

注引《後漢書》：「馬援為伏波將軍，擊交阯，斬徵側，還京師，位次九卿。」

案：金氏甡云：「《史記》：『元鼎五年，討南越，路博德為伏波將軍。』伏波南征，不自馬援始也。援本傳，援謂孟冀曰：『昔伏波將軍路博德開置七郡，裁封數百戶。』」

余謂此證較勝，但觀援語，正以其事相似，而援後更蒙讒譖，則兩人固可通言。此注乃專舉馬援者，蓋伏波將軍之號，人多祗知馬援而不知路博德，故桂林灕江有伏波巖，巖有祠，本祀路博德，后亦屬之馬援。劉後村詩：「昔為博德祠，今乃文淵饗」，是也。見近人喬氏萊集中。

放歌行　鮑明遠

28. 將起黃金臺

注云：「王隱《晉書》曰：『段匹磾討石勒，進屯故安縣故燕太子丹金臺。』《上谷郡圖經》曰：『黃金臺，易水東南十八里，燕昭王置千金於臺上，以延天下之士。』二說既異，故具引之。」

案：《水經・易水篇》注云：「故安縣有金臺陂，陂北十餘步有金臺，臺上東西八十許步，南北加減，高十餘丈，昔慕容德本作垂，誤之為范陽也。戍之，即斯臺也。北有小金臺，臺北有蘭馬臺，竝高數丈，秀峙相對。翼臺左右，水流徑通，長廊廣宇，周旋被浦，棟堵咸淪，柱礎尚存。訪諸耆舊，咸言昭王禮

賓，廣延方士，如郭隗、樂毅之徒，鄒衍、劇辛之儔，宦遊歷說之民，自遠而屆。不欲令諸侯之客，伺隙燕邦，故修建下都，館之南垂。言燕昭創之於前，子丹踵之於後，故彫牆敗館，尚傳鐫刻之石，察其古跡，似符宿傳矣。」周氏密《齊東野語》曰：「燕臺，世多以為昭王，而王隱以為燕丹，何也？後見《水經注》云『燕昭創於前，子丹踵於後』，乃知隱以為燕丹者，蓋如此。」

余謂據劉氏昫《舊唐書》「漢故安縣，即今易州。隋開皇中，始易置於故方城縣界，改故曰固此即今順天府屬之固安縣也。酈注亦謂金臺在故安。」《方輿紀要》云「在今易州東南三十里」，是此注所稱二說，實一地，非有異也。若《述異記》云「臺在幽州燕王故城中」，則其說不同。朱氏彞尊《日下舊聞》曰：「按隋《上谷圖經》、酈注《水經》，金臺在易州明矣。京師故跡，傳是後人所築，然自六朝至今，垂之載記，形之歌詠，當竝存不廢。」趙氏謂「《一統志》：『今都城及定興、安肅皆有黃金臺，惟在易州者為有據，餘皆後人所為』是也。」

升天行　鮑明遠

29. 解玉飲椒庭

何氏曰：「解玉，謂服玉屑。」張氏《膠言》因據《周禮》鄭司農注「王齋當食玉屑」以證之。

案：「解玉」與上「冠霞」為對，義當相類。注引郭璞《遊仙詩》「振髮戴翠霞，解褐禮絳霄」，而未釋「玉」字，殆謂「解玉」，即「解褐」之意。「玉」，或指「帶」言與？若作殄玉，則「解」字不合，且與「冠霞」不稱，何說恐非。

挽歌詩　陸士衡

30. 前挽歌標題下注引　譙周《法訓》曰：「挽歌者，高帝召田橫，至尸鄉自殺，從者不敢哭，而不勝哀，故為此歌，以寄哀音。」

案：《酉陽雜俎》云：「世說挽歌起於田橫。摯虞《新禮儀》：『挽歌出於漢武帝，役人勞苦，歌聲哀切，遂以送終，非古製也。』工部郎中嚴厚本曰：『挽歌其來久矣。據《左傳》云：「會吳子代齊，將戰，公孫夏命其徒歌《虞

殯》，示必死也。」《莊子》曰：「綍謳與所生，必於斥苦。」司馬彪注云：「綍，讀曰拂，引柩索。謳，輓歌。斥，疏緩。苦，急促。言引綍謳者，為人用力也。」』」案《禮記‧雜記》云：「升正柩，諸侯，執綍五百人，四綍皆銜枚。」鄭注：「執綍之人口皆銜枚，止喧囂也」，則執綍不應有謳。但又云：「執金鐸率眾」，是固有金聲矣。意者執綍人多，恐其喧囂，以致御柩者步伐不齊，而御柩之人不能無邪許與？抑或綍謳起於春秋戰國之間，皆無顯證。

31. 龍幠被廣柳

注引《禮記》曰：「飾棺，君龍帷，三池，振容，黼荒。」鄭注：「荒，蒙也。在傍曰帷，在上曰荒，皆所以衣柳。」

案：所引見《喪大記》，彼疏云：「帷柳，車邊障也。以白布為之，王侯皆畫龍池，謂織竹為籠衣，以青布挂著於柳上，荒邊爪端象宮室有承霤也。天子四池，諸侯闕，後故三池。振容者，以絞繒為之，長丈餘，如幡畫，幡上為雉，縣於池下為容飾，車行則幡動。黼荒者，柳車上覆，謂鱉甲也，緣荒邊為白黑斧文。」據《爾雅‧釋言》：「荒，奄也。」「奄」，正「蒙」之義。《說文》：「幠，設色之工，治絲練者。」然巾本以覆物，故荒可從巾。《玉篇》：「幠，幏也。」「幏，覆也，蓋衣也。」但古者龍帷，而荒則黼。此言「龍幠」，殆後世「幠」亦畫龍矣。

32. 舍爵兩楹位

注引《儀禮》曰：「正柩於兩楹間，奠設如初。」而於「舍爵」字無證。

案：左氏《桓二年傳》：「凡公行，告于宗廟；反行，飲至、舍爵，策勳焉。」釋文：「舍，音赦，置也。舊音捨。」然「捨」通作「舍」，亦「置」也。又《定八年傳》：「子言辯舍爵于季氏之廟而出。」釋文：「舍，讀如字。」

余謂古「釋奠」之「釋」，亦作「舍」，故「釋」亦訓「置」。此「舍爵」，謂置酒以奠也，注當引《傳》文。

荊軻歌

33. 序云 高漸離擊筑，荊軻歌，宋如意和之，曰：

案：如序文，似此歌為宋如意和作矣。「曰」上當復有「歌」字方晰。善

於宋如意無注，亦漏。張氏《膠言》引《淮南・泰族訓》及《水經・易水篇》注，皆有「宋如意」。《新論・辨樂篇》作「宋意」，而《史記・荊軻傳》不及。

余謂《史記正義》引燕太子云太，當作丹：「田光答曰：『竊觀太子客無可用者。夏扶，血勇之人，怒而面赤；宋意，脈勇之人，怒而面青；武陽，骨勇之人，怒而面白。光所知荊軻神勇之人，怒而色不變。』」是「宋如意」與「夏扶」、「秦武陽」皆「荊軻」一輩人，故和其歌，歌必有辭，但逸不傳耳。

附案：《藝文類聚》及《初學記》竝引宋玉《笛賦》云：「宋意將送荊卿於易水之上。」

扶風歌　劉越石

34. 朝發廣莫門，莫宿丹水山

注引《晉宮閣名》曰：「洛陽城廣莫門，北向。」

案：《方輿紀要》：「漢洛陽北面二門，東曰穀門，以穀水所經而名。魏晉以後曰廣莫門，殆取《左傳》『狄之廣莫于晉為都』語也。西曰夏門，魏晉曰大夏門。潘安仁在河陽縣詩所謂『大夏緬無覿』也。」孫氏《補正》引許云：「光熙元年冬，琨始為並州刺史，由洛赴並，爾後不復至洛矣。此詩之作，當在永嘉六年，琨收兵常山、中山，晉陽被襲之時。或建興三年，自飛狐奔薊時。廣莫門，蓋晉陽等處有此門名，必非洛陽城門也。」

余謂詩作於何時，本難確定，但詩有「顧瞻城闕」語，似謂出洛陽門者近是。乃云並州有廣莫門，而無可考證。此殆臆為之說。

注又引《漢書》曰：「高都縣莞谷，丹水所出也。」

案：高都，《漢志》屬上黨郡。《水經・沁水篇》注云：「沁水又東，與丹水合，水出上黨高都縣故城東北阜下，俗謂之源源水。《山海經》曰：『沁水之東有林焉，名曰丹林，丹水出焉，即斯水矣。』」又「丹水東南流注于丹谷，即劉越石《扶風歌》所謂丹水者也。」趙氏引《卮林》曰：「《文選》李注，蓋即酈元之說。然上黨去雒千五百里，朝發雒城，暮宿高都，雖有乘風之翼，躡景之足，不能如是之疾。且其詩曰：『顧瞻望宮闕』，豈有天井關頭《漢志》高都有天井關可睇德陽殿角乎？考《地志》，弘農有丹水縣，丹水出上雒冢領山東，至析入均者，斯為近之此丹水已見《上林賦》。」

余謂《巵林》之說以道里計之，殊不合。據《紀要》所載，上雒為今陝西之商州，距河南府八百八十餘里。即析為南陽府之內鄉，距河南府盧氏縣四百八十里，而盧氏至府尚遠，何得轉謂其近。若高都故城在山西之澤州州今為府，距河南府二百八十里，而丹水至河內縣謂之丹口。河內，即懷慶府治，至河南府祇百四十里，朝發暮宿，未為不可。雖上黨與河南異郡，而《水經注》云：「丹水逕二石人北，其石人各在一山，犄角相望。南為河內，北為上黨，二郡以之分境。」是正接壤，安有千五百里之多乎？且商州在河南府之西南，內鄉亦在南，宜由南行，無由發廣莫門。惟河內與澤州，俱在河南府之東北，正宜出自北門也。然則高都所出之丹水，視上雒，既道里懸絕，而北轍南轅，尤為乖互。不解《巵林》何以云，然而趙氏亦無所糾正也。

古詩十九首

35. 盈盈樓上女

注云：「《廣雅》曰：『嬴，容也。』盈與嬴同。」

案：《廣雅‧釋訓》：「嬴，容也。」「嬴」，即《釋詁》之「嬿，好也。」重言之，則曰「嬿嬿」。郭璞注《方言》云：「嬿，言嬿嬿也。」此與下「盈盈一水間」竝同音假借字。後人詩或作水之盈盈，非此義。

36. 誰能為此曲，無乃杞梁妻

注引《琴操》曰：「杞梁妻嘆者，齊邑杞梁殖之妻所作也。」

案：今《琴操》「杞」作「芑」，其曲云：「樂莫樂兮新相知，悲莫悲兮生別離，哀感皇天城為為墮。」崔豹《古今注》則曰：「《杞梁妻》者，杞殖妻妹朝日所作也。殖戰死，妻曰：『上無父，中無夫，下物子，人生之苦至矣。』乃抗聲長哭，杞都城感之而頹，遂投水死。其妹悲姊之貞，乃作歌，名曰《杞梁妻》焉。」或因此文，謂曲名不宜自稱，宜屬諸其妹。然「三百篇」皆先有詩，而序者為之篇目，非立題以作詩也。《琴操》內如《孔子厄》《曾子歸耕》《楚明光》《莊周獨處吟》等，正同一例。則此何妨為殖妻所作而後人因其人以名之乎？觀此詩及《琴操》，是漢以前無妻妹之說。崔豹，晉人，未明所據。云杞城頹，以杞為國而非氏，亦誤。又宋范氏晞文《對牀夜語》既引《古今注》並及唐僧貫休詩，謂味其詞似，杞梁乃秦之築城卒，殆因城崩而附會之。不知

杞梁事見《禮記・檀弓》，《琴操》言投淄水而死，其為齊人可知。

又案：《孟子》趙注本《說苑》《列女傳》，言杞梁妻哭夫，而城為之崩。《正義》著其名為孟姜。梁氏玉繩引崔秋谷云：「杞梁妻無名，孟姜乃秦時范氏之妻，哭于長城者，傳譌合為一人一事耳。」宋周煇《北轅錄》：「雍邱縣范郎廟，其地名孟莊，廟塑孟姜女」，亦是一證。乃馬縞《中華古今注》以杞梁妻所哭之城為長城。《寰宇記》：「平州盧龍縣秦長城東西長萬里，杞梁妻哭城崩，得夫骨，即此城也。」時代懸隔，誕謬之甚。據此知貫休詩與《對牀夜語》皆同斯誤矣。

37. 玉衡指孟冬

注云：「《淮南子》曰：『孟秋之月，招搖指申。』然上云促織，下云秋蟬，明是漢之孟冬，非夏之孟冬矣。《漢書》曰：『高祖十月至霸上，故以十月為歲首。』漢之孟冬，今之七月。」

案：注說固然，而不但此也。第十二首「歲暮一何速」，上云「秋草萋已綠」，下云「蟋蟀傷局促」。第十六首「凜凜歲云暮」，下云「螻蛄夕鳴悲，涼風率已厲。」注引《禮記》「孟秋之月，涼風至。」於七月時，言歲暮，非亦用漢正乎？惟第十七首「孟冬寒氣至，北風何慘慄」，實為夏之孟冬。後蘇子卿詩「寒冬十二月，晨起踐嚴霜」，注云：「《漢書》『武帝太初元年，改從夏正』，此或在改正之後。」然則孟冬寒氣至，亦在改正後可知。前人謂《十九首》非一人一時之作，信矣。

又案：近張氏庚《古詩解》曰：「《史記・天官書》：『斗柄指夕，衡指夜，魁指晨。堯時，仲秋夕，斗杓指西，衡指仲冬。』此言玉衡，指孟冬，則是杓指申，為孟秋七月也。」然下云『白露沾野草』，白露為八月節；『促織鳴東壁』，即《豳風》『八月在宇』義；『玄鳥逝安適』，又即《月令》『玄鳥歸』。然則此詩是七八月之交，舊注泥孟冬十月〔1〕，大謬。吳氏據歲差法，以為漢去堯二千餘年，此詩仲秋，杓當指申，衡應指孟冬，此說亦未盡然。蓋今時仲秋，杓猶指酉也。」

余謂《史記》云：「用昏建者杓，夜半建者衡，平旦建者魁。」張氏蓋約舉之。《集解》引孟康曰：「假令杓昏建寅，衡夜半，亦建寅。」是杓與衡之所指，其時刻微有差也。張意蓋不以此詩為用太初以前之正朔。然謂所言者秋時，而孟冬非今之十月，則同。

【校】

〔1〕據張庚《古詩十九首解》，「泥」下脫「煞」字。

38. 兔絲附女蘿

注云：「《詩毛傳》曰：『女蘿，松蘿也。』《詩草木疏》曰：『今松蘿蔓松而生，枝正青；兔絲草蔓聯草上，黃赤如金，與松蘿異。』此古今方俗，名草不同。然是異草，故曰附。」

案：今毛傳「松蘿」上有「兔絲」二字。後《九歌·山鬼篇》「被薜荔兮帶女蘿」，王逸注：「女蘿，兔絲也。無根，緣物而生。」又高誘注《呂覽》《淮南》云：「兔絲，一名女蘿。」郭璞注《爾雅》「唐蒙，女蘿。女蘿，兔絲」，云「別四名」，皆以為一物。《神農本草》則於《草部》云：「菟絲，一名菟蘆，一名菟縷，一名唐蒙以唐蒙為一，與郭異，一名王女」，不言「女蘿」。而《木部》別有「松蘿，一名女蘿」，以為二物，與此注引陸《疏》及自說同。《廣雅》云：「女蘿，鬆蘿也。」「兔邱，兔絲也。」王氏《疏證》謂：「二物同類，《呂氏春秋·精通篇》云：『人或謂兔絲無根，非無根也，其根不屬也，茯苓是。』《淮南·說山訓》云：『千年之松下有茯苓，上有菟絲』，則菟絲亦生於松上。《漢書·禮樂志》云：『豐草葽，女蘿施』，則女蘿亦生於草上。《古詩》云：『兔絲附女蘿』。《博物志》云：『女蘿寄生菟絲，菟絲寄生木上』，則二物以同類相依附也，故『女蘿』、『菟絲』，亦得通稱。」

余謂此蓋一物而所託者異。《詩》釋文云：「在草曰兔絲，在木曰松蘿。」二語已悉，說者乃各明一義耳。

39. 迢迢牽牛星

注但於前首「牽牛不負軛」下引《詩》「睆彼牽牛」，而此未釋。

案：《詩》毛傳：「河鼓謂之牽牛。」「河」，一作「何」，本之《爾雅》郭注云：「荊楚呼牽牛星為擔鼓。擔者，荷也。」郝氏謂：「擔荷，《說文》作『儋何』。今南方農語猶呼此星為『扁擔』，蓋因『河鼓』三星，中豐而兩頭銳下，有儋何之象，因名焉。」《困學紀聞》云：「《古詩》『黃姑織女時相見』，黃姑，即河鼓也，吳音訛而然。」而周氏密《癸辛雜識》則引李後主詩「迢迢牽牛星，杳在河之陽。粲粲黃姑女，耿耿遙相望。」又以織女為黃姑。翁氏元圻謂：「石氏《星經》織女三星、河鼓三星皆作鼎足形。或以河鼓為織女，蓋因星象之似而誤。」

余謂黃姑似為女稱，故或以屬織女，實非也。後主詩不足據。

又案：《爾雅》前有星紀斗，牽牛也。彼牽牛為牛宿。邵氏《正義》謂「河鼓亦名牽牛，所以別於星紀之牽牛。」郝氏則云：「星紀之牽牛，即河鼓而非牛宿。」並云「《史記·天官書》『牽牛為犧牲，其北河鼓』，蓋以牛星為牽牛，故以河鼓、牽牛為二星。釋《爾雅》者因之而誤。」

余謂郝說固然，而邵言星紀之牽牛與河鼓別，亦不謂河鼓之不名牽牛也。漢晉《天文志》並從《史記》，是牛宿為牽牛，原非無據。河鼓正牛宿之屬，見《步天歌》，故《爾雅》與毛傳云「河鼓謂之牽牛也。」惟《詩正義》引李巡曰：「河鼓、牽牛皆二十八宿名」，是直以河鼓即牛宿，既未免於混。《史記索隱》引孫炎曰：「河鼓之旗十二星在牽牛北，故或名河鼓為牽牛。」此又旁及河鼓左右之星，尤非矣。

附案：《癸辛雜識》攷星歷牽牛去織女隔銀河七十二度。

40. 脉脉不得語

注引《爾雅》曰：「脉，相視也。」

案：今《爾雅》作「覛，相也。」郭注：「覛，謂相視也。」《說文》「覛」字云：「衺視也。」又「眽」字云：「目財視也。」《廣韻》引作「目邪視也。」郝氏謂「眽與覛同，古字通用。」《運命篇》與此處皆作「脉脉」，並為譌俗。

余謂《廣韻·二十陌》引此詩作「嗼嗼不得語」。《說文》：「嗼，嗼嗼也。」段氏云「與《夕部》寂寞義略同」，是也。《呂覽·首時篇》「飢馬盈廄，嗼然未見芻也。」《楚辭·哀時命篇》「嗼寂默而無聲。」是「嗼」為「寂靜」之義，故此云「不得語」。「嗼」，通作「莫」，又與「貈」、「貊」通。《爾雅》「貈」、「嗼」皆訓為「定」。《詩》「貊其德音」，毛傳云：「貊，靜也。」「貈」、「貊」皆與「眽」同音。「嗼」，亦聲之轉，故或作「嗼」。「嗼」，但不如作「眽」。「眽」者，言相視而不得語為更有神。

41. 驅車上東門，遙望郭北墓

注引「《風俗通》曰：『葬於郭北。』北首，求諸幽之道也。」

案：詩所言非泛指，蓋洛陽北門外有邙山，冢墓多在焉，則此即謂北邙山之墓矣。下首「出郭門直視，但見邱與墳」，既與此同。又云：「古墓犂為田，松栢摧為薪。白楊多悲風，蕭蕭愁殺人」，亦與此首「白楊何蕭蕭，松栢夾廣路」詞意絕似。倘一人所作，不應聯篇相犯。若此，殆後人湊聚而成。

如朱氏彝尊《書玉臺新詠後》所云：「出文選樓諸學士之手也。」

又案：「上東門」，乃洛陽之門，已見前《詠懷詩》。而張氏《古詩解》引吳氏以為長安東門，此篇似出西都人手。然長安東面三門，見《水經注》，無「上東門」之名，吳說誤矣。

42. 何能待來茲

注引《呂氏春秋》《任地篇》：「今茲美禾，來茲美麥。」高誘曰：「茲，年也。」

案：《困學紀聞》引左氏《僖十六年傳》「今茲」，注云：「此歲。」閻氏若璩云：「趙注《孟子》『今茲未能』為『今年未能盡去』，是以茲為年。」翁氏元圻亦謂：「《孟子》下句『以待來年』，則『今茲』之為今年明矣。又《鶴林玉露・補遺》云：『《公羊傳》「諸侯有疾曰負茲」，注云：「茲，新生草也。一年草生一番，故以茲為年。」』」

余謂「茲」，此也。「今茲」、「來茲」，猶言「今此」、「來此」耳。相對言之，故為「今年」、「來年」之稱。乃因文生義，非單舉一「茲」字，即為「年」也。

43. 文綵雙鴛鴦，裁為合歡被。著以長相思，緣以結不解

注云：「《儀禮》鄭注曰：『著，謂充之以絮也。著，張慮切。』《禮記》鄭注曰：『緣，飾邊也。緣，以絹反。』」

案：宋趙氏德麟《侯鯖錄》云：「被中著綿，謂之長相思。綿綿之意，緣被四邊，綴以絲縷，結而不解之意。」余得一古被，四邊有緣，真此意也。楊氏慎曰：「長相思，謂以絲縷絡綿，交互網之，使不斷長相思之義也。結不解者，《說文》『結而可解曰紐，結不解曰締。』締謂以鍼縷交鑽連結，混合其縫，如古人結綢繆，同心製，取結不解之義也。可見詠物之工。」

余謂此蓋借「絲」為「思」，借「連結」為「結好」。猶「蓮」之為「憐」，「薏」之為「憶」。古人以同音字託物寓情，類如是爾。

與蘇武　李少卿

44. 悢悢不得辭

注引《廣雅》曰：「悢悢，恨也。」

案：今《廣雅・釋詁》：「悢，悵也。」又《釋訓》：「悢悢，悲也。」注中「恨」字，殆「悵」之形似而誤。桂氏《札樸》據五臣注「恨恨，相戀之情。」云：「恨恨，即懇懇，言誠欵也。慕容翰謂逸豆歸追騎曰：『吾居汝國，久恨恨不欲殺汝。』」

余謂《說文》「恨，怨也」，非「誠欵」之義。此送別合致悢悢，《楚辭・九辯》「愴怳懭悢兮」。重言之則曰「悢悢」，《蜀志・法正傳》「瞻望悢悢」，《玉篇》云：「悢悢，惆悵也。」又《後漢書・陳蕃傳》「天之於漢，悢悢不已。」注云：「悢悢，猶眷眷也。」是「誠欵」意即寓焉。慕容語當本作「悢悢」，惟「悢」既訓「悵」。而《說文》：「悵，望恨也」，則義亦可通。

四愁詩　張平子

45. 我所思兮在太山，欲往從之梁父艱

注云：「太山以喻時君，梁父以喻小人也。《音義》曰：『梁父，太山下小山也。』」

案：《方輿紀要》「梁父山在泰安州_{州今為府}東南百十里」，而太山，即在州北五里，相去甚遠，不得為太山下之小山。《史記・封禪書》「八神：一曰地主，祠太山、梁父。」蓋二山竝稱。又《後漢書》：「建武三十二年，禪於梁父。」是梁父乃光武封禪之所。平子，東漢人，何敢以喻小人，注皆非。

46. 美人贈我金錯刀

注引《漢書》曰：「王莽鑄大錢，又造錯刀，以金錯其文。」《續漢書》曰：「佩刀，諸侯王黃金錯鐶。」謝承《後漢書》曰：「詔賜應奉金錯把刀。」

案：高氏《緯略》云：「馬戴詩：『飲盡玉壺酒，贈留金錯刀』，正用四愁事；貫休詩：『孤燈耿耿征婦勞，更深撲落金錯刀』，此固言刀也；劉孝威詩：『犀韉玉鏤鞍，寶刀金錯鞘』，尤分明。前人乃以錯刀為新室錢文，非矣。」據所引，義自較勝，要皆漢以後語，善注蓋未能定而兩存之。然觀《漢書音義》晉灼曰：「舊時蜀郡工官作金馬書刀者，似佩刀形，金錯其拊。」如淳曰：「作馬形於刀環內，以金鏤之。」則西京時，刀已有金錯，平子似不應舉莽制為言。此固當是佩刀而非錢文也。

47. 路遠莫致倚逍遙

注無釋。五臣云：「倚立而逍遙不得志也。」

案：桂氏《札樸》云：「詩中四『倚』字皆語詞，與『猗』通。《詩·魏風》『河水清且漣猗』。《書·秦誓》『斷斷猗』，疏云：『猗者，足句之詞，不為義也。』《詩·衛風》『猗重較兮』，釋文：『猗，依也。』《小雅》『兩驂不猗』，疏云：『不相依倚。』《漢書·孔光傳》『猗違者連歲』，注云：『猶依違耳。』皆倚、猗相通之證，知五臣為臆說也。」

余謂《詩·七月》「猗彼女桑」，本書《七發》注作「倚彼女桑」。《爾雅》：「倚商，活脫。」釋文：「倚，本作猗。」可見其互借。古人語詞有在句首者，如《七月》詩是也；有在句末者，如《魏風·秦誓》是也；有在句中者，此詩是也。又或為「伊」，一作「繄」，亦「猗」之同音通用字。

48. 我所思兮在桂林，欲往從之湘水深

注引《漢書》曰：「鬱林郡，故秦桂林郡。」《海南經》曰：「湘水出零陵。」

案：《海內東經》云：「湘水出舜葬東南陬，西環之。」郭注：「今湘水出零陵。」此注所引作《海南經》，殆有誤也。《漢志》桂林縣屬鬱林郡，郡為今廣西鬱林州及潯州府地。而湘水所出，《志》云：「零陵縣陽海山」，《續志》作「陽朔山」，《水經·湘水篇》「出零陵始安縣陽海山」。酈注云：「即陽朔山也。應劭曰：『湘出零山，蓋山之殊名。』山在始安縣北，縣，故零陵之南部也今為桂林府屬之興安縣。」《經》下云：「東北過零陵縣東」，而兩《志》即謂在零陵縣，殆山亦跨縣境矣。此詩言桂林而及湘水者，謂其道所經耳。

注又云：「舜死蒼梧，葬九疑，故思明君。」

案：舜葬處，《論衡》《史通》《路史》皆辨之，固為有理，要皆想當然語。帝世事遠，莫能定。然《禮記·檀弓》已言「舜葬於蒼梧之野」，蓋相傳自古。《水經注》：「九疑山，大舜窆其南。」《續漢志》云：「營道南九疑山，舜之所葬。」孔穎達謂：「九疑，即蒼梧山。」胡三省曰：「太史公云：『舜南狩，崩於蒼梧，歸葬於江南九疑。』則蒼梧、九疑兩地也，和而言之者，誤。」

余謂《漢志》蒼梧郡屬交州，即今梧州府及潯州府地。營道，為零陵郡，屬荊州，即今永州府寧遠縣地本屬道州，今竝隸府。自是兩處，特因崩於蒼梧，遂謂之葬。惟酈氏云「九疑山磐基蒼梧之野」，則統言之也。若張氏《膠言》

謂「其荒遠，唐虞之世，不入版圖」，亦不盡然。觀《堯典》已云「宅南交。」《大戴禮・少閒篇》云：「昔虞舜以天德嗣堯，南撫交趾。」《墨子・節用篇》語略同。是在蒼梧之外，其地更遠，顧謂洞庭以南，即非所及乎？

49. 路遠莫致倚惆悵，何為懷憂心煩傷

案：此詩前後三章下四句皆同部，一句一韻，獨此末二句換韻，張氏《膠言》疑有誤。不知古人詩，原無須截然整齊，用韻亦變化。如《邶風・燕燕篇》首章「瞻望弗及，泣涕如雨。」「雨」與「羽」、「野」韻，而「及」字非韻。次章「瞻望弗及，佇立以泣。」「及」與「泣」韻，而不與「頏」、「將」為韻。則此四章何必一律乎？《玉臺新詠》「傷」作「快」，固可通。即作「傷」，亦平仄通叶。無論三百篇，就《選》體中，六朝人多有之。何況於漢張氏乃謂其並不成韻，亦未達於古矣。又第三首「美人贈我貂襜褕」，《太平御覽》七百八引此詩下三字作「㲲氍毺」，當是傳本異文。張氏謂：「毺字，《玉篇》音搜，於下韻不叶。」是又未知古音「尤」、「侯」與「魚」、「虞」通之例也。

50. 我所思兮在漢陽，欲往從之隴阪長

注引《漢書》曰：「天水郡，明帝改曰漢陽。」應劭曰：「天水有大坂，名曰隴坻。」

案：《漢志》天水郡治平襄。《續志》永平十七年更名漢陽，治冀。兩地皆在今鞏昌府屬伏羌縣。前《志》隴縣，《續志》為隴州刺史隴州，今屬鳳翔府，隴坻在焉。《方輿紀要》云：「隴坻，即隴山，亦曰隴阪，曰隴首，在鳳翔府隴州西北六十里，鞏昌府秦州清水縣東五十里。山高而長，北連沙漠，南帶汧、渭，關中四塞，此為西面之險。故《西京賦》云『隴坻之隘，隔閡華戎。』《續志》引《三秦記》：『其阪九迴，不知高幾許，欲上者七日乃越高處，可容百餘家，清水四注下。』郭仲產《秦州記》曰：『隴山東南百八十里，登山嶺東望秦川，四五百里，極目泯然。山東人行役，升此莫不悲思。故歌曰：『隴頭流水，分離四下。念我行役，飄然曠野。登高遠望，涕零雙墮。』度汧、隴，無蠶桑，八月乃麥，五月乃凍解。』」又有「小隴山」，《紀要》云：「在隴州西八十里，一名關山。」以近隴山而名也，山長八十里，路通秦鞏，為秦鳳要害，其頂即分水嶺。《水經・渭水上篇》注以為「巖嶂高嶮，不通軌轍」，下即引此詩語。然詩實兼及之，非專言「小隴山」也。若今平涼府華亭縣為山之東麓，鎮原縣為山之北麓，對華亭小隴山而言，亦曰大隴山。靜寧

州隴山,即故隴坻之隘也。或謂之石門山,亦曰石門峽。蓋隴山亙南北數州,此其出入徑道矣。

又案:此四詩首章言太山、梁父,在東;次章言桂林、湘水,在南;三章言漢陽、隴阪,在西;末章言鴈門,在北。蓋有「我瞻四方,蹙蹙靡騁」之意。注於前二首取喻近附會,而後二首又無之,非也。「鴈門」,已見前《恨賦》。

51. 美人贈我錦繡段

注未釋「段」字。

案:桂氏《札樸》云:「段,當為緞。《說文》:『緞,履後帖也。或從糸。』」徐鍇《繫傳》云:『帖後跟也。』《急就篇》:『履舃鞜裒絨緞紃』,顏注:『緞,履跟之帖也。絨緞,以絨為緞也。』」

余謂《說文》「段」字本云「椎物也。」亦以為「分段」字,殆漢時已然。《廣韻》:「段,分段也。」蓋「段」字從耑,省聲,「耑」即「端」字。《小爾雅》:「度、倍、丈,謂之端。倍端謂之兩。」《周禮·媒氏》注:「五兩,十端也。」疏云:「古者二端相向,卷之共為一兩。」此詩「段」字義當如是,桂說非。

52. 何以報之青玉案

注引《楚漢春秋》淮陰侯曰:「臣去項歸漢,漢王賜臣玉案之食。」

案:《說文》:「案,几屬。」《急就篇》:「槶杅槃案梧閜盌」,顏師古注云:「無足曰槃,有足曰案,所以陳舉食也。」《考工記·玉人》:「案十有二,棗栗十有二列。」鄭注云:「案,玉飾案也。棗栗實於器,乃加於案。」戴氏震補注曰:「案者,梱禁之屬。《儀禮》注云:『梱之制,上有四周,下無足。』《禮器》注云:『禁,如今方案,隋長局足,高三寸。』此以案承棗栗,上宜有四周。漢制小方案局足,此亦宜有足。」又《廣雅》:「案謂之楄。」王氏《疏證》云:「案之言安也,所引安置食器也。楄之言寫也。《說文》:『寫,置物也。』案亦所以置食器,其製蓋如今承槃而有足,或方或圓。《禮器》注言『方案』。《說文》訓『槈』為『圓案』,是也。古人持案以進食,若今人持承槃。《漢書·外戚傳》:『許皇后朝皇太后,親奉案上食』,是也。」段氏亦云:「今之上食木槃,近似《後漢書·梁鴻傳》『妻為具食,舉案齊眉』,非如今以所凭之几為案也。」張氏《膠言》乃引曾鞏《耳目志》:「案,即古椀字。」

余謂「案」，從木，蓋木為之。《說文》「盌」、「䀷」，皆云「小盂」，當是陶器，鮮用木者。今或作「椀」，俗字也。方氏《通雅》又云：「《名堂位》『俎用梡嶡』，梡，即椀。然彼注云：『梡形四足如案。』故《廣雅》以梡為几也，則亦與椀異。」

又案：姜氏宸英《湛園札記》云：「《周禮》『張氊案』，注：『以氊為牀於幄中』，則牀亦得案稱。」

余謂此《天官‧掌次》之文。彼下云「設重帟重案」，注：「重案，牀重席也。」後又兩言「張幕設案」，義當同。疑即《說文》之「几」，屬非人偃息之牀也。古人飲食皆布席於地，而置器必以案，故須四足。後世用高几，下有足而上無四周，其承槃則有四周而無足，蓋器物之制異矣。

雜詩二首 魏文帝

53. 標題下注引 《集》云：「首篇枹中作，下篇於黎陽作。」

案：「枹中」，即「枹罕」也。《漢志》枹罕屬金城郡，注引應劭曰：「故罕羌侯邑也。」師古曰：「枹，讀曰膚，本枹鼓字也，其字從木他處或作抱，非。」《續志》屬隴西郡。《方輿紀要》云：「枹罕廢縣，即今陝西河州治，帝在枹罕。」《魏志》無文，惟《武帝紀》：「建安十九年，遣夏侯淵討宋建於枹罕，斬之。」時文帝已為五官中郎將，然不言與是役也。《漢志》黎陽屬魏郡，注云：「莽曰黎蒸。」晉灼曰：「黎山在其南，河水經其東，其山上碑云縣取山之名，取水在其陽以為名。與東郡之黎為黎侯國者，非一地也。」《水經‧河水五篇》：「東北過黎陽縣南。」注云：「《詩‧式微》『黎侯寓于衛』，今黎山之東北故城也。山在城西，城憑山為基，東岨于河。故劉楨《黎山賦》曰：『南蔭黃河，左覆金城。』」黎陽廢縣在今衛輝府濬縣西三里。《方輿紀要》云：「建安四年，曹操與袁紹相持於黎陽。八年，操攻黎陽，敗袁譚、袁尚於城下。既而操還許昌，留其將賈信屯黎陽。尚尋攻譚于平原，操救譚，復至黎陽。」文帝《典論》自敘云：「以時之多故，每征，余常從。」則此數役，帝當至黎陽矣。但與詩中「南行至吳會」殊不合。注云：「當時實至廣陵，未至吳會。今言至者，據已入其地也。」考《魏志》：「黃初五年九月，帝遂至廣陵。十月行，還許昌宮。六年十月，幸廣陵故城，臨江觀兵。」裴注引《魏書》帝於馬上為詩曰：「觀兵臨江去」云云。是歲大寒，水道冰，

舟不得入江，乃引還。然則此篇乃於自廣陵還時所作，故下云「吳會非我鄉，安能久留滯」，不得以為黎陽也。

又案：如前說，文帝至黎陽，未至枹中。而詩言思鄉曰「欲濟河無梁」。考建安七年，袁譚屯黎陽，曹操自官渡渡河攻敗之，是歸途須渡河。若枹罕為河洲，《紀要》云「黃河在州西」，歸似不必渡河。然則此二詩或上篇在黎陽作，下篇在廣陵作與？

朔風詩　曹子建

54. 君不垂眷，豈云其誠

注：「言君雖不垂眷，己則豈得不言其誠。《蒼頡篇》曰：『豈，冀也。』」

案：《說文》「豈」為部首，「一曰欲也。」又《欠部》：「欿，幸也。」《見部》：「覬，欿幸也。」「覬」字，從豈，取意「欿幸」，與「欲」義相近。本書《登樓賦》注：「覬與冀同」，正合此處「豈，冀也」之訓。古多作「幾」，「冀」與「幾」，皆借字也。《文王世子》注載《孔廟禮器碑》有「𩫖」字，「𩫖」，即「豈」之變也。注蓋以「豈」為「覬」，故引《蒼頡篇》以證。「得」下「不」乃衍字，殆後人習見「豈」不文法而誤增之，非善意也。善果若此，則與下引《蒼頡》相矛盾，不可通矣。

雜詩六首　曹子建

55. 標題下　注云：此別京已後，在鄄城思鄉而作

案：何、陳校本「郢」改「鄄」，是也。《魏志·陳思王傳》：「黃初三年，立為鄄城王。是年十月，孫權復叛，復郢州為荊州。帝自許昌南征，諸軍兵竝進，權臨江拒守。」故此詩第五首云「吳國為我仇」，又云「江介多悲風，淮泗馳急流。願欲一輕濟，惜哉無方舟。」末首云「國讎亮不塞」，又云「思欲赴太山」，注亦謂「太山，接吳之境也。」《漢志》鄄城屬濟陰郡。「鄄」，讀絹。其廢縣在今濮州東二十里，即陳思所封之地矣。

又案：前《責躬詩》「改封兗邑」，注亦引封鄄城事，而「三年」誤作「二年」。又云：「屬東郡，舊兗州之境。」考《春秋》「莊十四年，盟於鄄。」杜注：「今東郡鄄城。」此當為善注所本。但《說文》：「鄄，衛地。今濟陰鄄

城。」與前後二《志》合。惟《晉志》屬濮陽國，而濮陽，則故屬東郡耳。

思友人詩　曹顏遠

56. 清陽未可俟

毛本「陽」作「楊」。

案：王氏世懋云：「清揚，當作青陽，蓋對上『密雲』、『霖潦』言之，本指日出，猶言河清難俟耳。善注誤。」

余謂注引《詩》「清陽婉兮」，並傳云「清陽，眉目之間也。」「陽」，今《詩》作「揚」，惟《說苑・賓賢篇》引作「清揚」，蓋「揚」可通「陽」。《玉藻》「顏實揚休」，疏：「揚，陽也。」左氏《文八年傳》「晉解揚」，《漢書・古今人表》作「解陽」，是也。注例凡字異者多有某與某同之語，而此無有，豈善本正文及注皆作「揚」不作「陽」乎？但論文義，則王氏說得之。

雜詩一首　張季鷹

57. 黃花如散金

案：張氏《膠言》云：「唐人以此句命題試士，士多以黃花為菊，合式者不滿數。觀起句『暮春和氣應』，非菊可知，但終未知黃花何指。」

余謂黃花直是菜花耳，與暮春時正合。司空表聖詩「黃花入麥稀」，蓋麥青時，菜花正黃，閒雜其中，故曰「入麥稀」。而段氏乃云：「江以北，麥以晝花，花兩瓣，色黃。黃花，即麥花。風偶吹，有落麥葉中者。」然既為麥之花，何又云「入麥」，恐「入」字不可通。且季鷹南人，南中麥於夜作花，風即吹落，亦甚微細，豈夜之所能見耶？

雜詩十首　張景陽

58. 甌駱從祝髮

注引《史記》曰：「東海王搖者，其先越王勾踐之後也，姓騶氏。搖率越人佐漢，漢立搖為東海王，都東甌。」徐廣曰：「騶，一作駱。」

案：所引見《東越傳》。尚有閩越王無諸，亦姓騶氏。但無諸王閩中故地，

都東冶，而搖為東甌王，故此注專舉之。「甌」作「歐」者，《周書‧王會解》「歐人蟬蛇」，又「且甌文蜃」，「伊尹四方令：正東越漚，正南甌鄧。」《淮南‧人間訓》有「西嘔」，皆同音通用字也。《海內南經》云：「甌居海中」，郭注：「今臨海永寧縣，即東甌。」又云：「閩在海中」，郭注：「閩越，即西甌，今建安郡是也。」考《史記》《漢書》，閩越俱不稱甌，而西甌乃西越之號，疑郭注誤矣。《史記‧南越傳》：「趙佗以兵威邊，財物賂遺閩越、西甌、駱，役屬焉。」《漢書》同。又載佗上文帝書云：「其東閩越千人眾號稱王，其西甌駱裸國亦稱王。」《索隱》引《廣州記》曰：「交趾、九真二郡，即甌駱也。」《正義》引《輿地志》曰：「交趾，周時為駱越，秦時曰西歐。」師古曰：「西歐，即駱越也。言西者以別東歐也。」又《通典》云：「貴州，古西甌、駱越之地。」《郡國志》復謂鬱林是西越。《寰宇記》永嘉為東甌，鬱林為西歐。據此諸文，則甌駱乃今廣東、廣西及貴州之境。而東甌為今浙江溫、台處，諸府非甌駱也。此詩下有「祝髮」字，注引《穀梁傳》「吳國，祝髮文身」，上亦單舉「東甌」，其云「甌駱」者，殆祇從徐廣之說與？

時興　盧子諒

59. 恬然存玄漠

注引《廣雅》曰：「漠，泊也。」《說文》曰：「泊，無也。」

案：今《廣雅》：「莫，漠也，怕也。」《說文》：「怕，無為也。」前《子虛賦》「怕乎無為，憺乎自持。」而《長楊賦》則云「人君以澹泊為德。」「憺怕」作「澹泊」者，假借也。《說文》「洦」，從百，云：「淺水也。」隸變，從白，入鐸韻。「洦」乃別入陌韻，而以「怕」為「懼怕」字，蓋「迫」之語轉也。故徐鉉音「怕，匹白切。又，葩亞切。」與李注「蒲各切」異。「泊」，又借作「岶」，《洞簫賦》「密漠岶以猭猭」，注：「嶘岶，竹密貌。漠與嶘同，泊與岶同」，亦祇望文生義耳。

擣衣　謝惠連

60. 蕭蕭莎雞羽

注云：「《毛詩》曰：『六月莎雞振羽。』」一名促織，一名絡緯，一名蟋

蟀。」

案：注中「一名」以下，蓋本《古今注》，此當上有脫文，而所說實非
也。據《豳風》鄭箋，明以「斯螽」、「莎雞」、「蟋蟀」為三物。「斯螽」，即
《爾雅》之「蟿螽，蚣蝑。」「斯」與「蟿」，聲義同。郭注：「蚣蝑也，俗呼
蜙蝑。」《詩正義》引陸《疏》云：「螽斯，幽州人謂之舂箕，即舂黍，蝗類
也。」《廣雅》云：「蟅蟒，蚔也。」《疏證》謂即《召南》之阜螽。《爾雅》之「皇螽，蠜」
也。《周南》之螽斯，斯為語辭，非《七月》所謂斯螽。然毛傳於此兩處皆以為蚣蝑矣。「莎
雞」，即《爾雅》之「翰，天雞。」郭注：「小蟲，黑身，赤頭。一名莎雞。
又曰樗雞。」《詩正義》引李巡云：「一名酸雞。」「酸」、「莎」聲相轉也。陸
《疏》云：「莎雞，如蝗而班色，毛翅數重，其翅正赤，或謂之天雞。六月
中，飛而振羽，索索作聲，幽州人謂之蒲錯。」《廣雅》云：「樗鳩，樗雞也。」
「鳩」、「雞」，亦聲相轉。《太平御覽》引《廣志》又云：「莎雞，似蠶蛾而
五色，亦曰雗雞。」「雗」與「樗」，亦聲轉也。此注又引《論衡》曰：「夏末
寒，蜻蛚鳴，將感陰氣也。」「蜻蛚」，即《爾雅》之「蟋蟀，蛬。」郭注：
「今促織也，亦名青𧑓一作精列。」「蟋蟀」，《說文》作「悉𧔢」。《廣雅》云：
「蛬一作蚕，一作蛩、趯織趯，一作促、蚟孫蚟，一作王、蜻𧑓也。」王氏《疏證》
謂：「今人謂之屈屈，則蛬之轉聲。陸《疏》云：『幽州謂之趨織，里語曰：
「趨織鳴，懶婦驚」』，是也。前《古詩十九首》『促織鳴東壁』，注引《春秋
考異郵》『立秋趣織鳴』。宋均注：『趣織，蟋蟀也。立秋女功急，故趣之。』」
「促」、「趯」、「趣」並同字，與「莎雞」非一物。而蔡邕以「蟋蟀」為「斯
螽」，高誘以「蝍蛆」為「蟋蟀」《爾雅》：「蒺藜，蝍蛆。」《廣雅》：「蝍蛆，吳公也。」
吳公，即蜈蚣。皆異說矣。若「絡緯」，則今所謂「紡織娘」者，京師人謂之「聒
聒」。因其鳴聲如紡績，亦有「促織」之名，遂與「蟋蟀」相混。郝氏欲以
《詩》之「草蟲」，《爾雅》之「草螽，負蠜」當之，不知是否。毛傳：「草
蟲，常羊也」，郭注本之。「常羊」，今未聞。如郝說，或即「絡緯」之異名
與？要與「莎雞」亦別。

始出尚書省　謝玄暉

61. 青精翼紫軑，黃旗映朱邸

注引司馬德操《與劉恭嗣書》：「黃旗紫蓋，恆見東南，終成天下者，揚州

之君乎。」

案：張氏淏別引《吳書》：「陳化使魏，文帝問曰：『吳、魏峙立，誰平一海內者？』對曰：『聞先哲知命，舊說紫蓋黃旗，運在東南。』」又《江表傳》：「丹陽刁元使蜀，得司馬徽與劉廙論運命事。元詐增其文，以誑國人」，則即此注所引也。張氏又云：「李善號博洽，其注《文選》亦不過引司馬徽書而已。嘗見薛道衡《隋高祖功德頌》『談黃旗紫蓋之氣，恃龍盤虎踞之嶮。』終以未得，所自為恨。一日，讀《宋書符瑞志》『漢世術士言黃旗紫蓋見於斗牛之間，江東有天子氣』，於是釋然。」

余謂清源所證自富，但《宋書》為沈約著，約，梁人，尚在玄暉之後。司馬徽乃漢末人，所云「漢世術士」，當即指徽。是徽書實其原本，何得轉據沈約書以議李氏乎？「軌」，已見《甘泉賦》。

直中書省 　謝玄暉

62. 風動萬年枝

注引《晉宮闕名》曰：「華林園有萬年樹十四株。」

案：程氏大昌云：「玄暉句，凡宮詞多承用之，然莫知為何木。或云冬青，亦無明據。而世間植物，如橚、松、檜、柏，皆經冬不凋，何獨冬青得名萬年也。《西京雜記》：『初修上林苑，遠方各獻異木，自製為美名，其品有萬年長生樹，千年長生樹，亦不解何物。』方勺《泊宅編》曰：『徽宗興畫學，試諸生，以《萬年枝上太平雀》為題，無能識。或密叩中貴，中貴曰：「萬年枝，冬青木也。太平雀，頻伽鳥也。」』惟此書指冬青為萬年枝，又不知何所本。何氏焯則云：『萬年枝，即《詩》「隰有杻」。疏中所謂萬年樹，蓋檍也。』」

余謂孔疏云：「今官園種之，正名曰萬歲，取於億萬。」既言今正名，是起於唐時，則與《西京雜記》所云「自製美名」正同，非本號也。若必欲實之，又將何者為千年，何者為萬年乎？竊意以樹木寓祝壽，乃諛頌之辭，如蟠桃、蓂靈、大椿及崑崙之壽木見《思玄賦》，半屬荒誕，此特因枝葉長茂以為名。則植物中雖別有之，而冬青即凍青，獨著其凍而猶青，故一名長生樹。《群芳譜》以為「萬年枝」，固無不可。

觀朝雨　謝玄暉

63. 歧路多徘徊

注引《淮南子》曰：「楊子見逵路而哭之。」

案：《太平御覽》引《淮南》作「歧路」。《爾雅》：「二達謂之歧，旁九達謂之逵。」皆言路之歧出者也。「歧」、「逵」，音相近，故「歧」或為「逵」。此處正文作「歧」，注亦當云：「歧與逵通。」《荀子·王霸篇》「楊朱哭衢涂」，注：「衢涂，歧路也。」又《勸學篇》注：「衢道，兩道也。」今秦俗猶以兩為衢。據《爾雅》「四達謂之衢」，而云「兩道」者，「衢」為「歧」之轉音。蓋秦人方言以「衢」為「歧」也。「衢」與「逵」，音亦相近。故《楚辭·天問》「靡萍九衢」，注：「九交道曰衢」，是又謂「衢」即「逵」矣，義竝可通。

又案：所引《淮南》見《說林訓》。本書《北山移文》「慟朱公之哭」，注亦引作「歧路」。至《呂氏春秋·疑似篇》與賈誼《新書·審微篇》俱作「墨子」。梁氏校補《呂子》謂恐因「泣絲」事而誤，當是也。

郡內登望　謝玄暉

64. 山積陵陽阻

注引沈約《宋書》曰：「陵陽子明得仙於廣陽縣山。」

案：《水經·沔水二篇》注云：「南江又東，旋谿水注之。水出陵陽山下，逕陵陽縣西為旋谿水。昔銍縣人陵陽子明釣得白龍處，後三年，龍迎子明上陵陽山，山去地千餘丈。後百餘年，呼山下人，令上山半與語谿中。子安問子明釣車所在。後二十年，子安死，葬山下，有黃鶴栖其冢樹，鳴常呼子安，故縣取名焉。晉咸康四年，改曰廣陽縣。」據此知廣陽即《漢志》之陵陽與《志》中廣陽國之廣陽縣無涉，故《續志》陵陽下注云：「陵陽子明得仙於此縣山也。」陵陽廢縣，在今青陽縣南六十里。晉時，縣屬宣城郡，又今石埭縣，本漢之陵陽、石城、涇三縣地也。《方輿紀要》云：「陵陽山在石埭縣北五里。自西北迤邐而來，有三峯連亙，其二峰屬縣境，其一峰入太平縣界。」《寰宇記》曰：「山高三百五十丈，廣二十五里，漢陵陽縣以此名矣。」此詩乃玄暉為宣城太守時作，郡治宛陵城內別有陵陽山。《紀要》云：「陵陽山岡巒盤曲，為郡之鎮。」又引《輿地紀勝》云：「山自敬亭，陂陀而南隱，起三峰，環遮

府治。」蓋據此山之岡麓也。則詩所稱似即指郡內之山。而注云廣陽者,《宋書·州郡志》廣陽亦屬宣城郡也。觀下句「溪流春穀泉」,「春穀」,本漢縣,為今之南陵縣地。縣東四十里有宣城故城,即《宋志》之宣城縣也。去郡治亦頗遠,水不舉宛、句二溪而舉春穀,則山亦不必即在郡治,殆舉郡所屬之大山言之與?

和伏武昌登孫權故城　謝玄暉

65. 孫權故城

注未及

案:《水經·江水三篇》注云:「江之右岸有鄂縣故城。《九州記》曰:『鄂,今武昌也。城東故城,言漢將灌嬰所築。』《郴行錄》云:『武昌縣在樊溪之東,隔樊山五里許,即吳之西都,有吳王城。』又《方輿紀要》云:『吳王城在武昌縣東一里,或云孫吳故宮城遺址也。中有安樂宮,宮中有太和殿,宮前有御溝流為牧馬港,即吳王飲馬處。』」

余謂詩中「卜揆崇離殿」,正指此宮殿而言,後即徙都建業,故以此為「離殿」也。

66. 裘冕類禋郊

注引《周禮》及《尚書傳》以證,而不及本事。

案:《水經註》又云:「城西有郊壇,權告天即位於此。顧謂公卿曰:『魯子敬嘗言此可謂明于事勢矣。』」詩正實指其地,注失引。

又案:《通典·禮二》注云:「孫權初稱尊號於武昌,祭南郊,告天,用玄牡。後自以居非士中,不修設。末年,南郊追上父堅尊號為吳始祖以配天。」後陸機《辨亡論》謂權「遂躋天位,鼎峙而立」,「告類上帝,拱揖羣后」,皆孫吳郊祀之證也。

67. 釣臺臨講閱,樊山開廣讌

注引《吳志》曰:「孫權於武昌臨釣臺飲酒,大歡。」又《水經》曰:「武昌郡治有袁山,即樊山也,北背大江,江上有釣臺。」

案:《吳志》見《張昭傳》,所引《水經》則《江水三篇》酈注也。酈又

云：「昔孫權裝大船，名之曰長安，亦曰大舶。載坐直之士三千人，與羣臣泛舟江津。值風起，權欲西取蘆洲，谷利不從，乃拔刀急上，令取樊口船，至岸而敗，故名其處為敗舶灣。因鑿樊山為路以上，人即名其處，為吳造峴，在樊口上一里，今厥處尚存。」裴松之注《吳主傳》則引《江表傳》以為裝大船，試泛之釣臺，是當時於釣臺閱兵，故酈云「士三千人」也。「譙」亦於釣臺，而詩云「樊山」者，臺即在山側，分言之以避複耳。《御覽》四十八引《江夏圖經》曰：「樊山西陸路去州一百七十三里，山東數十步有岡，岡上甚平敞，青松綠竹，常自蔚然。其下有溪，凜凜然常有寒氣，故謂之寒溪。」即以此詩語為證。《方輿紀要》云：「樊山在武昌縣西三里，一名西山，一名樊岡，下為樊口，舊名袁山。《水經注》：『孫權徙鄂縣，治于袁山東是也。又名來山，孫皓都武昌，出登來山，又名壽昌山。』《東坡志林》云：『自余所居臨皋亭下，亂流而西，泊於樊山，或曰燔山。歲旱燔之，起雲雨，或曰樊氏居之，不知孰是。』」

和王著作八公山　謝玄暉

68. 東限琅邪臺，西距孟諸陸

「琅邪」、「孟諸」俱已見《子虛賦》。

案：《方輿紀要》云：「八公山，在今壽州東北五里，肥水之北，淮水之南。相傳漢淮南王安與八公學仙於此，因名。亦謂之北山，即晉謝玄破苻堅，堅登壽陽城，望見八公山草木皆為晉兵者也。」此注謂「孟諸澤在八公山東，而云西距者，言西距山，以避上文耳。」固曲為之辭，實則琅邪臺在今諸城縣，相去甚遠。以為此山之限，亦不相屬也。

又案：高誘《淮南子序》言「安與蘇飛、李尚、左吳、田由、雷被、毛被、伍被、晉昌八人，及諸儒大山、小山之徒著此書。」此處標題下引作「蘇非、李上、陳由」，固古字通用。而梁氏玉繩引《水經·肥水》注言「左吳與王春、傅生等尋安，同詣玄洲，還為著記，號曰《八公記》」，則八公名目又與高《序》異。

余謂八公或先時著書之人。據《漢書》，雷被早上長安，言淮南事。伍被雖進諫，及事覺，已自首。與王謀反，坐誅矣。乃注引《神仙傳》既云「雷被誣告安謀反」，下又言「即日升天，八公與安所踐石上之馬跡存焉。」豈彼時

雷被亦與其數，殊為矛盾。且《伍被傳》有趙賢、朱驕與左吳竝稱，而轉不在八公之列，蓋相傳譌異若是。

三月三日率爾成篇　沈休文

69. 東出千金堰

注云：「楊佺期《洛陽記》曰：『千金堰在洛陽城西，去城三十五里，堰上有穀水塢。』朱超石《與兄書》曰：『千金堤舊堰穀水，魏時更修，謂之千金塢。』堰，一作堨。」

案：《水經·穀水篇》注云：「穀水又東至千金堨。《河南十二縣境簿》曰：『河南縣城東十五里有千金堨。』積石為堨而開溝渠五所，謂之五龍渠。蓋魏明帝舊本作文帝，誤修王梁張純故績也。堨是都水使者陳協所造，水歷堨東注，謂之千金渠。逮晉世，大水蕩壞，更於西開二堨。二渠，名曰代龍渠，即九龍渠也。」全氏祖望謂：「五龍渠與九龍渠不同，五龍渠即千金渠。若九龍渠，作於魏明帝青龍二年。是時，崇華殿災，郡國九龍見，因更營九龍殿，引穀水為九龍池，而築渠以堰之，善長誤矣。」

余謂《河南府志》言「千金渠為穀水經流其下，開溝渠五，而南北出者曰五龍渠，泄瀍溝暴漲之水。水大則五龍渠不及泄，故更於西開泄，名代龍渠。」據此知五龍、代龍皆與千金渠相屬。若九龍渠，即九龍池，則酈注引傅暢《晉書》以為「都水使者陳狼鑿運渠，從洛口入注九曲瀆瀆，本在窆縣西至東陽門會陽渠水，而枝流注靈芝九龍池者」是也。又《方輿紀要》云：「千金堨在今河南府城北」，於此注在西不同。酈注所引又在城東，蓋歷代城址有移徙耳。

又案：下句云「西臨鴈鶩陂」，注引《漢宮殿疏》曰：「長安有鴈鶩陂，承昆明下流也。」《紀要》云：「陂在鎬池北方，六頃。」此二語一指洛陽，一指長安，乃承上文「洛陽繁華子，長安輕薄兒」而分言之也。

擬魏太子鄴中集劉楨詩　謝靈運

70. 南登紀郢城

注引《左傳》杜注曰：「楚國，今南郡江陵縣北紀南城也。」

案：《漢志》「江陵」下云：「故楚郢都，楚文王自丹陽徙此。後九世平王

城之。又「郢」下云：「楚別邑。」是郢本與楚都為二，而《志》謂後所城者，即楚都也。《水經·江水二篇》注云：「江水又東逕江陵縣故城南，故楚也。子革曰：『我先君僻處荊山，以供王事，遂遷紀郢。』今城，楚船官地也。」「又江水東逕郢城南，子囊遺言所築城也。《地理志》曰：『楚別邑，故郢矣。』」《史記索隱》云：「楚都郢，今江陵北紀南城。」是平王更城郢，今江陵東北，故郢城是。《方輿紀要》引《荊州記》：「昭王十年，吳通漳水灌紀南，入赤湖，進灌郢城，遂破楚。」則郢與紀南為二城矣。

余謂左氏《襄十四年傳》「子囊將死，謂子庚必城郢。」杜注：「蓋楚徙郢都，未有城郭，似非。楚自文王徙都，已歷九世，益臻強大，何至國都尚無城。殆以郢雖別邑，然與都切近。子囊欲城之，以相犄角而為藩籬之固，故遺言見意。向來因已有都城，無須作此舉。即子囊言，後亦久未建，直至昭二十三年，其子囊瓦始營之。」杜又云：「楚用子囊遺言，已築郢城矣。今畏吳復增修以自固，乃想當然語，於傳無徵也。」且沈尹戌言「諸侯卑，守在四竟。今吳是懼，而城于郢，守已小矣。惟其別一城，乃所謂守在四竟也。」然則楚都為紀郢，後稱紀南城者，皆因紀山而名《紀要》云：紀山在今江陵城北四十里。而單稱郢者，即《漢志》之郢縣也。《續志》劉注亦謂有二城，前《志》特渾言之耳。

又案：《說文》：「郢，故楚都，在南郡江陵北十里。」段氏云：「楚有二郢，所都曰郢，別邑曰郊郢。」《左傳》鬬廉曰：「君次於郊郢，以禦四邑。」杜曰：「郊郢，楚地，此必非郢都也。」故前《志》曰：「郢縣，楚別邑故郢」，與江陵縣之郢都，劃然二縣。「故郢」二字，正「故郊郢」之奪誤也。許君於他邑不言距今縣方向、里數，獨此詳之者，以見非漢郢縣之郢也。此說未及紀南城，而以單稱郢者為楚都。雖若稍異，然其謂郢縣別一城，非即楚所都之郢，意正相同。

又擬應瑒　謝靈運

71. 官度廁一卒

注引《漢書音義》文穎曰：「於滎陽下，引河東為鴻溝，即今官渡水。」

案：《方輿紀要》云：「官渡城在今中牟縣東北十二里，即中牟臺也，亦曰曹公臺。建安四年，曹操、袁紹相持于官渡口。」裴松之《北征記》：「中

牟臺，下臨汴水，是為官渡，袁、曹壘尚存。」又云：「官渡水在縣北中牟臺下，圃田澤在其南，又北則為黃河。」胡氏謂：「官渡即黃河，故袁、曹相拒。沮授曰：『悠悠黃河，吾其濟乎。』」然觀袁紹敗後，幅巾渡河，則黃河在官渡北矣。

72. 烏林預覬阻

注引盛弘之《荊州記》曰：「薄沂縣薄沂，即蒲沂沿江一百里，南岸名赤壁，周瑜、黃蓋於此乘大艦上破魏武兵於烏林。烏林、赤壁，其東西一百六十里。」

案：《水經·江水三篇》注云：「江水左逕上烏林南，村居地名也。又東逕烏黎口，江浦也，即中烏林矣。又東逕下烏林南，吳黃蓋敗魏武于烏林，即是處也。」據此，則「烏林」一名而有三，其地綿長，距赤壁尚遠，故盛《記》以為「烏林赤壁，其東西一百六十里也。」洪氏《圖志》於嘉魚縣云：「赤壁山在縣東北江濱。又蒲磯山在縣西南，一名蒲圻山，蒲圻縣初置於此。酈注『赤壁山在百人山南』，應在今嘉魚東北與江夏接界處，上去烏林，且二百里。自李吉甫以赤壁與烏林相對，後諸地志遂以為在縣西南，蓋誤以蒲磯山為赤壁矣。」

余謂洪說與盛《記》合。是時，曹軍屯烏林，吳軍屯赤壁，故須上而破之。赤壁在南岸，烏林在北岸，乃遙距，非緊對。後人競言赤壁之勝，特以吳師從赤壁進耳。而敗魏，實在烏林。《吳志·周瑜傳》：「瑜卒，諸葛瑾、步騭上疏，言瑜能摧曹操於烏林」，是也。「赤壁」，已見前《夜行塗口》詩。

又擬阮瑀　謝靈運

73. 自從食萍來

注引《詩》：「食野之苹。」毛萇曰：「苹，萍也。」

案：鄭箋「苹，藾蕭」，與毛異。王氏《學林》云：「《爾雅》：『萍，苹。』又『苹，藾蕭。』『苹』與『萍』，乃二物，其字不相通用。《詩》所云『苹』、『蒿』、『芩』，皆鹿食地上所生之物，非水中物，則苹非萍矣。靈運以『食苹』為『食萍』，五臣注謂『萍，苹也』，皆誤。《玉篇》：『苹，萍也。又，藾蕭也。』兩存之者，因毛、鄭訓《詩》而為之說，亦誤。」

余謂《爾雅》本作「苹，萍。其大者蘋。」郭注：「水中浮萍，江東謂之薸。」《說文》：「萍，苹也。」「苹，萍也。無根，浮水而生者。」《詩·采蘋》正義引舍人曰：「苹，一名萍。」《夏小正》「七月湟潦生苹」，是浮萍可作苹，與藾蕭之苹為一字。《玉篇》非誤，即靈運詩本之。毛傳亦不得云誤也。惟陳氏啟源云：「羅願謂鹿、豕亦就水旁求食。食萍，容有之，不必易傳。近儒趙宧光言嘗畜麛鹿，性嗜水草。然經明言野苹，箋義長矣。」據此，則鄭君分別苹、萍自當，故於《詩》言「藾蕭」，而於《周禮·萍氏》注引《爾雅》「萍，萍」，或《爾雅》本一作「萍，萍」，與今本異。其以苹為浮萍者，乃假借字與？「藾蕭」，已見前《子虛賦》「薛」下。

和琅邪王依古　王僧達

74. 聊訊興亡言

注云：「訊與信通。」

案：五臣本「訊」作「誶」，是也。注中「信」字，當作「誶」。《爾雅·釋詁》：「誶，告也。」釋文：「誶，本又作訊，音信。」本書《思玄》及《幽通》賦注竝引作「訊，告也。」又《釋言》：「訊，言也。」《玉篇》《廣韻》竝云：「誶，言也。」蓋二字經典多以形近致誤。如《詩·陳風》「歌以訊之」，與「萃」韻。《小雅》「莫肯用訊」，與「退」、「遂」、「瘁」韻。二「訊」字，皆當作「誶」，故《離騷》注引《詩》「誶予不顧」，《廣雅》引《詩》「歌以誶止」。此處「誶」之誤「訊」，亦然。但「誶」、「訊」聲相轉，古音本同，則又「支」、「微」可通「真」、「文」之例也。

擬古　鮑明遠

75. 兩說窮舌端，五車摧筆鋒

注云：「兩說，謂魯連說新垣衍及下聊城。」

案：李氏冶以善注為疎，又云：「五臣以『兩說為本末之說，言舌端能摧折文士之筆端』，亦非也。兩說者，兩可之說也。謂兩可之說能窮舌端，而五車之讀能摧筆鋒云者，猶言禿千兔之毫者也。」

余謂善注蓋因下文「羞當白璧貺，恥受聊城功」故云。然上言年少雖工

篇翰而無益，似即前篇所謂「南國有儒生，迷方獨淪誤」也。此言辨說以解爭，能使讀五車者摧其筆鋒，正與首句「諷詩書」針對。後又云「解佩襲犀渠，卷裹奉盧弓。」蓋有投筆從戎之意。合觀三首，皆作壯語。恐善注未可遽非。近孫氏志祖引顧仲恭云：「兩說，當以縱橫解之。《莊子》：『縱說則以《詩》《書》《禮》《樂》；橫則《金版六韜》』」，亦通，但不指定魯連將何所著乎？

雜體詩潘黃門悼亡　江文通

76. 永懷寧夢寐

案：《說文》：「寐，从寢省，未聲，蜜二切。」《詩·陟岵篇》與「棄」韻。《廣韻》《集韻》皆無別音。此與上文「質」部字叶，蓋「寐」為「密」之去聲，去、入為韻，齊、梁間尚有之耳。後盧郎中《感交篇》首用「器」、「位」二韻，下俱「質」部字，實一韻也。觀「瑟」、「出」等字，「眞」、「質」部並收，知其可通。或以「寐」別叶「美必切」，引文通詩為證，失之。

又謝法曹贈別　江文通

77. 今行嶀嵊外

注引《會稽記》曰：「始寧縣西南有嶀山，剡縣有嵊山。」

案：《宋書·州郡志》會稽太守下有始寧令，云：「順帝永建四年，分上虞南鄉立。《續漢志》無，《晉太康三年地志》有。」今上虞縣西南五十里有始寧城是也。《方輿紀要》云：「今之嵊縣為漢剡縣地，縣東北四十五里有嵊山，當剡溪之口。嶀浦之東山，南有嵊溪，溪以北諸山，皆與嵊山相接。又嶀山在嵊縣北四十里。」《輿地志》：「自上虞七十里至溪口，從溪口遡江上數十里，謂之嶀浦。嶀、嵊二山，參差相對，為絕勝處。」

余謂此注以嶀山屬始寧者，蓋上虞、嵊本連壤，彼時山在始寧界也。故《水經·漸江水篇》注亦以嵊山屬剡縣，嶀山屬始寧縣。又云：「嶀、嵊二山雖曰異縣，而峰嶺相連。其間傾澗懷煙，泉谿引霧，吹畦風馨，觸岫延賞。」正《紀要》所稱「絕勝」矣。今本酈注「嶀」作「嶁」，字形相近，《御覽》引作「嶀」。

《文選集釋》卷十八

離騷經　屈平

1. 攝提貞于孟陬兮

王逸注：「太歲在寅曰攝提。正月為陬。」

案：《爾雅》曰「攝提格」，此不言「格」者，省文耳。《史記・天官書》索隱引李巡云：「言萬物承陽起，故曰攝提格。格，起也。」郝氏謂：「攝提，星名，屬東方亢宿，分指四時，從寅起也。故鄭注《是類謀》云：『攝提、招紀、天元，甲寅之歲。』又『正月為陬』，郭注即引《離騷》是語。《漢書・劉向傳》云：『攝提失方，孟陬無紀。』《史記・歷書》『月名畢聚』，『聚』與『陬』同也。」而王氏《學林》云：「攝提，歲名也。攝提格，但主太歲居寅一位而已。若攝提星，則隨斗杓徧歷十二辰，以正歲時。苟攝提無紀，則閏餘乖錯而歷數差矣。《離騷》蓋言攝提順乎斗杓，而不失正朔之紀。孟陬者，正朔之紀始於此也。言斗杓順序，正朔不乖，而我之生也。陰陽和平，初無繆戾，此作騷之意。」王逸以「攝提」為太歲，則非。

余謂「攝提」固為星名，然《爾雅》亦非謂「攝提」即太歲。蓋「攝提」雖周乎十二月，而實始於寅，故特於正月言之，正李巡所謂「格，起也。」《學林》既云「正朔之紀始於此」，故曰「孟陬」，而下乃專言「正朔不乖」，似不以孟陬紀月，則下文「惟庚寅吾以降」，將何屬耶？觀許沖《奏上說文後序》稱「孟陬之月」，當即本此。《日知錄》亦云：「攝提，歲也；孟陬，月也；庚

寅，日也。屈子以寅年、寅月、庚寅日生。或謂攝提星直斗杓所指者非，豈有自述其世系生辰，乃不言年而止言月日者」，此說得之。

朱子云：「孟謂孟月，陬謂陬訾，攝提指之，則日躔析木，係孟冬之月，非正月也。」案《分野略例》云：「自危十六度至奎四度，於辰在亥為諏訾，十月之時。諏訾既為分野之名，去訾而加孟，殊為不辭。且以孟陬為十月，不得謂正朔始於此矣。若謂《爾雅》以攝提屬太歲，則左氏《襄三十年傳》『歲在娵訾之口』，何亦指太歲言也？」至張氏《膠言》謂「孟陬之陬與娵訾之娵，本不相混。自康成注《周禮·眡祲氏》云『月謂徒娵至荼』，遂與《爾雅》異」，此說亦非。觀《月令》注「日月會于陬訾」，釋文：「陬，本又作娵。」是「陬」與「娵」同音通用，故月名之陬，鄭亦作「娵」。且如所說，則此處作「陬」不作「娵」，何又以為「娵訾」乎？故知「孟陬」之解，仍應以舊注為是。

又案：近西安馬氏位《秋窗隨筆》云：「周正建子，楚奉周朔，則寅月乃當時三月也，何得曰孟陬。攝提原謂太歲，而孟陬非寅月可知。攝提貞于孟陬，猶言寅年之正月，歲雖寅而月未必寅也。然則屈原或以寅年子月寅日生與？」

余謂周雖建子，而巡狩烝享，猶自夏焉。故民間習稱之。如《詩》「四月維夏」，「六月徂暑」之類甚多，不獨晉用夏正也。《爾雅》釋月名，郭注十月為陽云，純陰用事，嫌於無陽，故名。是固皆依夏正，豈子丑之月亦可名陬？則馬說殊不合。

2. 扈江離與辟芷兮

注云：「扈，披也。楚人名披為扈。」

案：「披」，他本作「被」，此誤也。前《吳都賦》「扈帶鮫函」，劉注「楚人名被為扈」可證。《方言》云：「帗褬謂之被巾」，《廣雅》義同。王氏《疏證》謂：「帗猶扈也，被巾所以扈領，故有帗褬之稱。」「江離」、「芷」，已見《子虛賦》。

3. 朝搴阰之木蘭兮

注云：「搴，取也。」

案：《說文》：「攓，拔取也。南楚語」，下即引此文。「搴」者，「攓」之省耳。「攓」又與「攐」通，《莊子·至樂篇》「攐蓬而取之」，司馬注：「攐，

拔也。」《方言》:「攬,取也。南楚曰攬。」義皆無別。惟《說文》「阯」作「批」,未審。

注又云:「阯,山名。」

案:《史記・劉敬叔孫通傳》索隱引《埤蒼》云:「阯,山名,在楚地。」《玉篇》《廣韻》竝云:「山在楚南,今無可考。」《說文》無「阯」字,惟「陭」、「陂」、「阺」皆為「陵坂」之名,三字俱與「阯」音相近,疑即相類。觀下句「洲」字,祇通言之,則「阯」亦未必有專屬之山也。

4. 夕攬洲之宿莽

注云:「草冬生不死者,楚人名曰宿莽。」

案:《爾雅》:「卷施草拔心不死。」郭注:「宿莽也,《離騷》云。」郝氏謂《方言》「莽,草也。」是凡草通名莽,惟「宿莽」是卷施草之名也。《類聚》八十一引《南越志》云:「寧鄉縣草多卷施,拔心不死,江淮間謂之宿莽。」又引郭氏讚云:「卷施之草,拔心不死。屈平嘉之,諷詠以比。取類雖邇,興有遠旨。」

余謂宋吳氏仁傑《離騷草木疏》以「宿莽」為《山海經》之「莽草」,而非「卷施」。然「莽草」即「茵草」,有毒已見前鮑明遠《苦熱行》,不應與「木蘭」為類。注云「木蘭去皮不死,宿莽遇冬不枯」,則二者竝言,注說是也。

5. 忽奔走以先後兮

注引《詩》曰:「予聿有奔走,予聿有先後。」

案:今《詩》「先後」在「奔走」之上,「聿」作「曰」。「曰」與「聿」通,又與「欥」通。《漢書・敘傳》云:「欥中龢為庶幾兮」,集注:「欥,古聿字。聿,曰也。」《詩》:「見晛曰消,曰喪厥國。」釋文引《韓詩》曰:「俱作聿。」則此注當亦引《韓詩》也。「奔走」,今《詩》作「奔奏」,觀《正義》中屢言「奔走」,是《正義》所據本作「奔走」。《釋文》云:「本音奔,本亦作奔。奏音走,本亦作走。」是釋文所據本作「奔奏」,今《詩》則上字從《正義》本,下字從《釋文》本矣。

6. 荃不察余之忠情兮

注云:「荃,香草也,以喻君也。」

案:吳氏《疏》引洪慶善曰:「荃與蓀同。《莊子》『得魚忘荃』,崔音孫,

云香草可以餌魚。疏曰:『蓀,荃也。』《九歌》『蓀橈』、『蓀壁』,皆一作「荃」。『蓀不察余之中情』、『蓀何為兮愁苦』、『數惟蓀之多愁』、『蓀獨宜兮為民』、『正蓀詳聾而不聞』、『願蓀美人之可全』,皆以喻君。」

余謂今本於此處及《九歌·湘君》《湘夫人》皆作「荃」,《少司命》篇內一「蓀」、一「荃」,當由傳本不同,餘數語非《選》中所有。《說文》:「荃,芥脃也。」與此云「香草」異。「蓀」字則在《新附》中。鈕氏樹玉謂《玉篇》「蓀,息昆切。」《類篇》「蓀」亦作「荃」,並引《莊子·外物篇》釋文知「蓀」、「荃」音義竝同。疑「荃」或借作「孫」,後人加艸,遂分為二字。顏延年《祭屈原文》「比物荃蓀」,已誤矣。吳氏《疏》又云:「沈存中言香草之類,大率多異名。所謂蘭蓀,蓀即今昌蒲是也。然昌蒲種甚多,生下濕地者曰泥昌、夏昌,生谿水中者曰水昌,生石上者為石昌蒲;而石上者又自有三種:《圖經》所載生蜀地,葉作劍脊而無花,一也。《本草別說》所載生陽羨山中,不作劍脊,有花而黃,二也。李衛公《平原草木記》所載生茅山谿石上,亦不作劍脊,而花紫,三也。《抱樸子》以紫花為尤善,即所謂昌陽、谿蓀者也。知谿蓀自是石昌蒲一類中尤穎耳。藥有君臣佐使,而此為君。《離騷》以為君喻,良有以也。」若《漢書·江都王傳》「越繇王閩侯遺王荃、葛」,服虔曰:「荃,音蓀,細葛也。」臣瓚曰:「荃,香草也。」顏師古謂:「荃,本作絟。音千全切,又千劣切。今箑布之屬。」服、瓚二說誤以「絟」為「荃」,皆非。

7. 指九天以為正兮

注云:「九天,謂中央、八方也。」

案:《淮南·覽冥訓》「上通九天」,高誘注與此注說同。《朱子集注》則云:「九天,天有九重也。」孫氏《補正》從之。

余謂《天問篇》云:「圜則九重,孰營度之」,下即云:「九天之際,安放安屬。」「九天」,即九重可知,此尤為確證。若謂「中央」、「八方」,似言地而非言天矣。

又案:後孫子荊《為石仲容與孫皓書》「九野清泰」,注引《淮南子》:「所謂一者,上通九天,下貫九野。」高誘曰:「九野,八方、中央也。」此釋「九野」則是,不應又以釋「九天」,高氏亦自相矛盾。

又案:近王氏元啟《史記正譌》有《九天說》云:「《淮南》分天為九野,

以為中央鈞天，東方蒼天，東北旻天，北方元天，西北幽天，西方皓天，西南朱天，南方炎天，東南陽天。天行不息，無方隅定位可言，《淮南》以地之州部談天，無當於渾旋之體。竊意積陽之氣，上升為天，積陰之氣，下凝為地。太陰居諸天之下，其體晦而無光，故謂之幽天。幽天之上為元天，水星居之。又其上為皓天，太白居之。又其上為炎天，太陽居之。又其上為朱天，熒惑居之。又其上為蒼天，歲星居之。元、皓、朱、蒼，蓋指諸星之色。太陽、太陰，則舉其質性言之。填星居七政之最上，特取仁覆閔下之義，變文曰旻天。至七政各處一天，恆星則共聚一天。區為四舍，離為十有二宮，二十八宿。蓋至是始可以立鈞出度，故謂之鈞天。鈞天之上，雲漢居之，以其無星可指，但知為積陽之氣所凝，故謂之陽天。陽天以下，一一有象可稽，是以古聖人為之名目，以授民時，庶歲序得無忒忒也。《天問》云『圜則九重』，柳宗元釋之以為『沓陽而九』，蓋謂自下而上，沓為九重，非如畫土分疆，彼此各為限別也。」

余謂王說亦從九重之義，但以《淮南》所言，分屬各方者，絫而上之，意為配合，殊無證據。其云「雲漢」為最上一層天，亦前世談天家所未有也。

附案：《淮南·天文訓》「東北曰變天」，不作「旻」。「西方曰顥天」，「顥」、「皓」通，一作「昊」。

8. 曰黃昏以為期兮，羌中道而改路

案：此二語在「初既與余有成言兮」之上，《文選》無之。朱子曰：「洪興祖言王逸不註，疑後人所增。安知非逸以前脫此兩句耶？」陳氏本禮云：「考今王逸本現有此二句，惟《文選》脫，似昭明不知《離騷》有序，特刪此二語，使敘文聯成一篇，後世以訛傳訛，自昭明始也。」據陳意，蓋以篇首至「夫唯靈脩之故也」，為《離騷》序文，實馬遷、楊雄、班固自敘篇之祖；下乃標經正文，故以「曰」字另起。但《離騷》自古相傳一篇，必分上是序，下是經，未免肊斷。且以二語為經開端，殊覺突如其來。觀前文「來吾道夫先路」，「路」與「度」韻；「既遵道而得路」，「路」與「步」韻；此處「路」亦當與「故」韻，乃下屬「他」、「化」為韻，云叶「若」、「羅」，非也。洪說王逸至下文「羌內恕己以量人」，始釋「羌」義。又《九章》曰：「昔我與君誠言兮，曰黃昏以為期。羌中道而回畔兮，反既有此他志。」與此語同，則以為誤入者，近之。

9. 余既滋蘭之九畹兮，又樹蕙之百畝。畦畱夷與揭車兮

注云：「十二畝為畹。二百四十步為畝。五十畝為畦。」

案：《說文》：「田三十畝曰畹大徐本三作二，誤。」段氏謂：「《魏都賦》『下畹高堂』，張注引班固曰：『畹，三十畝。』蓋孟堅《離騷章句》『滋蘭九畹』之解。此注乃云『十二畝』，恐非。」《說文》云：「六尺為步，步百為畮。」古《司馬法》如是。又云：「秦田二百四十步為畮」，則孝公時商鞅開阡陌之制也。漢仍秦舊，故此注云然。《說文》「田五十畮曰畦。」段氏亦謂：「《蜀都賦》劉注云《楚辭》『倚沼畦瀛』，王逸曰：『瀛，澤中也。』班固以為『畦，田五十畝』，此蓋班釋『畦畱夷』之語，而今本《文選》逸之。」

余謂「畦」字，從圭、田，會意。與《孟子》「圭，田五十畝」合。又用為畛域，故宋錢杲之《離騷集傳》云：「畦，田中為埓埒也」，義竝通。吳氏《疏》云：「據此文，則蘭為畝者二百七十，蕙百畝，畱夷以下五十畝。蓋蘭為上，蕙次之，畱夷之屬為下，所貴者不厭其多，而所賤者不必多也。」若黃山谷《蘭說》轉以九畹為少，百畝為多。則張氏淏云：「山谷致誤之由，蓋今世所行《玉篇》頗多訛舛。如『畹』字注云『三十步為畹』，『步』字乃『畝』字之誤。山谷不悟，遂以三十步為畹，則九畹乃二百七十步。以今制言之，纔一畝餘。山谷以多少分貴賤，正《玉篇》謬本有以誤之矣。」

又案：陳氏遯齋《閑覽》言《楚辭》之蘭當是澤蘭。《廣雅》云：「虎蘭，澤蘭也。」《儀禮·士喪禮》記「茵箸用荼，實綏澤焉。」注云：「澤，澤蘭也，取其香且御濕。」《名醫別錄》陶注云：「澤蘭，亦名都梁香。」李時珍謂《離騷》言「其綠葉紫莖，素枝可紉、可佩、可藉、可膏、可浴，非近世所謂蘭花。」朱子辨證甚明。《廣雅》又云：「薰草，蕙草也。」王氏《疏證》謂僖四年《左傳》「一薰一蕕」，杜注：「薰，香草。」《西山經》云：「浮山有草焉，名曰薰草。麻葉而方莖，赤華而黑實，臭如蘪蕪，佩之可以已癘。」古者祭則煮之以祼，或以為香燒之。《淮南·說林訓》：「腐鼠在壇，燒薰於宮。」《漢書·龔勝傳》：「薰以香自燒」是也。又陳藏器云：「蕙草，即是零陵香。」陸農師《埤雅》亦然。

余謂上文「雜申椒與菌桂兮，豈惟紉夫蕙茝。」王注誤以菌為薰，蕙為薰葉。《西山經》云：「嶓冢之山有草焉，其葉如蕙。」郭注：「蕙，香草，蘭屬也。或以蕙為薰葉，失之。」所駁正是已，見《蜀都賦》。若今之蘭蕙，則山谷所云「一榦一花，而香有餘者蘭；一榦五七花，而香不足者蕙。」本甚

確，而邵氏《聞見後錄》反以為非。張氏淏曰：「諸公見零陵香有蕙草之名，故斷然以蕙為零陵香；不知《本草》別有蕙實一種，云是蘭蕙之蕙，此正一榦六七花者也，以其實可用，故云蕙實。如此則蕙與零陵香各為一物可知。」又曰：「郭璞《江賦》『襲以蘭紅』，李善注：『蘭，澤蘭也。』然澤蘭七月間開花，似薄荷，其香甚微，初無芳馨可取，祇堪入藥。故劉仲馮《漢書刊誤》云：『澤蘭自別一種草，非蘭花也。』」此二則說皆得之。且《離騷》每多寓言，所稱蘭蕙，特自擬其芳潔，不必真可紉可佩等也。即以為今之蘭蕙，似亦無不可通。

10. 夕飡秋菊之落英

注云：「暮食芳菊之落英。以香淨自潤澤。」

案：吳氏《疏》云：「《高齋詩話》載東坡跋王荊公詩曰：『秋英不比春英落』，而荊公自謂取《離騷經》『落英』之意或云歐陽公詩，荊公見之，以為歐九不讀書。與此異。按『落英』固有意義，然以為飄零滿地金，則過矣。東坡詩又有『謖遶東籬嗅落英』之句，亦用騷經語。考『落』之義，非隕落之落。《爾雅·釋詁》：『俶、落、權輿，始也。』郭璞引『訪予落止』為證。蓋成王訪羣臣於廟中，謀始即政之事。邢昺乃云：『落者，木葉隕墜之始』，失其義矣。此『落英』云者，謂始華之時。故沈存中言『採藥用花者，取花初敷時也。』」

余謂以「落」為「始」，自是可通。但古人多反語，「落」之訓「始」，猶「徂」之訓「存」耳。必云採花於初敷，亦不盡然。大抵花初開，其質尚雅，精氣未足，故多俟其將殘。「落」與「凋」同義，《說文》：「凋，半傷也。」半傷，正將殘之候。凡物英華漸退，皆謂之落。如人之落寞、落魄，豈必飄墮於地而後為落哉。《本草綱目》載《玉函方》，服食甘菊，三月采苗，六月采葉，九月采花，十二月采根莖，竝陰乾百日，是已槁落，殆即此所謂落英者與？《離騷》中如下文「貫薜荔之落蕊」，又「及榮華之未落兮」，「惟草木之零落兮」，「落」字亦俱不作「始」字解也。

11. 長顑頷亦何傷

注云：「顑頷，不飽貌也。」

案：《說文》「顑」下云：「食不飽，面黃起行也。讀若戇。」「頷」下云：「面顑頷兒。盧感切。」前又別出「頷」字云：「面黃也。」段氏謂：「《離騷》

假借頜為頷，許書之頜，恐淺人所增。」考《方言》：「頜、頤頷也。南楚謂之頜，秦晉謂之頜頤。」是「頜」正訓「頤」，尚在《說文》之前。《說文》已有「頜」、「頤」字，則「頜」字可不收，且不相厠，疑當如段說。又安知《離騷》之「頜」非即「顄」字傳寫之譌乎？若《廣韻》「顄頷，瘦也」，即《說文》之義。復有顄字云「食不飽」，亦屬重出矣。

12. 索胡繩之纚纚

注云：「胡繩，香草也。」

案：如注意，「胡繩」蓋一草。錢氏《集傳》云「未詳。」吳氏《疏》則以為二物，胡者，謂即《爾雅》之「蒚，山蒜。」引陶隱居云：「今人謂葫為大蒜，蒜為小蒜。」《爾雅翼》亦同此語。但「葫」乃俗稱，李時珍據孫愐《唐韻》云：「張騫使西域，始得大蒜，以其出胡地，故有胡名。」且雲臺、胡荽皆胡種，而稱胡菜何獨屬於蒜？說恐未的。繩者，謂即《爾雅》之「盱，虺牀。」郭注：「蛇牀也。」《名醫別錄》一名繩毒。蛇牀與蘪蕪相似，似為近之。《疏》又云：「洪慶善言胡繩謂草有莖葉，可作繩索者。」但《離騷》如以蕙為綑，杜蘅為繚，皆借香草寓意耳。必曰可為繩索，其說太拘。此則是也。若方氏《通雅》以胡繩為即《上林賦》之「結縷」，殆因「縷」與「繩」相類，故云然。然無所據，且與香草有別。

13. 謇吾法夫前修兮

注云：「言我忠信謇謇者，乃上法前代遠賢。」

案：孫氏《補正》謂：「黃伯思《翼騷》云：『些、只、羌、誶、謇、紛、侘傺者，楚語也。』則『謇』字不當作『謇諤』訓。」

余謂「謇」與「蹇」通。《易》「王臣蹇蹇」，《晉書·王豹傳》作「王臣謇謇」，《後漢書·朱暉傳》注：「謇與蹇同。」《九歌·惜誦篇》「謇不可釋」，注云：「謇，辭也。」後《雲中君篇》「蹇將憺兮壽宮」，《湘君篇》「蹇誰畱兮中洲」，注亦竝云：「蹇，詞也。」則此處固當一例。

14. 長太息以掩涕兮，哀人生之多艱。余雖好脩姱以鞿羈兮，謇此
謇亦宜與上同 **朝誶而夕替**《說文》作晉

案：「艱」與「替」，多謂非韻。張氏《膠言》引周密《齊東野語》云：「移『太息』句在『人生』句下，則『涕』與『替』正叶。」

余謂屈子《懷沙賦》云：「刓方以為圜兮，常度未替。易初本迪兮，君子所鄙。章畫志墨兮，前圖未改。」「替」與「鄙」、「改」為韻，似不得韻「艱」。何氏焯謂「即如原文『洟』、『替』相叶，揆諸三百篇中，隔韻、遙韻之法，未為不可。」但《離騷》他處無此體，反不如周說為近之矣。

又案：錢氏《潛研堂答問》言「普與艱韻，古人讀艱如斤，則普亦當讀他因切。」今考《大雅》「胡不自普，職兄斯引。」顧氏亦云無韻。而戚氏學標《毛詩證讀》曰：「引、敻讀如意，與《禮經》讀紖為雉，音轉相似，亦齊人以殷為衣之類。」此說是也。「引」、「雉」聲通，已見前《甘泉賦》。詩既「普」與「引」葉，則此處之「普」，正可與「艱音斤」為韻。故凡從斤聲之字，多在微部，更無庸移易《離騷》本文。若陳氏第《屈宋古音考》云：「艱音斤，替作朁，音侵。」此乃以「普」、「廢」字為「朁」、「笒」字，文義殊不合也。

又案：臧氏庸《拜經日記》云：「『脩』上不宜有『好』字。王注『言己雖有絕遠之智』，釋『脩』字，『姱好之姿』；釋『姱』字，不言『好脩』。『余雖好脩姱以鞿羈兮』與上『苟餘情其信芳以練要兮』，同一句法。舊本『好』字，因下文多言『好脩』而衍。」此說是。《讀書志餘》亦從之。《志餘》又云：「『雖』與『唯』同。言余唯有此脩姱之行，以致為人所係累也。『唯』字古或借作『雖』。《大雅·抑篇》『女雖湛樂從』，言女唯湛樂之從也，即《書·無逸》『惟耽樂之從』。《管子·君臣篇》『故民決之則行，塞之則止。雖有明君，能決之又能塞之』，言唯有明君能如此也。」

余謂經亦有證。《少儀》「雖有君賜」，《雜記》「雖三年之喪，可也。」注竝云：「雖或為唯」，此皆「雖」之通「唯」也。王氏又別引《大戴禮·虞戴德篇》「君以聞之，唯某無以更也。」《荀子·大略篇》「天下之人，唯各持意哉，然而有所共予也。」「唯」竝與「雖」同，此又「唯」之通「雖」，正可互參。

15. 女嬃之嬋媛兮

注云：「女嬃，屈原姊也。」

案：《水經·江水二篇》「又東過秭歸縣之南。」注云：「袁山松曰：『屈原有賢姊，聞原放逐，亦來歸，喻令自寬，全鄉人冀其見從，因名曰秭歸，即《離騷》所謂「女嬃以詈余也。」縣北一百六十里有屈原故宅，累石為屋基，名其地曰樂平里，宅之東北六十里，有女嬃廟，擣衣石猶存。」《說

文》：「嬃，女字也。《楚辭》曰女嬃之嬋媛。賈侍中說楚人謂姊為嬃。」段氏謂：「賈語蓋釋《楚辭》之女嬃，古皆以女嬃為屈原姊。惟鄭注《周易》屈原之妹名女嬃，《詩正義》所引如此。『妹』字恐『姊』字之譌。」又云：「樊噲以呂后女弟呂須為婦，須即嬃字也。《周易》『歸妹以須』，鄭云：『須，有才智之稱。天文有須女。』蓋鄭意須與諝、胥，同音通用。諝者，有才智也。」

余謂鄭以須為才智，乃釋須字之義。而原姊為嬃，正與須同。張氏《膠言》因呂嬃為呂后妹，謂嬃乃女之通稱。然賈逵明有謂姊為嬃之語，即云賈語專屬楚，或他國不盡然，以作通稱亦可。而屈原固楚人，豈得云非其姊乎？張氏又引《集解》云：「嬃者，賤妾之稱，比黨人也。」亦見《晉書·天文志》「須女四星，天少府也。」「須」，賤妾之稱，婦職之卑者也。此與鄭君《易》注不合，恐不足據。至所引《瀹注》，乃改賈語「姊」字為「女」，以就其說，尤非矣。

又案：孔氏廣森云：「《易·歸妹》：『六三，歸妹以須，反歸以娣。』鄭君注云：『屈原之姊名女須，蓋須者，長女之稱。』《天文星占》：『織女為處女，須女為既嫁之女。』經義言本宜歸妹，而乃以其姊，年不相當，故致反歸，更以其娣行也。以爻位言之，初二為娣，三則女長矣，四則愆旗矣；以爻象言之，三進就四，則成互體之離，離為中女，故曰須。退就本卦，是反歸而成兌之少女，故曰娣也。」此說從《易》義推闡而得，知「須」與「娣」相對成文，「娣」為妹，「須」自為姊，益可見鄭注「妹」字，當因卦名傳寫致誤，而「女嬃」之是姊非妹無疑。

16. 薋菉葹以盈室兮

注云：「薋，蒺藜也。《詩》曰：『楚楚者薋』。」

案：今《詩》「薋」作「茨」，《鄘風》同。《爾雅》：「茨，蒺藜。」郭注：「布地蔓生，細葉，子有三角，刺人。」《說文》：「薺，蒺藜也。」引《詩》「牆有薺」。「茨」、「薺」，皆與「薋」通。《玉篇》作「薋」。釋文引《本草》云：「蒺藜，一名旁通，一名屈人，一名止行，一名豺羽，一名升推，一名即梨，一名茨。多生道上，布地，子及葉竝有刺，狀如雞菱也。」又《廣雅》云：「白苙、茪，薋也。」王氏《疏證》謂：「《玉篇》：『苙，又音及。白苙，即白及也。』及，亦作給。《玉篇》《廣韻》竝云：『茪，白苙也，根有三角，

故一名苼。」《秦風・小戎篇》『厹矛鋈錞』，傳云：『厹，三隅矛也。』聲義
正與『仇』同。」其一名「蒺」者，因與「蒺藜」俱有三角故也，實則各一
物。吳氏《疏》乃混而一之。又云《博雅》謂「苙為白芷」，今《廣雅》無此
文惟今本《玉篇》苨字下誤作白芷，誤之誤者也。若《集韻》「蒺」字，既引《廣
雅》「一曰菜生水中」，而《玉篇》以「菜生水中」者，別為「薺」字，從貲。
吳氏《疏》謂陸法言亦作「薺」，與《集韻》不同，則已駁之矣。

又案：《禮記・玉藻》「趨以采齊」，鄭注：「齊，當為楚薺之薺。」孔疏
云：「《詩・小雅》有《楚茨》之篇，此作『齊』字，故讀為《楚茨》之『茨』，
音同耳。」是「茨」即「薺」，合於《說文》，與菜之名薺。《邶風》所云「其
甘如薺」者，不妨同名而異物。且據《說文》：「薺，艸多皃。」「茨，以茅蓋
屋。」則「薺」為正字，「薺」與「茨」皆借音字。明何氏楷謂後人誤「薺」
作「茨」，固泥；近姚氏炳《詩識名解》又因《爾雅》「茨」、「薺」分釋，而
以駁許、鄭，亦非也。果爾，則「采薺」當何詩耶？

又案：王注以「蒺」、「菉」、「蓷」三者皆惡艸，則連文頗不詞。《說文》
「蒺」與「薺」別。段氏云：「據許君說，正謂多積菉蓷盈室，蒺非艸名，義
似較順。」「菉」，已見《西京賦》。

「蓷」，注云：「枲耳也。」

案：《爾雅》「卷耳、苓耳。」郭注謂：「《廣雅》云：『枲耳也，亦云胡
枲。』江東呼為常枲，或曰苓耳，形似鼠耳，叢生如盤。」《說文》：「苓，卷
耳也。」蓋即《詩》之「采采卷耳」。毛傳用《爾雅》，釋文引《廣雅》，於郭
所引外又有「蒼耳」之名，今本亦脫。王氏《疏證》謂：「常枲，一作常思。
思、枲，古聲相近。胡枲，一作胡葸。葸與枲同音。《齊民要術》引崔寔《四
民月令》云：『五月五日採葸耳，即枲耳也。』《玉篇》：『蒚，且已切，枲耳
也。』『蒚』，當為『葝』字之誤。『葝』，蓋從艸，囟聲，而讀如枲。猶恖從
囟聲，而讀如司。《廣韻》《集韻》胡枲竝作胡葝。葝即葝字，筆畫小異耳。
《列子》釋文引《倉頡篇》枲耳之枲作葝，亦葝之誤。《詩正義》引陸《疏》
云：『卷耳，葉青白色，似胡荽，白華細莖，蔓生，可煮為茹，滑而少味，
四月中生子，如婦人耳中璫，今或謂之璫草，幽州謂之爵耳。』」

余謂《本草》「枲耳，一名蓷」，與王注同。沈約《郊居賦》所云「陸卉則
紫蘠綠蓷」是也。此與卷施草之施，《玉篇》作「蓷」者異。吳氏《疏》又引
《永嘉志》「一名菉絲」，「絲」、「蓷」音同，然似以此「菉蓷」為一物矣。

又案：今本《說文》別有「莃」字云「卷耳也。」但小徐本無之，又不與「芩，卷耳也」同處。而《後漢書・劉聖公傳》注引《字林》云：「莃，毒草也。」《廣韻》同。段氏據以駁正，則今大徐本恐不足據。

17. 啟《九辯》與《九歌》兮

注云：「《九辯》《九歌》，禹樂也。言禹平治水土以有天下，啟能承志，續敘其業，育養品類，皆可辯數九功之德，皆有次敘而可歌也。」

案：《大荒西經》云：「夏后開上三嬪於天，得《九辯》與《九歌》以下。」郭注：「皆天帝樂名，開登天而竊以下用之也。」《開筮》曰：「昔彼九冥，是與帝《辯》，同宮之序，是謂《九歌》。」又曰：「不得竊《辯》與《九歌》，以國於下」，義具見於《歸藏》。郝氏謂此即《天問》所云：「啟棘賓商，《九辯》《九歌》」也。「賓」、「嬪」，古字通。蓋謂啟三度賓于天帝，而得九奏之樂也。故《歸藏・鄭母經》云：「夏后啟筮，御飛龍登于天，吉。」正謂此事。

余謂《山海經》語未免近誕，啟為禹子，禹樂即啟樂，王注是也。羅蘋《路史》注則云：「啟之所急，在以商均作賓，《九辯》即《九韶》，蓋商均以帝後得用備樂也。辯當如偏，此乃因《天問》『賓商』字而為此論，亦通。」但以王逸注為妄，殆不然。又《左傳》：「惟言九功之德，皆可歌，謂之《九歌》」，而不及《九辯》，以為《九韶》亦無據，未敢臆決。

18. 夏康娛以自縱

注云：「夏康，啟子太康也。」

又，不顧難以圖後兮，五子用失乎家巷。

注云：「不顧患難，不謀後世，卒以失國。兄弟五子，家居閭巷，失尊位也。」

案：姚氏鼐云：「啟之失道，載《逸書・武觀篇》。《墨子》所引是也。屈子與澆並斥為康娛，王逸誤以夏康連讀為太康，偽作古文遂有太康尸位之語，其失始於逸。」

余謂《墨子・非樂篇》引《武觀》作「啟子淫溢康樂」，而今本「子」字有誤作「乃」者，故姚說云然江氏聲謂啟乃當作啟子，畢氏沅校本亦從之。然啟之敬承禹道，見於《孟子》，何得以為康娛自縱？今所傳《墨子》，譌脫最多，姚氏遽以其誤字為準，非也。攷『武觀』，即「五觀」，亦即「五子」，《墨子》所引

外，《逸周書‧嘗麥解》及《春秋內外傳》稱述無殊，漢儒習聞其事，故王逸依以為說。若東晉《尚書》謂五子作歌悟主，正與相反，顧轉以偽作古文追咎逸耶？如果屬啟，則上句已言啟，此句又以夏字代啟，似非文義，仍宜從舊說為妥。至「康娛」二字，下文再見，固不嫌異解。《路史》注引此作「康豫自縱」，則亦有異本也。

又案：戴氏震《屈原賦註》曰：「言啟作《九辯》《九歌》，示法後王，而夏之失德也，康娛自縱，以致喪亂。」此亦以夏為夏后氏，但「康娛」二字連文，非謂康為太康耳；然不以康娛屬啟言。《讀書志餘》則云：「『夏』當讀為『下』。《左氏春秋‧僖二年》『虞師晉師滅下陽』，《公》《穀》皆作『夏陽』。此即《大荒西經》所謂『得《九辯》與《九歌》以下』，及郭注引《開筮》『以國於下』也。蓋謂啟之失德，竊《九辯》《九歌》於天，因以康娛自縱於下。詒謀不善，子姓姦回，故下文有『不顧難以圖後』云云也。《墨子‧非樂篇》引《武觀》曰：『啟乃淫溢康樂於野，飲食將將，銘笙磬以力，湛濁于酒，渝食于野，萬舞翼翼，章聞于天，天用弗式。』《竹書》：『帝啟十年，帝巡守，舞《九招》於大穆之野。』皆所謂『下夏康娛以自縱』者也。」又「用失」之失，因王注而衍。注內『失國』、『失尊位』乃釋『家巷』之義，非文中有『失』字而解之。用乎之文與用夫、用之同。下文『厥首用夫顛隕』、『殷宗用之不長』是已。若云『五子用失乎家巷』，則所失者家巷矣。注何得云「兄弟五人，家居閭巷，失尊位」乎？楊雄《宗正箴》：『昔在夏時，太康不恭，有仍二女，五子家降。』『降』與『巷』，古同聲通用。『巷』，讀《孟子》『鄒與魯鬨』之『鬨』。劉熙曰：『鬨，構也。構兵以鬥也。』五子作亂，故云家鬨。家，猶內也，若《詩》云：『蟊賊內訌』。『鬨』，字亦作『鬮』。《呂氏春秋‧慎行篇》『崔杼之子，相與私鬮』，高誘曰：『鬮，鬥也。』私鬮，猶言家鬨。『鬨』之為『鬮』，猶『鬮』之為『巷』也。《法言‧學行篇》『一鬨之市』，『鬨』即『巷』字。《宗正箴》作『五子家降』，『降』亦『鬨』也。《呂氏春秋‧察微篇》『吳、楚以此大隆』，『大隆』，謂大鬥也。『隆』與『降』通。《書大傳》『隆谷』，鄭註：『隆』讀如『厖降』之『降』。《逸周書‧嘗麥篇》曰：『ￄ其在殷之五子殷當作夏。忘伯禹之命，假國無正，用胥興作亂』，所謂家鬨也。五子，即五觀。《楚語》：『堯有丹朱，舜有商均，啟有五觀，湯有太甲，文王有管蔡，是五王者，皆元德也，而有姦子。』五觀，或曰武觀。《竹書》於『啟巡狩，舞《招》』後紀『十一年，放王季子武

觀於西河。十五年，武觀以西河叛。』《墨子》引《武觀》亦言啟『淫溢康樂』，是五觀作亂，實啟之康娛自縱有以開之，故屈子作是語也。王註以『家巷』謂『家居閭巷』，非是。五子家巷，即當啟之世。楊雄及王注以為太康時，亦失之。」

余謂此說甚新，其引《墨子》坐實啟之失德，與姚氏同，辨已見上。豈《墨子》可信，而《孟子》轉不足信耶？且《楚語》以啟與堯、舜、湯、武、文竝稱元德，何得一巡守舞《招》，遽斥為淫溢康樂？楊雄，漢人，亦必有所受，此處仍似戴說較勝。至「家巷」為家閧，以聲轉得義，人所不及，特備錄以俟參考。

又案：馮氏景《解春集》云：「五子者，是太康之子，故曰圖後，非弟也。後果太康之弟仲康立，『五子用失家巷』，確然可證。」此蓋以今書所稱厥弟五人，乃晚出古文，不足信也，說亦可通。

19. 脩繩墨而不陂

注引《易》曰：「無平不陂。」

案：《楚辭》本「陂」作「頗」，注同。校者謂應從「頗」，並云：「王注引《易》，不必同今本。」

余謂「陂」與「頗」音義可通，而字則異。《書·洪範》作「頗」。《易·泰卦》作「陂」。《易》釋文云：「陂，彼偽反。又破河反，偏也。」雖兼取「頗」之音義，而不云「一作頗」。唐玄宗因讀《洪範》不知「頗」之可叶誼，故詔改從陂。然改書，未改《易》也。其原詔，今《冊府元龜》載之。中明引《周易》「無平不陂」，又引釋文云：「陂字，亦有頗音。」可知《易》之「陂」，古無作「頗」者。本書《思玄賦》「行頗僻而獲志兮」，注：「頗，傾也。」蕭該音本作「陂，布義切」，下亦引《易》「無平不陂」。若《易》果作「頗」，則注於「頗，傾也」下，即可引《易》，何必以蕭該音本為證乎？《楚辭》今本必後人所改，非王逸之舊，不得據以改《文選》也。

20. 攬茹蕙以掩涕兮

注云：「茹，柔奭也。」

案：如注意，蓋以「茹蕙」為一物。《玉篇》：「茹，柔也」，當即本此。而吳氏《疏》引周少隱云：「茹之為言食也。《詩》曰：『柔則茹之』，此言茹蕙，猶言食秋菊耳。」然謂攬所茹之蕙，殊為不辭，周說非也。吳氏自說則

曰：「茹，香草名也。《本草》名茈胡即柴胡，一名地薰，一名山菜，其葉名芸蒿，辛香可食，即《月令》之芸始生。沈存中云：『古人藏書用芸，今人謂之七里香者』是也。」

余謂「茈胡」有「茹草」之名，始見於魏吳普《本草》。其名「芸蒿」，見於《名醫別錄》。《爾雅》：「權，黃華。」郭注謂：「牛芸草，葉似苽蓿。」《說文》亦云：「芸，草也，似苜蓿。」李時珍曰：「茈胡，出山中，嫩則可茹，老則采而為柴，故苗有芸蒿、山菜、茹草之名，而根名柴胡也。」《倉頡解詁》：「芸，蒿也，似邪蒿，可食。」亦柴胡之類，故蘇恭以為非柴胡。據此知「柴胡」與「芸」，亦非一物。但蘇頌《圖經》謂「柴胡二月生，苗甚香，又有茹名」，則與「蕙」竝言，義固可通。若草之名「茹」，最古者《詩‧鄭風》「茹藘在阪」，即《爾雅》之「茹藘，茅蒐」，乃今之「蒨草」，然不聞其香，非此類矣。

又案：錢氏《集傳》「攬」作「擥」，云：「茹猶藏也，納也。蕙草，喻己美行擥而茹藏之，且自掩其涕。」是以「茹」字上屬，又一說也。

21. 夕余至乎縣圃

注引《淮南子》曰：「縣圃，在崑崙閶闔之中。」

案：錢氏《集傳》：「縣圃，即玄圃也。」《穆天子傳》云：「舂山之澤，清水出泉，溫和無風，飛鳥百獸之所飲食，先王之所謂縣圃。」《水經‧河水一篇》注云：「崑崙之山三級，下曰樊桐，一名板松；二曰玄圃，一名閬風；上曰層城，一名天庭。」《淮南子》又云：「崑崙之邱，或上倍之，是謂涼風之山涼風，當即閬風，聲相近也，登之而不死；或上倍之，是謂懸圃之山，登之乃靈，能使風雨；或上倍之，乃維上天，登之乃神，是謂大帝之居。」東方朔《十洲記》云：「崑崙有三角，一角正北，干辰星之輝，名閬風巔；一角正西，名玄圃臺；一角正東，名崑崙宮。」數說略異，皆託於神仙之說。

22. 吾令羲和弭節兮

注云：「羲和，日御也。」

案：《廣雅》云：「日御謂之羲和。」《初學記》引《淮南‧天文訓》「爰止羲和，爰息六螭。」許慎注云：「日乘車，駕以六龍，羲和御之。」是「羲和」專指日言。而《大荒南經》云：「東南海之外，甘水之間，有羲和之國，有女子名曰羲和，方浴日于甘淵。羲和者，帝俊之妻，生十日。」郭注：「羲

和，蓋天地始生，主日月者也。」故《啟筮》曰：「空桑之蒼蒼，八極之既張，乃有夫羲和，是主日月，職出入以為晦明。」又曰：「瞻彼上天，一明一晦，有夫羲和之子，出于暘谷，堯因此而立羲和之官，以主四時，其後世遂為此國作日月之象而掌之，沐浴運轉之於甘水中，以效其出入暘谷虞淵也。」乃兼日月言之。又《大荒西經》：「有女子方浴月，帝俊妻常羲生月十有二，此始浴之。」郭注：「義與羲和浴日同。」郝氏因謂：「《史記·五帝紀》『帝嚳娶娵訾氏女』，《索隱》引皇甫謐曰：『女名長儀也。』長儀，疑即長羲。羲、儀聲近，又與羲和當即一人。」

余謂此下文「前望舒使先驅兮」，王注云：「望舒，月御也。」《漢書·楊雄傳》「望舒弭轡」，服虔注同。《廣雅》亦云：「月御謂之望舒」，與「羲和」為對。據此知日御、月御各別。《晉書·律曆志》云：「軒轅令羲和占日，長儀占月《路史·黃帝紀》作尚儀。」似又不得混常儀於羲和。至後世以為月中有常娥者，蓋常儀之異文。「儀」、「娥」古音通，或作「姮娥」，姮即恆字，恆亦常也。此皆展轉相傳，遂致異說耳。

23. 望崦嵫而勿迫

注云：「崦嵫，日所入之山也。」

案：《西山經》：「鳥鼠同穴之山西南三百六十里，曰崦嵫之山。」郭注：「日沒所入山也。」郝氏謂「《穆天子傳》云『天子生于弇山。』郭云：『弇茲山，日所入也。』《玉篇》引此經作『嵫崦』。」

余謂《淮南·天文訓》「日入于虞淵之汜，曙于蒙谷之浦。」《太平御覽》引作「日入崦嵫，經細柳，入虞泉之地，曙于蒙谷之浦。」有注云：「崦嵫，落嘗山；細柳，西方之野；蒙谷，蒙汜之水。」今《覽冥訓》云：「日入落棠。」高誘注：「落棠，山名。」則「嘗」當為「棠」之誤，「落棠」，殆「崦嵫」之異名也。

24. 飲余馬於咸池兮

注云：「咸池，日所浴也。」下引《淮南子》：「日出暘谷，浴於咸池。」

案：注所引亦見《天文訓》，高誘於此無注。而上文「紫宮」、「太微」、「軒轅」、「咸池」、「四守」、「天阿」，注云：「皆星名」，故錢氏《集傳》本之。又後《少司命篇》「與汝沐兮咸池」，王注云：「咸池，星名也，蓋天池。」但天池非即是星。《晉書·天文志》：「咸池三星，在天潢南。天潢者，天池

也。」然則「咸池」之所以得名，正以其星近「天池」矣。

又案：《困學紀聞》云：「《天官書》『東宮蒼龍』，『南宮朱鳥』，『西宮咸池』，『北宮玄武』。吳氏仁傑曰：『蒼龍、朱鳥、玄武，各總其方七宿而言；咸池，別一星名，《晉・天文志》所謂『咸池〔1〕』，魚囿者是已，豈所以總西方七宿哉？」近錢氏大昕非之，謂：「《天官書》咸池曰『天五潢』，又曰『五車帝舍』。古人言咸池者，皆兼五車、天潢、三柱而言。後世臺官析為數名，僅以三小星當咸池之名，而《史》《漢》之文，不能通矣。」據此，則咸池實即天潢，故以為浴日。但日出於東，而咸池為西宮，云浴者，疑亦因池潢之名而為之說。

【校】

〔1〕《晉書・天文志》、《困學紀聞》作「天潢南三星曰咸池」。

25. 折若木以拂日兮

注云：「若木，在崑崙西極，其華照下地。」

案：《大荒北經》云：「洞野之山，上有赤樹，青葉赤華，名曰若木。」《水經・若水篇》酈註及本書《甘泉賦》《月賦》注所引「洞野」，竝作「灰野」，疑今本「洞」字誤。《淮南・墜形訓》云：「若木在建木西，末有十日，其華照下地」，與此正同。又《海內經》：「南海之內，黑水、青水之間，有木名曰若木，若水出焉。」酈注亦引之而云：「若木之生，非一所也。黑水之間，厥木所植，水出其下，故水受其稱焉。」據此知黑水之「若木」，非崑崙西極之「若木」。故錢氏《集傳》亦云：「此言折木拂日，使不亟入。則謂灰野之若木也。」又《說文・叒部》云：「日初出東方湯谷所登榑桑，叒木也。象形。」「叒」，而灼切，蓋即「若」字。郝氏謂：「《說文》所言是東極若木，《山海經》所說乃西極若木，不得同也。」

余謂如《說文》語，則若木即扶桑。此文上云「摠余轡乎扶桑」，承「咸池」而言，下乃言「若木」，不應複舉，當是西極之若木。段氏以為「二語相聯，若木即扶桑」，恐非。若《天問》云「羲和未陽，若華何光。」舊注以為天之西北，幽冥無日之國，其有日處，日未出時。又有若木，赤華照地，則亦指西極之若木而言矣。

又案：王氏《學林》云：「《玉篇》《廣韻》皆曰：『叒，榑桑，叒木也。』」榑桑，即扶桑；叒木，即若木。扶桑在東，若木在西。謝希逸《月賦》『擅扶

桑於東沼，嗣若英於西冥。』若英，即若木也。然李賀詩曰『天東有若木』，
豈誤耶？」

余謂王氏但知西極之若木，而不知東極亦有若木。以《說文》觀之，則賀
詩正不誤。

26. 朝吾將濟於白水兮

注引「《淮南子》曰：『白水出崑崙之源，飲之不死。』前《思玄賦》『斟
白水以為漿』，李善即引此注。」

案：《爾雅》：「河出崑崙虛，色白。」釋文引孫炎云：「白者，西方之色
也。」又引郭注云：「發源處高激峻湊，故水色白也今本脫文。」郝氏謂：「《後
漢書》注引《河圖》云：『崑山出五色流水，其白水東南流入中國，名為河。』
然則白水即河水，故《左傳》晉文投璧於河，而曰：『有如白水。』《晉語》
即作『有如河水』，是其證也。」

余謂郝說本之《困學紀聞》萬氏集證。《御覽》引《山海經》曰：「崑崙
山縱橫萬里，高萬一千里，去嵩山五萬里，有青河、白河、赤河、黑河環其
墟，其白水出東北，取曲向東南流，為中國河郝謂《初學記》亦引之，乃《禹本紀》
文，非《山海經》也」，與《河圖》略同。若今《淮南·墜形訓》說崑崙云：「疏
圃之池，浸之黃水，黃水三周，復其原，是謂丹水，飲之不死」，與此不同。
《讀書雜志》謂：「《御覽·地部》引《淮南》，與此註所引皆作『白水』，後
人妄改為『丹水』。《水經·河水》注引作『丹水』，亦後人依俗本改之。但
《爾雅》又云：『所渠並千七百一川，色黃。』郭注云：『潛流地中，汩漱沙
壤，所受渠多，眾水混淆，宜其濁黃。』是河水之黃，在並所渠以後。據《覽
冥訓》『過崑崙之疏圃』，高誘注：『疏圃，在昆侖之上。』則水不宜黃，彼
此終參錯，未知其審。」

又案：下句「登閬風而緤馬」，「閬風」，正屬崑崙，故知白水即河源。若
《海內東經》「白水出蜀」，郭注云：「色微白，濁，今在梓潼白水縣，源從臨
洮之西西傾山來。」《漢志》廣漢郡甸氏道有「白水，出徼外，東至葭萌，入
漢。」蓋別為一水，非此也。

27. 求宓妃之所在

注云：「宓妃，神女也。下文『夕歸次於窮石兮』，注引《淮南》曰：『弱
水出于窮石，入于流沙。』」

案：姚氏鼐云：「宓妃，蓋后羿之妻。《天問》所謂『妻彼洛濱』者是也。下言歸次窮石，窮石是羿國，羿自鉏歸於窮石也。」

余謂注以下蹇脩為伏羲氏之臣，古「伏」與「宓」通，故宓妃謂伏羲氏女。《天問》以為羿妻，本屬荒誕。此注於「窮石」不引《左傳》而引《淮南子》，正有斟酌。蓋此「窮石」乃《史記正義》引《括地誌》所云「合黎山，一名窮石山」者也。今以屬羿國，則下句「濯髮洧槃」，又將何說？姚說似未確。錢氏《集傳》既云「宓妃，伏羲氏之女，溺洛水而死，遂為河神。」而於『窮石』引《淮南》兼引《左傳》，直以為一地，亦非也。」

又案：《地理通釋》云：「弱水，出吐谷渾界窮石山，自刪丹縣西至合黎山，與張掖河合。」是窮石與合黎相近，而非即合黎。洪氏《圖志》云：「窮石山在今甘州府山丹縣西南，一名蘭門山也。至后羿之國，曰有窮，亦曰窮石。見《昭四年傳》『后羿自鉏遷於窮石』。」江氏《考實》云：「《水經注》『窮水出於安豐。』昭二十七年，楚與吳師遇于窮，即此。今在英山縣境，或謂在霍邱縣。然此窮水、窮地偶與有窮同名耳，非羿國也。」《晉地記》云：「河南有窮谷，蓋本有窮氏所遷，此為近之。鉏則今滑縣東十五里，有鉏城是已。」據此知羿國之窮石，與弱水所出之窮石，絕不相及，不容混合為一。且羿之遷，豈得遠至張掖乎？

又案：《說文》：「窮，夏后時諸侯夷羿國也。」「窮」與「窮」，今古字。段氏亦云：「左氏之窮石，杜不言其地所在，蓋非《山海經》《離騷》《淮南子》所云弱水所出之窮石也。《說文》『弱水出張掖山丹』，則去夏都安邑甚遠。惟許於鄯善之下，即出窮字，固謂西北邊耳。」

余謂後人以羿之有窮，合弱水之窮石，或即因此。然許未明言，《說文》次第亦不無移置，不得執此定羿國在今之山丹也。

28. 吾令蹇脩以為理

注云：「理，分理，述禮意也。」

案：朱子《集注》謂「為媒者以通詞理也」，錢氏《集傳》云：「理猶陳說也」，意皆略同。王注在此處頗順，下文「理弱而媒拙」，若亦以為通詞陳說，則須倒轉其語，作「媒拙而理弱」，方成文義。而《集註》云「恐道理弱」，錢氏云：「君不賢而欲求賢，則於理既不足」，又與前說異，殊覺紆曲。至《九章·思美人篇》：「令薜荔以為理兮，憚舉趾而緣木；因芙蓉以為媒兮，憚褰

裳而濡足。」「媒」、「理」對舉，尤不可通矣。惟宋周氏密《浩然齋雅談》云：「《左傳》『行理之命，無月不至。』注：『行理，行使也。』」此說甚合。蓋古「理」與「李」通，《管子‧大匡篇》「國子為李」，注：「李、理同。」故「行李」字亦作「理」。漢李翕析里橋《郙閣頌》「行理咨嗟」，是也。但《廣雅‧釋言》明有「理，媒也」之訓，更無假他說，而周氏尚未引及。且王注下云「使古賢騫脩而為媒理也」，正不誤。乃不即以「理」為「媒」，而先作「分理」之解，反贅耳。

29. 忽緯繣其難遷

注云：「緯繣，乖戾也。」

案：《說文》無「繣」字，惟《攴部》「敳」字云：「戾也。」段氏謂「緯者，敳之假借。」《廣雅‧釋訓》：「敳懂，乖刺也。」「乖刺」，即乖戾之義。《玉篇》亦作「懂」。《廣韻‧二十一麥》作「徽繣」，云：「乖違也。」馬融《廣成頌》「徽嬅霍奕，別騖分奔。」然則「敳」與「緯」、「徽」，「繣」與「懂」、「嬅」，並字異而音義同。

30. 朝濯髮乎洧槃

注引《禹大傳》曰：「洧槃之水，出崦嵫之山。」

案：《西山經》：「崦嵫之山，苕水出焉。」「苕」或作「若」。郝氏云：「疑即蒙水也。」郭注引《禹大傳》與此注同。是郭以「洧槃」即「苕水」矣。

余謂「苕」與「若」字形易混，作「若」者，似即《海內經》之「若水」。郝疑「蒙水」，本之王逸注「崦嵫山下有蒙水，水中有虞淵此語李善本刪。」然則「洧槃」亦西極之地，說近是。

31. 望瑤臺之偃蹇兮，見有娀之佚女

注引《呂氏春秋》曰：「有娀氏有美女，為之高臺而飲食之。」

案：《天問篇》云：「簡狄在臺，嚳何宜只。」「簡狄」，即有娀也。《淮南‧墜形訓》：「有娀在不周之北，長女簡翟，少女建疵。」高誘注云：「姊妹二人在瑤臺，帝嚳之妃也。」又《海內北經》有「帝嚳臺」，與帝堯、帝舜臺竝在昆侖東北，亦《海外北經》所稱「眾帝之臺」也。「帝嚳臺」，當謂此「瑤臺」矣。

32. 索瓊茅以筵篿兮

注云：「瓊茅，靈草也。」

案：「瓊」，朱子《集註》作「藑」。吳氏《草木疏》、錢氏《集傳》，皆以為即《爾雅》之「葍，藑茅。」但《說文》及《爾雅》郭注、陸璣《詩疏》釋「藑茅」者，皆不及《離騷》。郝氏因謂《離騷》之「瓊茅」，注云「靈草」，非「葍」也。

余謂《史記・封禪書》「古之封禪，一茅三脊，所以為藉。」孟康曰：「謂靈茅也。」《禹貢》「菁茅」，亦荊州所貢。又《水經・湘水篇》注引《晉書・地道志》言「零陵郡桂陽縣有香茅，氣甚芬香，貢之以縮酒。」《離騷》所稱「瓊茅」，疑即此類。重之，故曰「瓊茅」。朱子《集注》於《九歌》「瓊芳」云：「草枝可貴如玉」，正相同。後人以「瓊」、「藑」同音，字遂作「藑」與？然《齊民要術》引陸璣《疏》云：「藑茅，漢祭甘泉用之」，吳氏《疏》亦引其語。可用以祭，當即可用以卜。且陸《疏》言：「葍有兩種，一種莖葉細而香，一種莖赤有臭氣。」《詩・我行其野》毛傳云：「葍，惡菜也。」殆謂其赤而臭者。而郭注以藑為赤華，與其注「葍藑，白華」不同，乃緣瓊為赤玉故耳。實則瓊非赤玉，吳氏辨之甚悉，詳見前《雪賦》。是瓊亦為白，《說文》：「藑茅，葍也。一名舜。」又「舜」字云：「艸也，楚謂之葍，秦謂之藑。」吳氏謂特秦、楚方言之異，非必赤華為藑是已。推此，則《離騷》之「瓊茅」，即言「藑茅」，用其白而香者，義正可通，不必定以靈草為別一物，而轉無所指實也。

注又云：「筵，小破竹也。楚人名結草折竹卜曰篿。」

案：方氏《通雅》云：「《後漢書・方術傳序》有逢占梃專須臾之術。注曰：『梃專，即筵篿。梃，八段竹也。』《輟耕錄》言『九姑玄女課折草一把，以三除之，不及者為卦。論其豎橫，有太陽、老君、太吳、洪石等九號。』所云『結草折竹以卜』，其此類乎？」

余謂《說文》「筵，維絲筳也。」「篿，圜竹器也。」《漢書・王莽傳》「以竹筵導其脈」，注云：「筵，竹梃也。」皆非此義。《說文》別有「篅」字云：「以判竹圜以為穀器。」「耑」與「專」通，則「篿」亦判竹也。又「專」字云：「六寸簿也。」段氏以簿為手板，當亦可剖竹為之。觀此「筵」、「篿」直相似，破竹以卜，疑如今之「杯珓」。《廣韻》云：「杯珓，古以玉為之。」《演繁露》云：「或用竹根。珓，一作筊。」《石林燕語》云高辛廟有竹杯筊，

正所以問卜。抑或「專」、「占」音同，以「筵」為占，猶逢占之名與？

33. 巫咸將夕降兮

注云：「巫咸，古神巫也，當殷中宗之世。」

案：《史記·封禪書》云：「伊陟贊巫咸，巫咸之興，自此始。」故注云「殷中宗之世」。《尚書》「巫咸，臣名，而以為巫覡」，朱子駁之是也。《說文》云「古者巫咸初作巫。」蓋出《世本·作篇》，不必定為殷相。考《周禮·篝人》辨九篝之名，中有巫咸。鄭注：「讀巫為筮。」是巫有咸稱，巫之稱咸，或亦此類。《山海經·海外西經》曰：「巫咸國在女丑北，右手操青蛇，左手操赤蛇，在登葆山，羣巫所從上下也。」又《大荒西經》云：「大荒之中有靈山，巫咸、巫即、巫盼、巫彭、巫姑、巫真一作貞、巫孔一作禮、巫抵、巫謝、巫羅十巫，從此升降，百藥爰在。」郭注：「言羣巫上下靈山，採藥往來也。」是十巫之中，巫咸為首，當因是，遂多稱巫咸。《水經·涑水篇》注云：「鹽水流逕巫咸山北，蓋神巫所游，故山得其名矣。」谷口嶺上有巫咸祠，即引《山海經》之文是也。若《列子》《莊子》皆言鄭有神巫，曰季咸，殆又因巫咸而為名與？

又案：《太平御覽》引《歸藏》云：「昔黃帝與炎帝爭，鬭涿鹿之野，將戰，筮於巫咸。巫咸曰：『果哉，而有咎。』」《困學紀聞》原注引郭璞《巫咸山賦序》云：「巫咸以鴻術為帝堯之醫」，見《藝文類聚·地部》。則是謂「巫咸」之名，起於上古，非自殷之時始也。

34. 百神翳其備降兮，九疑繽其竝迎。皇剡剡其揚靈兮，告余以吉故

案：「迎」與「故」不應失韻。張氏《膠言》引或說云：「迎，疑逕之誤。逕訓遇、訓逢，有迎義。」

余謂非也。「迎」當為「御」，與上文「帥雲霓而來御」一例。「御」本「迓」之借字，「迓」訓「迎」，字形亦與「迎」近，傳寫遂作「迎」。《史記·天官書》「迎角而戰者不勝」，《集解》引徐廣曰：「迎，一作御」，是其證也。後《湘夫人篇》「九嶷繽其竝迎」，與此處語同，「迎」亦當作「御」。

35. 曰勉升降以上下兮，求矩矱之所同。湯禹儼而求合兮，摯皋繇而能調

案：「同」與「調」雙聲字，《詩·車攻》之五章，首句「佽」字與末句「柴」為韻，中間「調」、「同」自為韻。宋吳棫《韻補》即引《騷經》，朱子

從之，是也。顧氏《詩本音》謂：「《詩》中首、尾一韻，中二句為一韻者，蓋《詩》之變體。」《周頌》：「思文后稷，克配彼天。立我烝民，莫匪爾極。」「稷」與「極」韻，「天」與「民」韻。《儀禮·士昏禮》：「往迎爾相，承我宗事。勗帥以敬，先妣之嗣。若則有常。」「相」與「常」韻，「事」與「嗣」韻。《楚辭·天問》：「雄虺九首，儵忽焉在？何所不死？長人何守？」「首」與「守」韻，「在」與「死」韻。宋玉《風賦》：「被麗披離，衝孔動楗，眴煥粲爛，離散轉移。」「離」與「移」韻，「楗」與「爛」韻，皆確。江氏《標準》乃謂「調」、「同」非韻，引《桑柔》詩「民之未戾，職盜為寇。涼曰不可，覆背善詈」為證，謂「戾」、「詈」韻，而「寇」、「可」非韻，不知此詩上三句與下三句合為韻。「戾」與「詈」韻，「寇」與「予」韻顧氏謂寇，古音苦故反，與予協。後人混入五十候韻，「可」與「歌」韻，不得截取四句以為說也。至謂屈子誤以《車攻》詩為韻，故效之，古人不必無誤。東方朔《七諫》：「不量鑿而正枘兮，恐矩矱之不同。不論世而高舉兮，恐操行之不調。」又誤效《離騷》。夫數處左證如是，而統謂之誤，可乎？蓋江氏雖講古音，猶多泥於今韻，於後人分部多恕辭，遂致轉疑古耳。

又案：李氏《紬義》云：「《詩》之『調』與『佻』、『柴』韻，不與『同』韻。《周南》『惄如調飢』，傳：『調，朝也。』釋文又作『輖』。《考工記》『大車之轅輖』，注云：『摯，輖也。』釋文：『輖音周，一音弔，或竹二反。』《儀禮·既夕篇》『志矢一乘軒輖中』，注云：『輖，摯也。』賈疏謂鄭讀輖從摯。然則經『調』字當作『輖』，音竹二反。」

余謂「調」之為「輖」，本屬借字。「輖」、「摯」雙聲，故以聲得義。《考工記》釋文先音摯，竹二反，下因摯，訓輖，遂改輖音以從之，非也。《玉篇》、《廣韻》輖無他音，「調」又非摯義，自當從本音本訓，李說未免紆迴，且與《離騷》《七諫》不可通。屈子、東方朔皆近古，固以「調」叶「同」矣。至《詩》之隔韻，則《大戴禮·投壺篇·貍首》詩曰：「射夫命射，射者之聲，御車之旌，既獲卒莫。」孔氏《補註》：「莫音暮，與射韻。聲、旌自為韻。」與《車攻》五章同，此亦一證。附案：蕭、肴部字，有與東合者，已見《藉田賦》。

又案：漢《郊祀歌·日出入章》云：「吾知所樂，獨樂六龍，六龍之調。」陳氏本禮云：「調字叶龍。」

余謂彼下文「使我心苦，眚黃其何不徠下」，「下」與「苦」韻。論文義，「六龍之調」當上屬，自與龍韻。可見「調」之叶「同」，漢以前多有之，不

得謂其非也。至《韓子・揚搉篇》「形名參同，上下和調」，明亦「同」、「調」為韻，尤可為此處添一左驗。

36. 說操築於傅巖兮

注云：「傅巖，地名。」

案：「傅巖」，《史記》作「傅險」，「巖」、「險」音義通。《書孔傳》「傅氏巖在虞、虢之界。」據《漢志》宏農郡陝縣，故虢國，此南虢也。北虢在大陽，又有吳城，為虞封。大陽，今解州平陸縣，與陝州接壤。閻氏若璩《四書釋地》云：「傅巖在平陸縣東三十五里，俗名聖人窟，說所傭隱止息處，非於此築也。巖東北十餘里，即《左傳》之顛軨坂，有東西絕澗，左右幽空，窮深地壑，中則築以成道，謂之軨橋。說為人執役此地，至今澗猶呼沙澗水，去傅巖一十五里。」自註似以騷辭為不然。然閻說全本《水經・河水四篇》注，彼以「傭隱止息」，即繫軨橋下，竝不分別。且《史記正義》「巖在陝州河北縣北七里。」「河北」，即平陸。《元和志》亦云「七里」，而《寰宇記》作「二十里」，《一統志》作「三十里」。「顛軨坂」，《元和志》「在縣東北四十五里」，《寰宇記》作「四十里」，洪氏《圖志》作「七十里」，里數參差，不足異。惟《墨子》《尸子》俱云「傅巖在北海之洲」，則閻氏以為大非矣。

注又云：「傅說抱懷道德，而遇刑罰。」

案：《書傳》「說代胥靡築之」，是閻所本，亦見《野客叢書》。蓋以《史記》「說為胥靡」，「為」字讀去聲。但《荀子》云：「胥靡之人，授天下之大器」，正指傅說。《鵩鳥賦》亦曰：「傅說胥靡，乃相武丁」，與此注合，則《史記》之「為」可如字讀。此如漢之申公，先被胥靡，而後以安車迎之也。

37. 恐鵜鴂之先鳴兮，使百草為之不芳

注云：「鵜鴂，一名買鷓，常以春分鳴也。」

案：「鵜」字單行，《楚辭》作「鵜」，一作「鷤」。「買鷓」，《漢書》注作「買鵌」。《爾雅》「巂周」，郭注云：「子巂鳥，出蜀中。」郝氏謂：「子巂，即子規，又作秭鴂，《史記・歷書》『秭鴂先滜』。又作姊歸，《高唐賦》『姊歸思婦』。楊雄賦作『鵜鴂』，鵜鴂之聲轉為鵜鴂。枚乘《梁王菟園賦》作『鶗蛙』。張衡《思玄賦》作『鷤鴂』。又轉為杜鵑，《御覽》引《臨海異物志》：『鵜鴂，一名杜鵑，春三月鳴，晝夜鳴不止，至當陸子熟，鳴乃得止耳。』

《御覽》引《蜀王本紀》作『子鴞』。《華陽國志》作『子鵑』。『鵑』、『鴞』亦聲轉也。又《廣雅》云：『鶙鴞、鵙鶬，子鴞也。』」王氏《疏證》謂：「李善注《思玄賦》引服虔曰：『鶗鴂，一名鵙，伯勞也，順陰氣而生，賊害之鳥。王逸以為春鳥，繆也。』服意蓋謂春分之時，眾芳始盛，不得云百草不芳；因以為五月始鳴之鵙，五月陰氣生而鵙鳴，百草為之不芳也。」然《離騷》言此乃假設為文，不必實有其事。亦如《九章》云：「鳥獸鳴以號羣兮，草苴比而不芳」，豈謂鳥獸號羣之時，實有不芳之草哉。若然，則子鴂爭鳴而眾芳歇絕，可無以春鳥為疑矣。而顏師古《漢書注》乃遷就其說云：「鶗鴂，常以立夏鳴，鳴則眾芳皆歇」，《思玄賦》舊註則云：「鶗鴂以秋分明」，《廣韻》又云：「鶗鴂，春分鳴則眾芳生，秋分鳴則眾芳歇」，此皆於王、服兩家不能決定，故為游移之說；而不知鶙鴞春月即鳴，不得遲至立夏，物候皆言其始，又不得兼言秋分也。

余謂服虔既以「鶗鴂」為「伯勞」，《廣韻》乃合「鶗鴂」與「鶙鴞」為一物。《玉篇》：「鶬鶙，鵙也。或作鴶。」「鴶」與「鶙」皆云：「布穀、鵙鶬、子鴶也。」「鶬」又為布穀，蓋物類以相似而致淆紊者固多矣。若錢氏《集傳》云「杜鵑常以立夏鳴」，則猶是顏師古之說耳。

38. 余以蘭為可恃兮

注云：「蘭，懷王少弟司馬子蘭也。下文『椒專佞以慢謟兮』，亦云：『椒，楚大夫子椒也。』『覽椒蘭其若茲兮』，言觀子椒、子蘭變節若此。」

案：注特以「椒」、「蘭」之名，適同其人，故為此說。實則《騷經》中皆借草木寓意，不應此獨直斥。且「楔」與「椒」對舉，「揭車」、「江蘺」又與「椒蘭」並言，若一屬人，一屬物，辭殊不順，注義似非。錢氏《集傳》以「蘭」與「椒」、「楔」並喻所收賢才，較為得之。

39. 楔又欲充其佩幃

注云：「楔，茱萸也。」

案：《說文·木部》：「楔似茱萸，出淮南。」《爾雅》：「椒、楔醜，莍」，郭注：「楔，似茱萸而小，赤色。」是許、郭皆以二者微異。《廣雅》則謂楔即茱萸。《詩·唐風·椒聊篇》正義引李巡注亦云：「楔，茱萸也」，與此註合。又《說文·草部》「䕪」字云：「煎茱萸。漢律會稽獻䕪一斗。」《禮記·內則》「三牲用藙」，鄭注云：「藙，煎茱萸也，漢律會稽獻焉。」《爾雅》謂

之「梀」。則《說文》之「藙」，即《內則》之「薮」，鄭君亦以為即「梀」，不待煎後始名為「薮」矣。「梀」，亦作「薮」，《南都賦》「蘇薮紫薑」，「薮」與「藙」，字形相近也。

40. 折瓊枝以為羞兮，精瓊靡以為粻

注於上文「折瓊枝以繼佩」，及此處皆不釋「瓊枝」。惟後《九歌·東皇太一篇》「盍將把兮瓊芳」，注云：「瓊，玉枝也。」

案：錢氏《集傳》引《博雅》云：「瓊樹生崑崙西，流沙濱，大三百圍，高萬仞，其華食之長生。」《博雅》即《廣雅》，今本無此文。惟《釋地》玉名有「瓊支」，支與枝同。《玉篇》引《莊子·外篇》則云：「積石生樹，名曰瓊枝，其高一百二十仞，大三十圍，以琅玕為之實。」此云「瓊靡」，殆謂取瓊枝之實而屑之與？

又案：《海內西經》云：「服常樹，其上有三頭人，伺琅玕樹。」郭注：「琅玕子似珠。」郝氏謂：「如《玉篇》所引《莊子》，是琅玕即瓊枝之子似珠者也。亦見《藝文類聚》及《太平御覽》引《莊子》逸文：『老子曰：吾聞南方有鳥，其名為鳳，所居積石千里。天為生食，其樹名瓊枝，高百仞，以珧琳、琅玕為實。天又為生離珠，一人三頭，遞臥遞起，以伺琅玕。』」即《山海經》之說，與《玉篇》略同。

附案：《吳都賦》「瓊枝抗莖而敷藥」，劉注引《楚辭》「精瓊藥以為糧」，與此處有異字。善注亦引《莊子》曰：「南方積石千里，名瓊枝，高百二十仞。」「千里」下宜有「其樹」二字，方可通。

41. 邅吾道夫崑崙兮

注云：「邅，轉也。楚人謂轉為邅。」

案：徐氏文靖云：「《易·屯》：『二，屯如邅如。』王弼言『正道未行，困於侵害，故屯邅也。』此所云『邅吾道』者，蓋亦屯邅之意。」

余謂《湘君篇》亦云：「邅吾道兮洞庭」，與此文法正同。彼處豈得謂之「屯邅」乎？徐說非是，仍宜從舊注。

42. 遵赤水而容與

注云：「赤水，在崑崙。」

案：錢氏《集傳》引《博雅》云：「崑崙虛，赤水出其東南陬，河水出其

東北陬，洋水出其西北陬，弱水出其西南陬。」《穆天子傳》：「遂宿於崑崙之阿，赤水之陽。」《莊子》云：「黃帝遊乎赤水之北，登乎崑崙之邱。」

余謂《海內西經》云：「崑崙之墟在西北，赤水出東南隅以行，其東北」，下亦列「河水」、「洋水」、「弱水」，惟西北隅多黑水，西南隅多青水。《淮南·墬形訓》亦祇言四水，皆《廣雅》所本也。此蓋承上「崑崙」而言。

又案：《楚辭·惜誓篇》「涉丹水而馳騁兮」，王注：「丹水猶赤水也」，引《淮南》「赤水出崑崙」，與此注同。是「赤水」即「丹水」矣。

43. 指西海以為期

注於「西海」無釋。

案：各本《楚辭》皆不及此。惟宋洪氏邁云：「東北南三海，其實一也，無所謂西海者。《詩》《書》《禮》經稱四海，蓋引類言之。《離騷》指『西海』，亦寓言爾。」陳氏大昌則云：「條支之西，有海，先漢使固嘗見之而載諸史。《史記·大宛傳》：『于寘之西，水皆西流，注西海。』《漢書·西域傳》『條支國臨西海』，後漢班超又遣甘英輩親至其地。而西海之西有大秦，夷人與海商常往來，是非寓言也。」《日知錄》曰：「今甘州有居延海，西寧有青海，安知漢人所見之海非此類耶？」

余謂《史記索隱》引《太康地記》云：「河北得水為河，塞外得水為海。」故《地理志》羌谷水，亦云「北至武威入海」，不謂大海也。據《大荒西經》，屢言西海，曰「西海之外，大荒之中，有方山。」曰「西海陼中有神，人面鳥身。」至其後文云：「西海之南，流沙之濱，赤水之後，黑水之前，有大山，名曰昆侖之邱」，正與此處上文「由崑崙」、「行流沙」、「遵赤水」合。又明藏本《山海經》「於赤水行東北」下有「西南流，注南海」語。「流沙」，見後《招魂》注，亦云「西海」。今《經》於河水下云「入渤海」。郝氏謂渤海即瀚海。《水經》云：「昆侖，河水出其東北陬，屈從東南流，入渤海。又出海外，南至蔥嶺，出于闐東，注蒲昌海。」「于闐」，即《大宛傳》之「于寘」。可知《史》《漢》之海，即蒲昌海也。凡諸所言海，亦皆在西域。然則屈子稱西海，殆指此等，而未必以今之大海為有西海矣。

附案：《爾雅》四海為夷、狄、戎、蠻，鄭注《周禮》四海猶四方，皆不屬水。

44. 奏九歌而舞韶兮

注云：「《九歌》，《九德》之歌，禹樂也。《九韶》，舜樂也。」

案：如註說，舜、禹並舉，即不應禹在舜上，此當是一事。陳氏逢衡云：「《韶》作于舜而禹親承之，命皐陶作《夏籥》《九成》，以昭其功，說見《呂覽》。《路史》亦言禹駢三聖，乃興《九招》。招即韶也。」

余謂《尚書大傳》言「《招樂》興于大鹿之野，舜為賓客，而禹為主人。」下云「成禹之變，垂於萬世之後。」後又言「廟中歌《大化》《大訓》《六府》《九原》，而夏道興。」鄭注云：「四章皆歌禹之功。」據此，則《韶》亦屬禹言，奏《九歌》時，即為《韶舞》。故《周禮》以《九德》之歌、《九磬》磬亦即韶之舞連文，非截然分說也。又《大荒西經》云：「夏后開得《九辯》與《九歌》以下」，下云：「開焉得始歌《九招》」，《竹書》：「夏帝啟十年巡狩，舞《九韶》于大穆之野」，然則此語與前文啟《九辯》與《九歌》，正是一類。

45. 吾將從彭咸之所居

注云：「我將自沈汨淵，從彭咸而居處也。」

案：錢氏《集傳》云：「原作《離騷》在懷王時，至頃襄王遷原江南，始投汨羅。不當預言投江事，從彭咸所居者，猶言相從古人於地下也。」

余謂前文云「阽余身而危死兮，覽余初其猶未悔」，當是已懷死志，故於彭咸一再言之。前注但言願依彭咸遺法，以自率屬，尚意在諫君；而此言從其所居，則直欲沈淵矣。洪興祖云：「蓋其志先定，非一時怨懟而自沈也」，義固可通，特注不當即指定「汨淵」之地耳。